深度
说服力

影响和改变一个人的超级方法

Michael McQueen

[澳] **迈克尔·麦昆** 著

刘寅龙 译

Mindstuck
Mastering the Art of
Changing Minds

机械工业出版社
CHINA MACHINE PRESS

我们在生活中的大多数领域的成功都取决于我们在改变他人观点方面的能力——无论我们是否意识到。但说服别人却越来越难。有什么理论、方法和策略能帮助我们提升这一生活必备技能呢？为此，本书作者利用从神经科学到行为经济学等学科的最新发现，指出了限制我们说服力的思维方式，传授了说服的技巧和艺术。本书内容分为两个部分：第一部分探讨了我们如何以及为什么会形成固有的观点，涉及的主题包括确认偏见、群体思维、本能性思维和探索性思维等；第二部分主要论述了有关改变他人想法的理论、方法和策略，涉及的内容包括相对性、亲和力、尊严、一致性和同理心。无论你是试图帮助团队跟上时代变化步伐的领导者，还是需要潜在的合作伙伴了解的你的价值主张的商业人士，抑或是想让青少年远离电子屏幕的家长，本书都将告诉你如何说服你的世界中最顽固的人。

Mindstuck：Mastering the Art of Changing Minds
by Michael McQueen
© 2023 Michael McQueen.
Simplified Chinese Translation Copyright © 2024 China Machine Press. This edition is authorized for sale throughout the world.

All rights reserved. This edition published by arrangement with Amplify Publishing, an imprint of Amplify Publishing Group, Inc.

北京市版权局著作权合同登记号　图字：01 - 2024 - 0586。

图书在版编目（CIP）数据

深度说服力：影响和改变一个人的超级方法／（澳）迈克尔·麦昆（Michael McQueen）著；刘寅龙译.
北京：机械工业出版社，2024. 8. -- ISBN 978 - 7 - 111 - 76270 - 6

Ⅰ. H019 - 49

中国国家版本馆 CIP 数据核字第 2024FK6274 号

机械工业出版社（北京市百万庄大街22号　邮政编码100037）
策划编辑：坚喜斌　　　　责任编辑：坚喜斌　陈　洁
责任校对：韩佳欣　张　征　责任印制：刘　媛
唐山楠萍印务有限公司印刷
2025 年 1 月第 1 版第 1 次印刷
145mm×210mm · 11. 5 印张 · 1 插页 · 266 千字
标准书号：ISBN 978 - 7 - 111 - 76270 - 6
定价：69. 00 元

电话服务　　　　　　　　　网络服务
客服电话：010 - 88361066　　机 工 官 网：www. cmpbook. com
　　　　　010 - 88379833　　机 工 官 博：weibo. com/cmp1952
　　　　　010 - 68326294　　金 书 网：www. golden-book. com
封底无防伪标均为盗版　　机工教育服务网：www. cmpedu. com

本书赞誉

"《深度说服力：影响和改变一个人的超级方法》把理论研究、生活中的幽默与实践指南巧妙地融为一体，本书的出版既适逢其时，又解燃眉之急。它为读者重拾失传已久的生活中的沟通艺术提供了一份宝贵指南。如果你希望学会如何改变思维，迈克尔·麦昆无疑会让你茅塞顿开。"

——丹尼尔·H. 平克（Daniel H. Pink），《纽约时报》畅销书《驱动力》（*Drive*）、《全新销售》（*To Sell is Human*）和《憾动力》（*The Power of Regret*）的作者

"迈克尔·麦昆向读者展示了有效说服的艺术。他为我们讲述了一系列经过实践验证的语言技巧，这些技巧虽价值连城，但简单易行。如果你想给这个世界留下更大的影响，《深度说服力：影响和改变一个人的超级方法》是你的必读之作！"

——梅尔·罗宾斯（Mel Robbins），《纽约时报》畅销书作家、"梅尔·罗宾斯播客"的主持人

"在《深度说服力：影响和改变一个人的超级方法》一书中，迈克尔·麦昆将为我们揭开诸多如何打动和说服他人的奥秘。如果你想说服身边的人——哪怕是最顽固、最决绝的人，一定要看看这本书，它必定会为你带来很多切实可行的洞见。"

——乔纳·伯杰（Jonah Berger）博士，宾夕法尼亚大学沃顿商学院市场营销学教授，畅销书《疯传》（*Contagious*）、《神奇话语》（*Magic Words*）和《催化》（*The Catalyst*）等的作者

"借助清晰可鉴的实例和最新的科学研究成果，《深度说服力：影响和改变一个人的超级方法》一书向读者展示了如何获取并运用说服技巧的超能力。阅读本书，你或许也可以成为一名说服专家。"

——保罗·J. 扎克（Paul J. Zak）博士，克莱尔蒙特研究生大学经济学、心理学及管理学教授，神经经济学研究中心创始者，《沉浸感：非凡学与幸福之源》（*Immersion：The Science of the Extraordinary and the Source of Happiness*）的作者

"《深度说服力：影响和改变一个人的超级方法》一书为我们讲述了很多科学原理，但丝毫不乏实用性和趣味性！从第一页起，它就彻底吸引了我的注意力。有了这本书，即使是坚如磐石的对手，也会因你的说服而点头称是。"

——佐伊·查斯（Zoe Chance）博士，耶鲁大学管理学院市场营销学助理教授、《影响力是你的超能力》（*Influence is Your Superpower*）的作者

"跟随迈克尔·麦昆深入探究人类认知的内在运行机理，注定会让你脑洞大开。《深度说服力：影响和改变一个人的超级方法》对我们的大脑而言就像是过山车，不仅会让我们遭遇意想不到的跌宕起伏，还会让我们开怀大笑，并重新评估我们对思维的固有认识。"

——杰伊·范贝维尔（Jay Van Bavel），纽约大学心理学教授

"对思想僵化的人来说，要激励他们实现自我变革或许比以往任何时候都更加困难，这本书来得正是时候。《深度说服力：影响和改变一个人的超级方法》是一本令人耳目一新的实践指

南，引导我们学会如何更有效地说服他人。"

——乔希·林克纳（Josh Linkner），《纽约时报》畅销书作家、多家高科技企业创业者、风险投资者

"《深度说服力：影响和改变一个人的超级方法》提供了大量的现实与洞见，帮助我们学会以更开放的思维待人接物，并引导他人接受新的认识视角。在这个依赖意识形态而非证据的时代里，本书回顾了大量关于影响人们观念的因素的研究，以及探讨了如何利用这些研究让真相更有可能被接受。"

——斯蒂文·斯洛曼（Steven Sloman）博士，布朗大学认知语言及心理学教授

"迈克尔·麦昆再次让我们刮目相看！这本趣味横生的经典之作直面现实，探究观点是如何形成的以及如何质疑或改变这些观点。作为一家全球非营利机构的领导者，我可以说，《深度说服力：影响和改变一个人的超级方法》有力塑造了我的思维。"

——斯蒂芬妮·尤尔切克（Stephanie Urchick），国际扶轮社（Rotary International）2024—2025 年度全球总裁

"这本生动有趣的作品揭开了引导人们接受变革的奥秘，为我们拉开帷幕一窥这种隐藏力量的真谛。对所有商界人士来说，它都是把新思维带入世界的基本洞见。"

——罗兰·诺格伦博士（Loran Nordgren），凯洛格商学院管理学教授、畅销书《人性元素》（*The Human Element*）的作者

"这本趣味横生、引人入胜的经典作品对心理学和神经科学的最新研究成果进行了通俗易懂的概述。对那些希望更好地了解

如何改变思维与态度的读者来说，他们不可能找到一本比本书更清晰、更全面和更令人深省的作品了。但更重要的是，迈克尔·麦昆从实证研究出发，为我们提供了很多翔实具体、行之有效的建议。"

——弗兰克·凯尔（Frank Keil）博士，心理学教授、耶鲁大学认知与发展研究中心负责人

"迈克尔·麦昆的这本书绝对是最有代表性的一本当代佳作。本书大量引用文献资料、学术资源和金句为本书中的观点提供依据，这些资料令人印象深刻。本书以独特的方式将工具和技巧用于现实世界，并为读者提供了宝贵的信息资源。我发现自己始终被这本书的内容所吸引，并引导我产生无限思考。它真的让我爱不释手。"

——马克·哈钦森（Mark Hutchinson）博士，教授、澳大利亚科学与技术协会（Science & Technology Australia）主席、澳大利亚研究委员会纳米生物光子学卓越中心（Australian Research Council Centre of Excellence for Nanoscale BioPhotonics）负责人

"当下社会所面临的挑战要求我们所有人改变思维、行为以及看待世界的方式。很多人希望实现改变世界和他人的观念，但却鲜有人希望自己被改变。本书为我们揭示了其中的奥秘，并针对如何以切实可行的方式实现这种改变提供了证据。"

——奥利–佩卡·海诺宁（Olli–Pekka Heinonen），国际文凭组织（International Baccalaureate）总干事、芬兰教育部前部长

"在这个真伪相伴、两极分化进一步加剧的时代，《深度说服力：影响和改变一个人的超级方法》向读者展示了如何利用说服

的力量，让人们更紧密地团结起来起。迈克尔·麦昆以引人入胜的故事和极富洞见的研究告诉我们，即便是最固执的人也会产生动摇。"

——桑德尔·范·德·林登（Sander van der Linden）博士，剑桥大学社会心理学教授、《防愚指南：误导信息为何能感染我们的思想以及我们如何建立免疫》（*Foolproof*：*Why We Fall for Misinformation and How to Build Immunity*）的作者

"对试图驾驭这个变化世界的领导者而言，《深度说服力：影响和改变一个人的超级方法》绝对是一本非常及时的作品。迈克尔为我们提供了一整套提高自身决策质量并引导他人改善决策质量的工具包。"

——内尔·J. 所罗门（Neil J. Solomon），UKG 亚太及拉丁美洲（Asia Pacific/Latin America，UKG）副主席

"迈克尔·麦昆为我们更有效地开展对话并说服他人提供了一张令人信服的路线图。"

——宋时俊（Jun Sochi），戴德梁行亚太区前首席运营官

"在当下这个变幻莫测的世界里，我们的关注点和观点不断受到冲击，而《深度说服力：影响和改变一个人的超级方法》则为我们提供了不可多得的启迪。借助哲学和科学的巧妙融合，迈克尔为我们提供了切实可行的工具，为提高其批判性思维能力提供了指南。"

——佛德·萨法里（Foad Safari），来自全球电子商务领导者澳大利亚澳都斯电信集团（Optus）

"如果你想在面临阻力的情况下推动组织变革，《深度说服力：影响和改变一个人的超级方法》无疑是最适合你的一本行动指南。我对这本书的价值及其所带来的启发坚信不疑——它不仅以全面深入的理论研究作为依据，还提供了行之有效的实用工具。"

——凯利·布罗姆利（Kylie Bromley）博士，渤健生物科技集团英国/爱尔兰公司（Biogen United Kingdom & Ireland）副总裁兼董事总经理

"在这本精彩绝伦的佳作中，迈克尔·麦昆为我们提供了大量基于实证研究的知识，在当今充满复杂性、欺骗性和危险性的世界中，让我们深刻地意识到，在做出理性决策时，大脑是如何欺骗我们的。"

——保罗·斯洛维奇（Paul Slovic）博士，俄勒冈大学心理学教授

"洞见深邃，寓教于乐。《深度说服力：影响和改变一个人的超级方法》是一本精彩纷呈、客观实用的循证指南，它有助于我们深入理解人类所思所为的根源，以及如何更好地转变观念。"

——贾斯汀·库尔森（Justin Coulson）博士，畅销书作家、知名电视主持人和育儿专家

"《深度说服力：影响和改变一个人的超级方法》一书把语言艺术与神经科学完美地结合起来，以深入浅出的记述解读了最深奥的科学原理。这是一本难得一见的教科书级作品，在令人赏心悦目的文字背后，读者备受启发。全书通俗易懂，寓教于乐，逻辑缜密，值得信赖。因此，我强烈建议读者认真品味这部佳作。"

——托马斯·R. 沃尔尼（Thomas R. Verny），医学博士、临床精神病学家，著有《具身心智》（*The Embodied Mind*）

"如果想知道我们为什么难以冷静理性地讨论不同观点，那么，《深度说服力：影响和改变一个人的超级方法》就是我们最好的选择。迈克尔·麦昆用引人入胜、深入浅出的语言让我们深刻地认识到，改变人们思维的过程为什么远不及我们想象的那样依赖理性，以及如何利用这些知识成为更有能力的说服者。"

——大卫·B. 斯特罗梅茨（David B. Strohmetz）博士，西佛罗里达大学心理学教授

"《深度说服力：影响和改变一个人的超级方法》以引人入胜的语言，解读了高度复杂且往往有悖直觉的影响力世界。迈克尔·麦昆用深入浅出的方式提醒我们，如果不理解人们为什么会抵制他人的说服，你就不可能充分理解说服这个话题。"

——约什·康普顿（Josh Compton），达特茅斯学院演讲学教授

"迈克尔似乎有一种独特的能力，把复杂的心理洞见转化为实用的说服工具。凭借引人入胜、妙趣横生和令人振奋的语言逻辑，《深度说服力：影响和改变一个人的超级方法》无疑是一本讲述人类判断和决策过程的大师级课程。"

——菲尔·斯雷德（Phil Slade），心理学家、《商业行为经济学》（*Behavioural Economics for Business*）的作者

"凭借《深度说服力：影响和改变一个人的超级方法》一书，迈克尔·麦昆确实再次让我们感到震撼。无论是阐述观点、推介论点还是进行销售，这本书都是值得我们所有人阅读并学会诉诸实践的经典教材。"

——大卫·穆尔海姆（David Mulham），葆婴有限公司（Usana Health Sciences）全球首席销售官

序言

水的故事

丹妮尔苦笑着说:"同事们都叫我'便便女士'。"但是在儿子的日托中心,如果我询问一位母亲的职业时,这显然不是我愿意听到的答复。

我只是隐约听说,丹妮尔就职于澳大利亚的一家大型水务公司,但确实不知道这份工作和污水有什么关系。但我很快就找到答案。丹妮尔告诉我,在过去的几年里,她始终和一个专业团队合作,希望为悉尼的一个废水回收项目筹集资金。此外,她还向我解释了再生水净化处理的科学原理以及净化水的安全性。她的介绍生动有趣,以至于我很难反驳这项技术的诱人之处。当然,很多事情在理论上都是很完美的。

她甚至还问道,"你想尝尝吗?"丹妮尔刚刚从一家社区团体返回,她在那里进行了一场以宣传再生净化水为主题的演讲。因此,她的汽车里还剩下一些再生净化水的样品瓶。

我的心里既充满了好奇,也有一份畏惧。但我最终还是装出一副大无畏的样子并说道:"没问题,既然有这个机会,何不尝一下呢?"但是当丹妮尔在几分钟后带着样瓶回来时,我似乎知道该如何选择了。

我最初觉得,饮用净化后的水似乎并无不妥之处。但是在我打开一瓶水的瓶盖时,我才意识到,能不能喝与是否愿意喝完全是两码事。

或许大家都会料到,这种水并无特殊之处。无论是质地、颜色还是口感,它和我们在超市花几美元购买的日常饮用水没有任何区分。丹妮尔告诉我："实际上，这种再生净化水甚至比我们日常饮用的瓶装泉水更纯净。但是要让人们接受这种新鲜事物，显然绝非易事。阻力确实非常大。"

我后来了解到，废水经过循环净化后供人类饮用根本就不是什么新鲜事物。实际上，这个想法最早可以追溯到几十年前。20世纪60年代末，研究者曾在极端干旱的纳米比亚首都温得和克进行过一次初步试验。作为这个纳米比亚项目的主要支持者之一，卢卡斯·范乌伦（Lucas van Vuuren）博士认为："评价水质的标准不应该是历史，而是质量。"范乌伦最终得到当地政府机构的支持。几年后，他成功地向全世界证明，废水再生是一个绝对安全而且有长远意义的明智之举。但是要让世界其他地区接受这个观念显然并不容易，这仍是一场艰苦卓绝的战斗。

以洛杉矶为例，在20世纪90年代初，当地曾计划使用再生饮用水，但提议遭到强烈反对。媒体和当地的几名政客甚至抛出"抽水马桶"这个"言简意赅"的术语诋毁这个建议，但这个词的误导性和长期负面效应是不言而喻的。实际上，甚至美国国家科学院也对这个建议提出异议，他们认为废水再利用是缓解供水危机的"最后一步棋"。在澳大利亚的图文巴市，当地政府在2006年讨论废水再利用的前景时，也曾出现过类似经历。尽管一场创纪录的干旱导致当地饮用水供给明显捉襟见肘，但社区对废水再利用的反对声音却有增无减，而且这些反对也确实达到了效果。各种稀奇古怪、子虚乌有的想法此起彼伏，有人甚至称饮用再生水会造成男性阴茎萎缩、鱼类发生性别突变，以及人们开始把这座城市戏称为"屎文巴"。在这些危言耸听的恐吓下，人们当然不敢轻举妄动，在最终的公投中，该提案不出意外地被彻底封杀。

恐惧压倒事实

回顾这次经历带来的影响，澳大利亚前总理马尔科姆·特恩布尔（Malcolm Turnbull）不无感慨地认为，"如果你想发起一场猛烈的政治运动，其实不需要事实做支持。只需否认科学和恐吓运动"就足以阻止前进的步伐。[1]

特恩布尔的这句话其实一针见血：废水再利用的科学性与合理性无可辩驳。毕竟，任何有最基本水文知识的人都知道，所有饮用水在本质上都属于回收净化水。但是在现实生活中，大多数人似乎并不这么认为。我们习惯于把水的使用过程视为一个不可往复的单向线性过程——人们取得水，使用水，然后把使用后的脏水扔掉。

即使在自然水循环之外，废水再利用早在几十年之前就已经成为普遍现象。只是我们大多数人从未把这些孤立的事件联系起来。比如，在位于内河水系的居住区，所有居住在下游的人都在使用上游社区使用过并处理过的水。在技术领域，人们把这种现象称为"未经公开承认的再利用"，这也促使业内人士提出：从以自然降雨形式降落到地面，而后再到以水蒸气的形式返回大气中，水会经历"七个肾脏"。[2]

这个现象在美国的圣地亚哥市尤为突出。几十年以来，由于气候干燥，地下水供应严重匮缺。因此，圣地亚哥用水的85%来自科罗拉多河。由于科罗拉多河流域在圣地亚哥水源供应出口的上游已设有400个取水口，因此，人们完全可以认为，这座城市的大部分饮用水都属于再利用的废水，而且这种再生过程已持续多年。由于使用外来水的成本在过去十年间增加了3倍，而且供水管道本身也因横穿很多活跃的地震断层线而危机重重，因此，早在 21 世纪初，圣地亚哥当地的政府官员就已经意识到必须通过废水再生来实现水资源的自给自足。但实现这个目标的关键挑战就是如何说服民众接受这个想法。

在 2004 年进行的一次独立民调中，只有 26% 的人对方案的可行性持接受态度。2006 年，《圣地亚哥联合论坛报》（*San Diego Union-Tribune*）发表的一篇文章名为《太恶心了！圣地亚哥竟然需要推行"把冲厕水变成饮用水"的计划》。这篇文章的开头是这样讲的："你的金毛寻回犬可以喝厕所里出来的水，但这不等于说，人类也需要这样做。"另一则让很多人感到不安的谣言，更是让这种排斥情绪升级到不可调和的地步：有人居然耸人听闻地宣称，政府对圣地亚哥郊区富人区产生的污水进行处理后，将其输送到贫困地区，供当地居民饮用。这显然是妖言惑众，但它确实加剧了民众对这项计划的排斥态度。

挥之不去的污名烙印

行业专家琳达·麦克弗森（Linda Macpherson）认为，这个问题的部分挑战在于，传统意义上对循环再生水采取的描述和印象，会给民众带来一种类似"中毒"的影响。正如麦克弗森所描述的那样，这些传统认知已形成了"建立在直觉基础上的反应和污名"，在这种情况下，以证据为基础进行理性判断已成为几乎不可能的事情。此外，她还进一步指出："所有人都会畏惧自己不完全理解的事情。显而易见，如果没有足够的教育，这种污名化的反应会继续扼杀原本健全且可持续的（废水再生净化）项目。"[3]

为扭转这种舆论潮流，圣地亚哥市政当局意识到，必须从多方位出发采取对策。第一步就是改变人们对再生水的称呼。除尽量避免使用"将深度处理水经过环境缓冲区作为间接性饮用水"

或"微量成分"之类的行业术语之外，他们还认识到，使用"废水"甚至"再生"这样的术语也是造成问题的一部分诱因。针对这个问题，他们着重强调提案中的用词，将再生净化水重新命名为"纯净水"，这也是整个行动向正确方向迈出的重要一步。而同样重要的是他们做出的另一个决定，即将话题的焦点转移到"可再生"并"经过净化处理"的饮用水。

这些主动引导举措在消除误解和缓解恐惧感方面发挥了关键作用。其中的一项重要举措，就是创建"纯净水"游客体验中心，在这里，人们有机会亲身体验处理再生水的过程，当然，也让他们有机会品尝这种再生饮用水。此外，当地政府还制作了一系列以教育为目的的视频资料和信息资源，减少人们对再生水的污化印象；大量使用代表"清洁"和"纯净"等内涵的图像和语言，打消人们在潜意识中的厌恶感。研究人员和教育工作者很快就发现，为公众提供的信息"既要有通俗易懂的简单性，还要有值得信赖的科学性"。

此外，圣地亚哥的再生水开发团队还别出心裁地与俄勒冈州一家机构联手，以再生饮用水制造特制精酿啤酒。这不仅是以一种全新方式对再生饮用水进行的重新定义，也增加了人们对再生水的亲切度，并为赢得社区支持和参与创造了大量机会。

这些联动措施带来的影响非比寻常。民意调查结果显示，截至 2019 年年底，公众对净化再生饮用水的接受率达到 79%。那些曾在 2006 年不遗余力地嘲笑这个想法的媒体编辑们，也由此彻底改变了对再生水的态度。

2017 年，《圣地亚哥联合论坛报》再次发表文章，这一次的标题也出现了 180 度大转弯——《圣地亚哥人将饮用由污水而来的净化再生水。干杯》。而这篇文章开头的语气也近乎忏悔：

"《圣地亚哥联合论坛报》的编委会曾是诽谤'污水回收再利用'的始作俑者之一。但是在 6 年之前，我们已改变了主意。"[4]

这次彻底转变确实让人难以置信，但也富有启发性。

如果当初可以说服圣地亚哥人改变想法，让他们接受几年前还无端排斥的再生水，那我们完全可以相信，基于这个事件，即便是面对最顽固不化的观点，我们也有足够的力量撬动舆论杠杆，做到扭转乾坤。

近年来，这个主题也逐渐激发起我的兴趣，让我感到如痴如醉。在此之前，我曾经用 20 年的时间去研究有可能改写人类未来的各种趋势和技术，而今，我的工作核心已逐渐聚焦于帮助组织和个人保持领先地位。

在这么多年与客户合作的过程中，有一个问题反复出现在我的脑海中：到底是什么阻止我们实现自我改变——即使我们希望实现自我改变，但我们是否知道该如何改变？

如果组织和领导者不能紧跟周围的颠覆性变革，会给他们招致怎样的结果呢？近年来的现实足以为我们敲响警钟。很多人想当然地认为，柯达、黑莓和西尔斯等昔日巨头的失败，完全归咎于它们缺乏能力或是产品不合时宜，但事实并非如此。实际上，无论是对于这几家让业界翘首的"巨无霸"，还是其他很多曾辉煌一时的组织，它们的掌舵人无不博览群书、见多识广、智慧过人且头脑敏锐。

因此，我倒是认为，最经常让我们止步不前的羁绊，不是缺少智慧或洞察力，而是缺乏思维上的灵活性，或者说是缺少"打开思维大门的钥匙"。在我们下定决心的过程中，总有某些事情会妨碍我们做出正确决策。实际上，无论是对我们自己的决策，还是其他人的决策，如果没有考虑到这一点，都是危险的。

虽然固执己见的弊端尽人皆知，但是在我们所生活的这个时代里，这种事情似乎比以往任何时候都更加普遍。因此，我们几乎可以把"固执"作为我们这个时代的特征之一。

当然，这并不等于说我们注定都是固执己见的人。我们的观点完全合情合理，而且对不同观点或视角持开放态度，恰恰也是我们引以为豪的事情。而且我们更愿意自以为是地假设，我们会坦然接受任何正确的观点、睿智的想法或合乎逻辑的推理。因此，造成这个问题的根源完全在其人——除了我们自己以外，其他所有人都固执己见、自以为是或因循守旧。

事实表明，固执更像是傲慢——即使是对1英里（1.609千米）以外的某个人，我们也能感受到傲慢的气息扑面而来，但却丝毫感受不到我们自己身上的这种负面的特性。当然，这并不是说当下的人类生来就不及前人那么理性或客观。相反，固执之风在当下之所以盛行，很大程度上源于我们对人类在现实中如何思考、推理和判断知之甚少，甚至根本就没有真正的认识。实际上，这与我们原本设想的、遵循逻辑规则的线性过程相去甚远。

但最重要的根源莫过于这样一个简单至极的事实：其实，我们从来就无须为如此之多的事情做决策，并且面对如此之多的信息，也完全不需要如此仓促地去做决定。操之过急和固执己见往往会相伴而行。

请做出你的决定

在现代社会环境中，几乎每时每刻，我们都要对身边的事物形成观点，然后，还要绞尽脑汁地去维护这些观点。从我们应该在哪里买衣服，到是否应该接种疫苗、戴口罩、喝氟化水或购买电动汽车，我们都需要选择一个答案，形成意见，并最终做出决定。弗吉尼亚大学心理学教授蒂莫西·威尔森（Timothy Wilson）指出，在现代社会，仅仅是我们所接触到的大量想法和信息，就足以给这个过程带来巨大影响。

威尔森引用的数据表明，在任一时刻，我们的大脑都要面对多达1100万条的信息。[5]考虑到我们只能对其中的40条信息进行有意识的处理，我们唯有跟着感觉走或者把选择权全部交给本能，而对绝大多数信息，我们只能听之任之，除此以外别无选择。因此，我们的观点很大程度上取决于我们在本能上是否觉得它正确，或是依赖于其他人在类似情况下是否也会这么想。因此，决策过程本来就是含混不清的。[6]

但是，比我们做出决定更重要的则是随后发生的事情。一旦形成某种观点或想法，我们就会在思维中立即对其进行主观强化。

在《思维的终结》（The End of Thinking）一书中，作者马克·斯蒂芬斯（Mark Stephens）对这个过程进行了描述："我们最初的反应几乎完全是非意识性的，因此，我们可以称之为本能性反应。而我们随后进行的推理，不过是为了维护自己的直觉。实际上，这个所谓的推理，无非就是在扮演为直觉提供辩护的'内心律师'。"因此，面对任何与我们观点相悖的其他观点，我们的反应肯定不会是"先思考而后做出回应，而是先回应，而后为自己辩护"。[7]

近年来，正是这种防御性的本能性反应，或者说动物性反射，促使我们逐渐形成一种全新的艺术形式。对任何以说服他人为生计的人来说，这种艺术都意义重大——当然，所有人概莫能外，因为在生活中，我们每个人都需要在形形色色的情境下去说服别人。

影响的效果取决于速度

不管我们能否意识到，在生活的大多数方面，我们的成功和影响力确实取决于我们改变他人观点的能力。至于我们所带来的影响程度，则取决于向他人施加影响的能力。

据估计，在当下的"知识经济"中，这种说服他人的"软技能"创造了 1/4 的经济产出。[8] 事实上，在我们投入工作的全部时间中，有 40% 的时间用于影响和说服他人做出某些决定，或者敦促他人采纳新的观点。在畅销书《全新销售》（*To Sell is Human*）中，作者丹尼尔·H. 平克（Daniel H. Pink）指出，在我们每小时的正常工作中，大约会有 24 分钟的时间是用来"说服人们"。[9]

为此，在沃伦·巴菲特（Warren Buffett）的办公室中，他向人们展示的唯一一证书来自戴尔·卡耐基课程培训班。巴菲特认为，这门课程教会他如何影响他人。巴菲特经常告诫年轻的专业人士，一定要不断提高说服能力。他认为，这种能力会让他们的职业价值迅速提升 50% 左右。[10]

在专业领域之外，拥有这种改变自己或他人思维的艺术，也是日常生活中不可或缺的一项技能。假如你是一位父亲，你可能需要说服孩子们不要长时间地玩电子游戏，因为他们还要完成家庭作业。或者你是个涉世不深的少年，试图说服父母同意你戴鼻环。如果你是个成年人，可能需要说服年迈的父母按时服用药物，或者考虑接受护理。作为妻子，你可能希望丈夫修理后廊的灯，或者记得放下马桶座圈。

有些情况可能较为微妙，比如，你希望邻居修剪一下已挂在自家篱笆上的树枝；或者假设你住在一间公寓里，希望楼上的邻居能在周日凌晨 2 点之前停止播放音乐。

但不管什么情况，能否说服固执己见的人，都会让我们的生活大不相同。这也是本书所阐述的重点。

通过回顾从神经科学到行为经济学等一系列新兴学科的最新观点和研究成果，我得出的结论是，必须全面提升对如何改变他人（以及自我）思维的认知。

我们学到的很多说服策略，在本质上而言都是有缺陷的，因为它们全部依赖于我们期待他人应该怎样，而不考虑他们的真正本性是什么。我们仍在使用19世纪和20世纪的方法去说服21世纪的人，而且我们肯定知道，这些方法为什么不起作用。

在接下来的章节中，我们将揭示人类到底在怎样进行决策，这个真相或许会让我们感到震惊。为此，我们将探讨导致人们固执己见的心理学机制，并研究对我们的观点、信念以及判断造成真实影响的各种要素——需要提醒的是，这些要素影响我们的方式往往是人类无法理解的，甚至完全不为人类所知。

不过，尽管我们可能比以往任何时候都更加固执，但故事的结局未必如此。实际上，即便是顽固不化的人，我们依旧可以说服他们改变主意。在本书中，我们将会看到，说服这门艺术最早可以追溯到古代雅典，甚至可以归结于亚里士多德和柏拉图这样的大师。比如，在描述影响艺术及其重要性时，柏拉图曾说过，整个世界历史都是一个"以说服战胜武力"的故事。[11]

但时至今日，我们却忘记了这条最基本的定律，而且在很多情况下，我们甚至在彻底颠覆这个真理。今天，面对意见分歧或抵制我们行动的人，我们往往会诉诸力量，试图让他人屈从于我们的意愿。为此，我们会采取显性的"暴力"方式——大喊大叫、怒不可遏或在发现无济于事时垂头丧气，也可能会采取软"暴力"方式——权力游戏、暗度陈仓及瓦解或摧毁异己势力。

此外，还有一些人企图以软硬兼施的策略改变他人。尽管哄骗和胁迫在某些情况下确实会带来一些效果，但这种变化往往是暂时的，一旦推动变化的威胁或激励消失，变化也就此戛然而止。

因此，要维系这种改变，人们就需要投入大量资源，这往往会让人精疲力竭。毕竟，它需要持续的监督和干预。更重要的是，其他人可能会基于外部压力或自利原则而在表面上顺从我们的意愿，但我们很难从根本上改变他们的内在观念。正如戴尔·卡耐基（Dale Carnegie）在其传世佳作《人性的弱点》（*How to Win Friends and Influence People*）中总结的一句名言："当一个人违背自身意愿接受他人观点时，他在内心中依旧会坚持自己的观点。"[12]

还有一些人善于动脑思考，因此，他们往往喜欢以高人一筹的逻辑说服他人。我们之所以会犯这些错误，部分原因可以追溯到 18 世纪的"启蒙运动"，也就是伊曼努尔·康德（Immanuel Kant）所说的"理性时代"（*Age of Reason*）。[13]在那个时代，以最富于理性的方式进行辩论或提出观点尤为重要。[14]

作为这种哲学范例的继承者，我们很容易陷入一种心理误区——想当然地假设所有固执己见者或持有"无知"观点的人一定缺乏"认识理性"所需要的信息。因此，我们会设想，在向别人阐述观点时，只要能提供更合理的证据或采用严谨的逻辑，对方就会恍然大悟，并改变主意。

奇普·希思（Chip Heath）和丹·希思（Dan Heath）在畅销书《瞬变：让改变轻松起来的 9 个方法》（*Switch：How to Change Things When Change Is Hard*）中谈到了这个主题。他们认为，在我们的身边，很多人都生活在这样一种假设的情景中：只要你提出一个"无可挑剔的改变理由",对方就别无选择,只能接受你的理由,并兴高采烈地大声惊呼"你是对的……我以前怎么会没有想到这个!"。[15]

如果人类的思维果真如此运行,那一切事情都简单了。

正如美国传奇喜剧演员兼脱口秀主持人迪克·卡维特(Dick Cavett)曾经说过的那样:"很少有人喜欢听他不想听的话。"[16]

在接下来的内容中我们将会看到,即便是最完美无瑕的逻辑往往也毫无意义,甚至有可能适得其反。用爱尔兰散文家乔纳森·斯威夫特(Jonathan Swift)的话来说:"企图说服一个人放弃他们从未接受的事情,显然是一种徒劳。"[17]

但本书并不旨在探讨哪些方法无助于说服他人,而是在于如何成功说服他人。为此,我们将探讨一系列经过实践检验的可行方法,让最顽固的人也能对你俯首称臣,转变思维。但需要提醒的是,在这个过程中,我们很可能需要拷问自己:我们之前说服他人的做法是否经得起推敲。

有一句古话是这样说的:"你可以把马牵到水边,但是你没法强迫它喝水。"但假如事实并非如此,结果又会如何呢?

当然也不是没有好消息:实际上,说服他人未必是一项繁重或艰巨的任务。正如驯马师都知道如何驯服最叛逆或最顽固的野马一样,说服大师同样也知道该如何改变最顽固的思想。

我们不妨一探究竟吧!

目录

PART I
What Makes Up a Mind

第一部分
思想到底由何而来？

德国心理学家、行为科学家及拓扑心理学创始人库尔特·勒温（Kurt Lewin）曾指出："如果你想真正了解某个事物，不妨尝试去改变它。"但事实恰恰相反。在我们尝试改变任何事情之前，了解它的运行机理往往会让我们的努力事半功倍。[1]

考虑本书的主题在于改变思维以及扭转存在已久的固有思维，因此，最合理的起点应该是充分揭示思维本身的真谛。

针对任何一个话题，假如有人问"你的想法是什么"，答案可能会非常直白简单。不管是针对市场上最可靠的汽车制造生产商、性能最卓越的智能手机品牌还是最适合搭配牛排的葡萄酒，你都能在眨眼之间找到一个非常确定的答案。

在你的心目中，这个答案绝对是无限明智的，你甚至会认为，对任何一个理智的人来说，它或许都是唯一可以给出的答案。但这绝对是一件仁者见仁、智者见智的事情。需要提醒的是，对任何人来说，他们的观点或信仰都是绝对合理的。不管这些想法在我们看来多么疯狂、多么不合情理甚至荒诞不经，在这些人自己的思维中，这永远是他们看待世界最明智、最合理的方式。

不过，在探讨每个人"为什么"会有自己的想法、观点和信念之前，我们还是先思考一个更重要的问题：思维是"如何"形成的？

如果有人说他们已对某个想法或问题"下定决心"，其实，这不仅仅是在说，在做出这个判断或决定之前，他们已积累了足够多的信息，或者已激活了足够多的神经元。实际上，我们下决心的过程远非如此简单。

事实上，促成我们得出结论和做出选择的主导因素并非大多数人认为的理性要素。潜意识本能带来的影响会让我们对自己的观点笃信不疑，而且这种坚守与固执往往与我们大脑中的理性要素无关。此外，我们也逐渐意识到，人类思维本身具有多层次性和多方位性，由此带来的不确定性必然导致我们更容易得出感觉正确但可能完全不准确的结论。本书将会让我们认识到，最好不要轻易相信我们所思所想的一切。

回顾库尔特·勒温说过的那句话，要揭示如何改变想法的第一步也是最基本的前提，就是理解引导我们做出决定的根源——无论是内心隐晦的观念，还是可以诉诸文字表达的决策。因此，不妨由此开启我们的探索之旅。

第一章
两种思维的故事

最近，我和妻子一直在研究购置一辆什么样的新车。最终，我们决定把选择范围缩小为两款车型：第一个方案是选择一款性能可靠的老款汽车，第二个方案是购置一辆充满时尚气息但市场上褒贬不一的新车型。在尝试做出最终选择时，我对妻子说："我对这件事有两种看法……"

但是，当这句让人们再熟悉不过的话一经出口，被它所包含的深邃道理便震撼了我。

在现实的大部分时间中，我们的行为确实听命于两种思维——这是两种完全不同的思维，而不只是优柔寡断式的左右为难。古希腊哲学家柏拉图认为，两种思维的差异相当于不得不勒紧"难以驾驭的情绪野马"的"理性车夫"。而弗洛伊德则把两种思维并存的现实描述为自私性自我（selfish ego）与自觉性自我（conscientious ego）之间的差异。[1] 很多东方哲学家都曾谈到必须以自律和专注来训练的"猴子思维"（心猿），[2] 而基督教神学中也有"精神之心"与"肉体之心"的区别。[3]

近几十年来，人类所依存的两种思维之间又出现了一种更重要的新区分——这种区分深刻改变了我们对决定人类判断的根源及其如何影响人类判断的理解。然而，在行为经济学这一新兴领域中，这种思想修正的重要性尤为显著。实际上，形成这个研究领域的根源，就是人们已深刻地认识到传统经济学理论并不能解释导致人们做出决定的原因。

几个世纪以来，经济学界的逻辑分析始终依赖于这样一种假设：在面对任何选择时，人类都会做出最理性、最合理的选择。在经济学领域，这个假设被称为"期望效用理论"（expected utility theory）。

但相反的证据比比皆是，我们只需看看自己身边发生的事情，即可找到足够证据说明我们经常会做出有悖常识甚至是自私原则的决定。在现实中，我们往往会做出完全不合常规的非理性决策，这些决策不仅会有损我们自身利益，甚至荒谬至极。于是，行为经济学家开始思考，为什么会出现这种情况。[4]

行为经济学的两位创始人丹尼尔·卡尼曼（Daniel Kahneman）和阿莫斯·特沃斯基（Amos Tversky）最早以系统方式对几个世纪以来的经济学假设提出质疑，并提出以新的视角理解人类思维。[5]其中，卡尼曼对这个领域最重要的贡献就是提出人类具有两种不同思维方式的观点。这两种思维决定了我们处理信息的方式，进而影响到我们的决策方式。[6]

基于卡尼曼的观点以及多伦多大学心理学家基思·斯坦诺维奇（Keith Stanovich）和理查德·韦斯特（Richard West）的研究成果，本书的大部分内容均围绕一个主题展开，即我们每天依赖的两种思维分别被称为"探索性思维"（inquiring mind）和"本能性思维"（instinctive mind）。

由于大多数顽固的观点、判断和信念均来自我们的本能性思维，因此，两种思维的区别非常重要。在《影响力是你的超能力》（*Influence is Your Superpower*）一书中，来自耶鲁大学的学者佐伊·查斯（Zoe Chance）指出，在我们的全部决策和行为中，多达95%的决策和行为决定于本能性思维。[7]哈佛大学市场营销教授杰拉尔德·萨尔特曼（Gerald Zaltman）对此深有同感。她表示，我们90%以上的想法、情绪和学习都是在无意识状态下发生的。[8]

虽然这些数字或许难以验证，但显然不容忽视。显而易见，在我们如何应对外界环境和处理人际关系时，本能性思维扮演了举足轻重的角色。以循环再生水这个故事为例，尽管有足够的证据可以证明再生废水没有任何危害性，但本能性思维最初还是让圣地亚哥人做出了拒绝的决定。此外，多年以来的大量研究也表明，选民在投票箱前做出决定时，往往也依赖于他们的本能性思维。因此，很多人决定投票依赖他们的直觉，比如，他们是否喜欢某个候选人的外表，或者他们是否对候选人抱有好感。[9]

无论是选择把选票投给谁，还是我们平均每天要做出的35000个决定中的任何一个，本能性思维对我们认识自身思维和行为的影响力之大，远远超过大多数人的想象。[10]

那么，这两种思维的内涵到底是什么呢？它们如何运行呢？

探索性思维[11]

探索性思维通常与我们在传统意义上所说的"思考"相关。它具有如下特征：

1. 谨小慎微——在处理信息时，充分体现细节和准确的重要性。

2. 艰难吃力——探索的过程既费力又耗时。

3. 自我意识——思维过程易于理解，因为它们是线性的和顺序性的。

4.合乎情理——处理信息的过程就是运用逻辑与理性的过程。

5.深思熟虑——发挥探索性思维需进行积极主动的选择。

6.理性明智——避免直觉性反应,以怀疑的心态看待事物。

7.细致入微——把复杂性与不确定性视为高水平思维的关键要素。

本能性思维[12]

不同于讲求方法并具有批判性的探索性思维,本能性思维具有如下特征:

1.迅捷快速——高效快速地处理信息。

2.毫不费力——在心理上不会造成任何负担。

3.悄然无声——我们在通常情况下完全不会意识到它的存在。

4.情绪使然——想法带来的感受取决于我们如何评价这个想法。

5.自动自觉——在动用本能性思维时,我们无须做出任何决定。

6.依赖直觉——以感觉印象和心理倾向为核心。

7.简单明了——任何歧义或细微差别均可忽略不计。

虽然以本能性思维进行思考和决策有局限性,但我们之所以还会这么做,当然有充分理由。首先,和使用探索性思维相比,在运用本能性思维时,我们需要投入的努力和专注度更低。对此,丹尼尔·卡尼曼认为,我们的大脑不仅很忙碌,而且很懒惰。[13]或者可以引用卡尔·荣格(Carl Jung)经常说的一句话:"因为思考很困难,所以,大多数人只做判断。"

但我们不应把这视为对人类思维习惯的批评。实际上，沃顿商学院教授凯蒂·米尔克曼（Katy Milkman）的观点更接近问题本原：对阻力最小路径的心理依赖性，会让我们选择对自己最有利的方案。"我从不把懒惰看作人类的内在缺陷，相反，我认为，这是一种拥有很多优点的特征。"[14] 心理学教授尤尔金·德沃斯（Erin Devers）和贾森·鲁尼恩（Jason Runyan）对此表示赞同，他们指出，在使用本能性思维时，我们不必消耗有限的时间和精力对某些事情进行漫长而深入的思考。他们建议："深入审慎的思考是一种有限资源，因而需要我们有策略、有选择地去使用。"[15]

行动中的两种思维

在畅销书《助推》（Nudge）中，著名行为经济学家理查德·塞勒（Richard Thaler）和卡斯·桑斯坦（Cass Sunstein）研究了人类的这两种思维在现实中如何发挥作用。

为此，他们在书中提到了一些现实的案例，比如，面对意外飞向自己的球，你会下意识地做出躲避动作，或者在看到一只可爱的小狗时，你会不由自主地露出笑容，这就是本能性思维在发挥作用。在淋浴或马上入睡时，我们的大脑里可能会出现某些自发性或创造性想法，这同样源自我们的本能性思维。

相比之下，如果你要计算 17 乘 34 的得数、弄清如何在一个陌生城市从 A 点导航到 B 点或讲一门非母语的语言，此时，你就需要让自己的探索性思维活动起来。[16] 尽管本能性思维有其天然禀赋，但它也有很多我们不能忽视的缺陷。

为了说明这一点，不妨试着阅读下面这段文字。在阅读过程中，请关注任何能吸引到你的情节：

A BIRD IN THE

THE HAND IS WORTH

TWO IN THE BUSH

你注意到这三句话有什么异常吗？

或许你可以试着再读一遍这三行文字。你肯定会注意到第一行结尾的"THE"，在第二行开头位置再次出现。此时，由于你开始运用自己的探索性思维，于是，这个异常情节变得显而易见，是吧？

在轰动全球的畅销书《黑天鹅》（*The Black Swan*）中，纳西姆·尼古拉斯·塔勒布（Nassim Nicholas Taleb）指出，在这个例子中，我们之所以对如此明显的错误视而不见，是因为在无意识状态下，我们会自然而然地启用本能性思维。[17]这个例子表明，我们更习惯于使用本能性思维解读事物——或者说，我们只会看到自己想看到的事物，而且会对我们看到的事物笃信不疑。但这不仅会让我们难以客观看待事实，完善自己的结论，而且很容易让我们得出不准确甚至错误的结论。[18]

先入为主的本能性思维

我们大脑中的两个处理信息的方式的顺序对我们的决策影响重大。如果我们率先激活探索性思维，那么，它必然会阻止本能性思维对我们的决策和思维过程产生过多影响。

相比之下，当我们的本能性思维形成一种印象、倾向或难以逆转的确定感时，这就会给我们带来巨大的影响，而后，我们的探索性思维则会在逻辑上对它们予以强化。[19]这种逆向工程（reverse-engineering）的推理过程必然会带来固执。

来自昆士兰大学批判思维学研究院的彼得·埃勒顿（Peter

Ellerton）博士认为，说服或影响他人的关键就是要遵循与对方相同的思维模式。因此，我们首先要创造、完善或强化他人的本能性思维愿意接受和向往的故事，然后为他们提供基于探索性思维的理由，从而为验证其判断准确提供依据。[20]

行为心理学家苏珊·威辛克（Susan Weinschenk）通过研究发现，在影响他人这个话题上，本能性思维与探索性思维的启动顺序非常重要。威辛克认为，启动错误的"头脑"或采取错误的顺序，都有可能导致我们尝试说服他人的努力适得其反。[21]

销售员最清楚这一点。比如，如果销售员在向你推销汽车时，他们首先会介绍能让你感到心潮澎湃和物有所值的性能。他们会让你想象坐在车里体会到的美好感受——当你驾车沿着街道行驶时，或者汽车发动机爆发出轰鸣声时，路人纷纷投来羡慕的眼光。这样，他们就会让你把注意力集中于外观和声音等感性要素，并逐渐上升到决策的逻辑要素层面——譬如燃油的经济性和安全等级等。当然，这个销售员肯定也知道，如果从理性分析出发去考虑是否购买这辆车，那么很难让直觉成为激发客户做出购买决策的动力。[22]

当然，所有这一切并不是说我们的本能性思维在思考和决策方面始终处于劣势。相反，有的时候，我们的本能也会帮助我们做出最优决策，并得出最明智的结论。

这也是马尔科姆·格拉德威尔（Malcolm Gladwell）在畅销书《眨眼之间：不假思索的决断力》（Blink：The Power of Thinking Without Thinking）中所诠释的核心主题。格拉德威尔认为，在某些情况下，基于本能做出的决定往往是最优的决定。"有的时候，尤其是在面对巨大压力时，匆忙并不意味着浪费，在这种情况下，从直觉出发做出的判断或形成的一种印象，或许就是我们认识世界的更优方式。"[23]

也就是说，在很多情况下，我们的本能性思维并没有很好地服务于我们，甚至有可能会违背我们的最大利益。

当本能性思维背叛我们时

在 2014 年的一次采访中，记者向著名科学教育家比尔·奈（Bill Nye）博士提出问题："当代世界面临的最大挑战是什么？"比尔·奈博士毫不犹豫地回答，是气候变化的加速。他说："问题的关键在于形势变化的速度。"他对人们关于采取拯救行动的冷漠感到悲哀。"我们正在引发人类的第六次大灭亡事件。"[24]

比尔·奈博士的观点确实难以反驳，但我们或许会意外地发现，实际上，越来越多的研究表明，要争取人类社会在行动上对气候变化做出切实承诺，问题的核心不在于行动本身，而是行动过于缓慢。

哈佛大学心理学教授丹尼尔·吉尔伯特（Daniel Gilbert）认为，问题的实质在于，我们的本能性思维还没有能力处理抽象、复杂和缓慢的信息。他指出："我们可以在几毫秒内躲开一个球，我们之所以成为这个星球的主宰者，正是因为这样的特质，但我们所面对的威胁源于数十年的积累，而非突兀而至，因此，我们的大脑警报系统已对这些威胁麻木不仁，以至于习以为常。"对此，吉尔伯特得出的结论是："很多环保人士表示，气候变化发生得太快。其实事实并非如此，反而是它发生得太慢了。正因为它发生得不够快，所以才未能引起我们的注意。"[25]也就是说，人类本能性思维的注意力也只能到此为止。

针对同样的主题，格雷格·哈曼（Greg Harman）在《卫报》（The Guardian）上发表的一篇文章中写道，我们的本能性思维并非"天生就能轻易对付变动缓慢的大规模威胁"。而且它不太善于评估极端性风险发生的概率——极高风险事件或极低风险事件发生的可能性。正如科技媒体记者利亚姆·曼尼克斯（Liam Mannix）所指出的那样："很难想象 0.000 09% 的发生概率到底意味着什么，所以，我们（本能性思维）自然会认为这就是所谓的'风险极低'，但实际的风险可能远低于这个水平，换句话说，风险概率不存在底线。"[26]

除此之外，我们的本能性思维还容易把概率和可行性混为一谈。简单地说，仅仅因为某件事具有可行性（即或许有可能发生），并不一定意味着它确实可能发生（即很可能发生）。这就可以解释，在我们当中，为什么很少有人在开车时会三思而后行，但大约40%的人却会在登机时感到紧张。尽管有统计数据表明，人类死于车祸的概率为1/84，而在飞机失事中丧命的概率却仅有1/15000。同样，每年因楼梯摔倒致死的概率也远远超过死于恐怖袭击的概率，但这确实和人类固有的恐惧感无关。[27]

理查德·塞勒和卡斯·桑斯坦的研究或许可以帮助我们理解本能性思维为什么倾向于把概率与合理性混为一谈。在《助推》一书中，塞勒和桑斯坦为实验对象提供了如下两种情境，并要求他们预测每种情境发生的概率或可能性：

- 在未来一年，北美某个地区发生大规模火灾，导致1000多人身亡。
- 在未来一年的某个时候，加利福尼亚州发生地震，造成1000多人身亡。

考虑到加利福尼亚州本身横跨圣安地列斯断层，因此，加利福尼亚州发生地震的判断似乎更合理，但是从统计数据看，发生第一个事件的可能性更大。但仍会有相当多的人认为，发生第二个事件的概率更高。

这项研究揭示出，人类的本能性思维及其判断力具有重大局限性。通过在情境中加入更多的限定性细节，我们对可行性的认识会有所改进，但这也会导致情境的实际发生概率相应降低。这实际上就相当于说，在做出决定时，增加细节未必有助于澄清事实或者提供更多的背景信息——相反，这些描述事件貌似更有可能发生的文学叙述，反倒会欺骗我们的判断力。[28]

思维解剖学

除认识大脑的两个自然属性之外，我们还有必要认真研究它们在生理学层面的解剖学特征。

例如，我们的探索性思维通常由大脑中的额叶主导，生物学家会告诉我们，从进化学角度看，额叶是人类大脑中最新进化而来的部分。额叶与理性思考、关注力以及规划等功能有关。由于这些活动需要投入必要的专注力、自我控制力和精力，因此，我们的额叶往往是思考和决策过程的最后一站。

相比之下，我们的本能性思维则依赖于人类大脑中某些更"原始"部位的推动和指挥。其中最主要的当属我们的边缘系统（limbic system），这里是大脑负责引发很多原始本能性冲动的部位。

1952年，美国神经科学家保罗·麦克里恩（Paul MacLean）首次提出人类大脑边缘系统这个概念。边缘系统由杏仁核、海马体和基底神经节等大脑区域构成。[29]边缘系统深埋于大脑的后部及大脑皮层的下方，它们在处理情绪、群居意识以及战斗/逃跑反应中扮演着重要角色。[30]

本能性思维是人类安全的保护伞

从功能上说，人类本能性思维最擅长做的事情就是保护我们的安全。归根到底，一旦面对威胁信号，我们的边缘系统，尤其是杏仁核，便会在第一时间采取行动。

但这里有一个非常复杂的因素，无论这种威胁作用于我们的身体还是心理，我们的本能性思维都会以基本相同的方式做出反应。在面对威胁性信息或想法时，我们的神经本能就是严阵以待、退缩防守。

在发生这种情况时，再坚不可摧的本能，即便是最有说服力的证据和逻辑，往往也无能为力。对此，领导力作家、牧师安迪·斯坦利（Andy Stanley）指出，尽管行动可能比言语更有感召力，但是在我们的本能性反应面前，这两者都要退避三舍。为考察这个反应过程的机理，埃默里大学心理学家德鲁·韦斯顿（Drew Westen）进行了一项研究。在实验中，他向实验对象提供了有关他们所支持政党或候选人落选的不利信息，与此同时，研究人员监测他们的大脑，看看哪些部位会发光。按照韦斯顿的预测，在个体处理信息并考虑如何拒绝或忽略这些信息时，大脑的额叶（探索性思维）会开始行动。

但事实并非如此。

相反，额叶处于休眠状态，而边缘系统（本能性思维）则被激活，并做出强烈反应。对此，韦斯顿得出的结论是，在面对否定性或不利于自己的证据时，我们不会以真正客观或理智的态度去解读证据。相反，我们会听从本能的召唤，任偏见和情绪摆布。[31]这种现象通常被称为"杏仁核劫持"（Amygdala Hijack）。

尽管大多数人不熟悉这个术语，但我们可能对杏仁核劫持的感觉并不陌生。当我们的观点或信念受到质疑时，我们都有过迅速转入防御或反攻的体会——其实，有些人已经意识到，这属于反应过度现象。但开启杏仁核劫持模式后，我们就很难重返理性轨道。此时，我们的脉搏会加快，手掌出汗，脸颊涨红。我们会发怒，甚至暴跳如雷，并随时准备做出还击。

在进入这种状态时，我们关注的视角会缩小，我们的记忆会受损，正如资深主持人戴安妮·穆绍·汉密尔顿（Diane Musho Hamilton）所描述的那样："我们会发现自己进入一种安全感最强烈的视角，并在潜意识中告诉自己'我是对的，你错了。'"[32]

尽管这种状态是一种完全出于本能的反应，而且是再正常不过的自然反应，但不可否认的是，在数字时代，尤其是社交媒体盛行的时代，这种状态已大大增强了我们边缘系统的"战斗"本能，我们将在第二章看到这种现象。

当然，面对本能性思维及其响应式反射，我们也不会成为束手无策的受害者。在理想的情况下，大脑的额叶会评估我们的本能反应，并实施大量的逻辑思考和判断。但加州大学神经学教授马修·利博曼（Matthew Lieberman）最近开展的研究表明，杏仁核的一个重要作用就是维持和保卫在我们内心深处已根深蒂固的信仰，并对任何"敌对行为"采取不遗余力的对抗。

有趣的是，加州大学圣巴巴拉分校"脑计划"（Brain Initiative）研究院大脑神经科学家布里吉特·奎恩（Bridget Queenan）获得的证据表明，这种对抗意识形态威胁的反应在幼儿中几乎不存在，而是随着年龄的增长才逐渐形成的，并在成年时期进一步增强。"孩子似乎不会因面对新环境或对抗性信息而出现情绪或认知崩溃问题。相反，他们非常善于根据新证据更新自己的思维体系和行为。事实上，发现新事物和对抗性事物对他们更有吸引力。"

针对这个发现，奎恩进行了深入思考："既然如此，我们为什么不放弃这种自欺欺人的自我保护呢？我们为什么会在不经意间告诉自己：就这样吧，我已经做到了，我不想再学习了。这个世界依旧魅力无穷，依旧不可预测，依旧还有很多需要我们探索开放的事情。但是在进入成年之后，我们为什么反倒对此变得漠不关心呢？"[33]

这些都是非常重要的问题，我们还将在后续的讨论中深入探讨这些话题。

独处的影响

尽管拒绝威胁我们信仰与观念的想法或许是成年人与生俱来的本能，但是和其他因素相比，某些因素会导致我们的本能性思维对威胁更敏感。首先就是独处。

近年来的一系列研究均揭示出社会交往的影响力与重要性。最新研究显示，独处不仅会对我们的免疫系统、心血管健康和总体幸福感带来负面影响，还会在很大程度上影响到本能性思维自身的功能。

例如，在新冠疫情早期，芝加哥大学进行了一项研究，旨在研究隔离和保持社交距离对大脑造成的影响。研究结果证实，杏仁核的增长或缩小与个体的社交活跃程度成正比。[34]

这一点很重要，因为较小的杏仁核似乎对应更敏感的战斗/逃跑反应。考虑到这一点，我们自然不难理解，在疫情肆虐的几年里，隔离者的基本性格特征就是一触即发的暴怒。

归根结底，我们在这里得到的一个重要结论就是孤独的大脑更容易爆发。独处给身体和心理带来的影响，会导致我们的本能性思维更顽固、更被动。需要提醒的是，最有利于培养健康思维的社交方式，就是面对面的交流。尽管视频电话会议和数字互动也会让我们感受到与他人的联系，但是要真正拥有均衡、健康的大脑，这些非面对面的互动无助于解决问题。

疲劳如何让我们变得更愚蠢？

虽然孤独会阻止我们的本能性思维正常工作，但疲劳同样会引发很多问题。

《美国国家科学院院刊》（*Proceedings of the National Academy of Sciences*）发表的一份研究报告揭示出疲劳会给司法裁决带来怎样的影响。这篇文章揭示出疲劳可能带来的严重后果。研究对 8 名假释法官的决策过程进行了监测。这些法官每天都要审查大量的假释申请，这是一项令人羡慕的任务，但也是一项令人煎熬的任务。就平均水平而言，法官审议每份假释申请的平均时间为 6 分钟，而且平均每天仅有 35% 的申请会获得批准。

在其中的某一天，研究人员对这 8 名假释法官在一天内完成的假释评估和判决进行了检验。研究选取了法官的三次常规性休息时间——上午休息、午餐休息和下午休息。于是，一个有趣的现象出现了。结果显示，在每次用餐休息之后，假释的批准率都会大幅上升。全部事实表明，在所有被批准的假释申请中，居然有 65% 的审核工作是在休息后的短时间内完成的。

尽管有人可能会在法理和道德上提出质疑，但这一发现确实清晰地表明，人在疲劳状态下工作时，即使是最富于理性、最讲究逻辑的人，也会陷入被本能支配的陷阱中。[35]

值得注意的是，尽管有规律的休息会让我们感觉精神焕发、思路敏捷，但我们在休息时摄入的食物，同样会对我们的逻辑推理能力产生重大影响。

三甲基黄嘌呤带来的麻烦

你可能会感到不可思议，普通人可以通过合法途径获得这种名为"1,3,7 – 三甲基黄嘌呤"（俗称咖啡因，存在于茶、咖啡和可可等多种植物中，也是影响茶叶味道的主要成分）的药物，而且这是一种广泛使用的药物。服用这种药物会让你容易轻信别人。反之，如果给别人服用这种药物，当然也会让他们更容易相信你。在澳大利亚社区级别的诊所里，患者就能拿到这种药品。

大多数人可能从未听说过 1,3,7 – 三甲基黄嘌呤，但肯定听说过它的另一个名字：咖啡因。

早在 2005 年，澳大利亚昆士兰大学的珀尔·马丁（Pearl Martin）便已通过研究证明了咖啡因对判断力的影响。在马丁的研究中，研究人员试图说服实验对象改变对自愿安乐死这一争议话题的看法。

这项研究所选择的参与者都认为应实施自愿安乐死合法政策，而马丁想知道的就是如何改变实验对象的观点。在开展说服工作之前，他们首先请参与者饮用一种类似果汁的橙色饮料。但这些人并不知道，一半实验对象的饮料含有中等剂量的咖啡因（相当于两杯浓缩咖啡），而另一半实验对象的饮料中则含有安慰剂成分。然后，研究者让两个实验组阅读六个催人泪下的故事，而故事的用意就是不应为安乐死提供合法依据。

在阅读每个故事之后，研究者对两个实验组的态度进行调查。结果发现，与饮用含安慰剂饮料的实验组相比，服用咖啡因饮料的实验组对故事的接受度高出 35%。[36]

在解释这一结果时，珀尔·马丁认为，咖啡因会提高人的认知觉悟，从而导致我们的本能性思维更愿意接受新观点和新信息。后期的其他很多研究也验证了这个结论。[37]

■　■　■

尽管意识到两种思维的本质和局限性意义重大，但这毕竟只是起步。

正如我们所看到的那样，绝大多数根深蒂固的观点和看法源于我们的本能性思维。但我们的本能性思维由何而来呢？我们为什么会如此顽固不化呢？这些无法撼动的信念又是如何形成的呢？

这些问题也促使我们把注意力转向下一个话题。

在接下来的章节中，我们将深入探究有助于改变思维的机理。我们将会看到本能性思维不仅会凌驾于我们的物质大脑，甚至已占领更强大的潜意识层面。

第二章
我们为什么会如此笃定？

有些事情确实会让我们确信不疑。比如，2 + 2 = 4；能上升的事物一定会下降；太阳永远从东方升起，在西方落下。

当然，对客观科学问题的确定性是一回事，但以僵化、过时的思维看待完全主观的话题显然是另一回事。关于我们自己、他人以及我们自以为确定无疑的这个世界，还有无数事物注定是不确定的。实际上，很多观点和信念或许根本就不存在客观依据，只是我们以为自己知道罢了。

我们上一章已探讨了本能性思维及其如何影响我们的判断，以此为出发点，本章的主题在于解读确定性的基本要素。或者说，我们为什么会这么顽固且盲目自信，对毫无证据的事情竟然笃信不疑？如果我们试图说服他人重新思考他们自认为已经知道的事情，最终会带来怎样的结果呢？

我们当中的很多人认为，知识就是经过长期深思熟虑与实践判断获得的结果累积。漫步在生活的长河里，我们会读到、看到或听到很多事物，这些事物让我们了解到世界的真实状况。于是，我们就会先入为主地认为，我们的看法和观点是自身经历及其启发所造就的最终产物。

在经典巨作《确定论》（*On Being Certain*）一书中，神经学家罗伯特·伯顿（Robert Burton）对这一假设提出了质疑。伯顿认为，我们"生来就知道"某些事情是真实的或是准确的，但实际上，这种似曾相识的感觉最多不过是我们的感觉而已，而绝非合理的结论。[1] 伯顿把这种感觉称为"知道感"（feeling of knowing）。

综合神经科学、哲学和心理学等不同学科的最新发现，很明显，人类这种生而即有的确定感涉及三个不同因素。当我们的本能性思维发展到"知道"程度时，即使不是全部，我们也会体现出如下三个要素中的大部分：

- 身份认同
- 意识形态
- 直觉

就像一场配合默契的三重奏演出，当三者相互协调时，这些元素往往能发挥出最强大的影响力。在这场音乐演出中，三个和声相互匹配构成一个和弦，同样，我们也经常会把知道感视为"触动我们思想和弦"或"与我们产生共鸣"的事物。当我们的本能性思维达到"知道"程度时，我们就会自然而然地体会到所谓的确定感——尽管在此时，我们或许还无法解释其中的原因。

更重要的是，这三个要素共同决定了本能性思维愿意接受的想法和信息类型，换句话说，我们此时也只能考虑这样的想法和信息。因此，在说服他人时，它们既可以成为引导我们通往成功的路径，也可能是阻碍我们成功的拦路石。

身份认同

2020 年 10 月，一位好友的父亲住进位于佛罗里达州南部的一家医院，他需要在这里接受紧急手术。由于当时的新冠疫情正处于暴发期，日均病例数量快速攀升，因此，民众对入院治疗普遍感到紧张，这种惶恐心理在当时实属常情。然而，朋友父亲最担心的并不是新冠。作为共和党人的铁杆支持者，他认为，最后的底线就是不能接受民主党支持者的输血。

人们在政治分歧上表现出的敌意往往是最纯粹的。不到一个月后，共和党人大卫·安达尔（David Andahl）在竞选北达科他州议会议员时获胜，这也许是朋友父亲对政治对手充满敌意的最佳写照。但安达尔的这次获胜极不寻常，因为他在选举结果公布的一个月之前便已去世。没错，的确如此，但人们为什么会选择把选票投给一个已经去世的人呢？无非是为了阻止另一位在世的反对党候选人成为胜利者。[2]

现实或许比戏剧更有戏剧性

为解读造成这种现象的深层次根源，澳大利亚乐卓博大学的研究人员设计了一个实验。他们让一组学生收听几段音频，并要求他们对听到的内容进行判断。研究人员在实验室的一面墙壁上安装了单向透明玻璃。他们站在不可见的一侧观察实验对象的反应，但他们只关注一种特定的反应——笑声。

实验室内的学生坐在椅子上，戴上耳机，安安静静地收听一段脱口秀喜剧演员的演出录音。其中，一部分学生听到的音频中，只有脱口秀演员本人的原声。而另一部分学生听到的音频中，研究人员在搞笑环节人为插入预先录制的笑声，配合脱口秀演员的演出。结果很明显，当学生们听到录音中预先录制的笑声时，他们发出的笑声也格外"明显"。

尽管这或许算不上有"明显"重大意义的发现，但事实其实并不这么简单。几十年来,研究人员已对预先录制笑声的威力有了充分认识。

这个实验更有趣的部分还在后面。研究人员为音频中的发笑者也分配了人物角色。他们告诉一组学生,那些发笑的人和他们有很多共同取向(即认同他们,而且很可能愿意与他们交往的其他学生)。但更重要的是,他们告诉另一组实验对象,在录音中发出笑声的听众很可能会支持这些学生强烈反对的政党。

结果非同寻常。在听到音频中"与他们一样"的人发出笑声时,这部分学生发笑的时间几乎延长到原来的 4 倍。相比之下,另一部分学生们做出了完全不同的反应,因为他们知道,在录音中发出笑声的听众很可能不认同他们,或者与他们意见分歧,因此,他们的发笑几乎和根本不笑没什么区别。[3]

物以类聚,人以群分

虽然大多数人都认为他们永远都不会如此态度鲜明甚至走极端,但还是有越来越多的证据表明,这种趋势不仅普遍存在,也是人的本能。按照心理学家丹尼尔·豪恩(Daniel Haun)的说法,人类对部落主义(群体意识)的强烈依赖,也是人类生存在这个星球上的基本前提。这一点当然不缺少证据,大脑扫描显示,在"我们自己的群体",我们会主动适应这个群体,并积极与之保持一致,实际上,这就是本能性思维及其自我保护欲望在发挥作用。反之,如果我们的观点与群体的大部分人相互矛盾,那么,我们的大脑就会马上发出出错信号,向我们发出警告:是你错了,大家是正确的。[4]

本能性思维对群体思维的依赖可能会引来很多问题。首先,它会促使我们更愿意不加思考地接受其他观点和信念,原因很简单，因为我们群体中的其他人都这么认为，而不管这是否符合我们自己的真实意愿。这不仅会造成严重的内心焦虑和思维混乱，更重要的是，这意味着我们把自己的道德准绳与思想评判责任全部外包给他人，而自己不再独立思考。

其次，部落主义会导致我们盲目服从群体共识，而不再考虑怎样做最符合集体利益。在主观接受度成为衡量真实性的标准时，风险便已酿成。很多人相信某个事情，并不表明这件事是正确的——相反，大多数人反而是错误的。[5]

正如加拿大生物伦理学家乔治·德沃斯基（George Dvorsky）所阐述的那样，"当个性化的大脑进入关闭状态，转而进入某种'群体思维'时，（这）往往会导致行为、社会规范和文化基因在个体所处的群体中广泛传播——纵然没有支持性证据或合理动机，依旧无法阻挡它们的蔓延。"[6]

再次，德沃斯基还指出了社会连接激素催产素的作用，它既会帮助我们与群体部落建立起紧密联系，也会让我们对不认同自己的人产生怀疑、恐惧甚至蔑视。[7] 值得注意的是，催产素主要（但不完全）由我们的丘脑——构成我们边缘系统的重要脑组织——产生。

部落主义的现实影响充分体现于《2023 年艾德曼信任指数表》（*Edelman Trust Index*）提供的数据。这些数据表明，对于和自己意见相左的人，即使他们确实需要帮助，但仍有超过 3/4 的人会拒绝向他们提供帮助。[8] 卡尔加里大学进行的一项类似研究也发现，绝大多数人宁愿与政见相同的陌生人交谈，也不愿与持不同政见的人谈话！[9] 冷静下来想想，这是多么令人尴尬的场面啊！

其实，这不只是我们与志同道合者会产生共同归属感的例子。它也说明，我们会自发地以身份认同的视角去评判他人及其观点，因为这符合我们的本性。

和我一样的人会如何考虑这件事？

集体认同感对我们的思考和判断方式具有强大的影响。事实上，心理学家彼得·迪托（Peter Ditto）最近对 50 项研究进行的统合分析证实，"身份认同动机逻辑"是决定我们接受或拒绝信息的主导因素。[10]

原因不难理解，在接触到不熟悉的信息或想法时，我们往往会下意识地去反问这样一个问题："像我这样的人会如何考虑这样的事情呢？"此时，身份认同优先于对事实的调查。

另一项研究展示了身份认同在塑造感知和判断方面的力量。研究人员向一组实验对象展示一张照片，在照片中，一群抗议者站在一栋建筑前。研究人员明确指出，这是一场在诊所外发生的反对堕胎抗议活动。但是，持有保守观点的人会把照片描述为和平抗议，而持自由主义观点的实验对象则会把照片中的人视为企图恐吓无辜者的激进暴徒。但是在把同一张照片展示给另一组参与者时，我们却看到非常不同的结果，他们居然认为这是一场针对征兵中心排斥同性恋者而召集的抗议活动。根据研究人员的说法，在要求保守派参与者描述这个场景时，他们看到的是"干草叉和火炬"，而自由派参与者在心里想到的则是"圣雄甘地"。请记住，在这两种情况下，照片本身没有任何变化。[11]

在《知识的错觉：为什么我们从未独自思考》（*The Knowledge Illusion：Why We Never Think Alone*）一书中，认知科学家斯蒂文·斯洛曼（Steven Sloman）和菲利普·费恩巴赫（Philip Fernbach）探讨了因身份认同逻辑引发的种种结果。他们认为，我们强烈捍卫的绝大多数观点和意见，其实"并非来自深刻的理解和分析"，而是源于与我们志同道合者的观点。[12]

身份认同不仅会塑造我们的认知，在面对我们不愿接受的真相时，共同身份感也会对我们的反应造成巨大影响。在面对威胁或质疑我们身份的证据或信息时，我们不仅会采取防御措施，而且肯定会毫不犹豫地加倍反抗。这种反应通常被称为"反抗性反应"（reactance）。当价值观、道德和政治成为争论的核心时，这种反应往往会特别强烈。当我们根深蒂固的观点受到质疑时，我们必定会全力以赴，不遗余力地让自己相信，尽管尚存怀疑，但我们的观点就是真实的，不接受任何质疑。[13]

最优逻辑的逆火效应

英国达特茅斯大学心理学家布兰登·奈恩（Brendan Nyhan）和埃克斯特大学的杰森·雷夫勒（Jason Reifler）把这种趋势命名为"逆火效应"（backfire）。[14]在 2006 年进行的这项著名研究中，奈恩和雷夫勒向研究参与者提供了人为杜撰的新闻报道，谎称美国入侵伊拉克后确实发现了大规模杀伤性武器。在政治上持自由主义观点的参与者（反对战争）几乎当即否认这个"事实"，而自称保守派的参与者（支持战争）则满心欢喜、毫无疑问地接受了这则报道。

有趣的是，奈恩和雷夫勒随后向保守派的参与者阅读了真实消息，并确认美军并没有在伊拉克发现大规模杀伤性武器。尽管他们已被告知，第一则新闻完全是捏造的，但更正反而让他们加深了对最初虚假信息的信任。更正不仅无助于修正错误，反而加深了对错误的依赖性。这就是典型的逆火效应。[15]

另一项依据与此类似，研究人员告诉一组志愿者，相关数据已经表明，减税实际上会增加政府收入。尽管研究人员后来收回这一说法，并为这种错误说法道歉，但参与研究的右倾选民却坚称，他们始终坚信这个结论的真实性。即便研究人员已承认，这种说法只是他们为开展研究而刻意编造的，但这些保守派的参与者对它的真实性毫不动摇，原因很简单，这个观点恰好与他们现有的假设相互一致。[16]

总而言之，身份认同逻辑为本能性思维如何评价信息提供了最基础的标准。我们一直在寻找某个人是否站在"我们这边"的线索，并以此作为判断的准绳。无论观点是否合理、是否理性或者是否合乎逻辑，我们都会坚守最基本的过滤器——是否认同提出这个观点的人。只有厘清这一点，我们才能决定是否可以认同他人的想法。

社会学家克里斯·贝尔（Chris Bail）也进行了一项有趣的实验，他通过在线方式研究了这种模式的呈现方式。这次实验的目的就是观察接触意识形态反对者的观点是否会改变个人的思维或观点——或者能否在其他方面带来某种最轻微的影响。为此，贝尔在网络上招募了 1500 名推特用户，让他们关注持有对立观点的其他推特账户。在为期一个月的时间里，他们会看到"其他派系"的观点，这些观点与他们的世界观相互矛盾，甚至直接对立。持自由观点的实验对象看到的内容来自福克斯新闻，而保守派的实验对象看到的内容则来自计划生育的支持者和民主党主要领导人。

在为期一个月的观察结束时，贝尔及其团队收集实验对象的观点，他们原本以为接触不同的观点会拓宽人们的思维，遗憾的是，事实恰恰相反。在关键问题上直接面对"其他派系"观点，这种思维碰撞反而让他们对自己信奉的观点更加笃信不疑。[17]

综上所述，无论是在现实世界还是在模拟空间，我们都会无一例外地感受到，对我们思想的挑战就等同于对我们身份的攻击。

自由主义的弃儿

当然，近年来的一个重大文化挑战，就是人们开始把越来越多的社会问题归结为身份问题。除此之外，社会与道德变革的速度也让很多人意识到，他们原有的价值观和身份已不再有立足之地。

在代表作《文化反弹》（*Cultural Backlash*）一书中，哈佛大学政治学家皮帕·诺里斯（Pippa Norris）表示，这种变化在很大程度上可以解释右翼保守党及其领导人在 21 世纪第一个十年来的崛起。诺里斯认为，社会自由主义的迅速传播让很多人感觉到他们已逐渐成为时代的弃儿。这个群体往往会感受到一种集体迷茫，因为当下世界早已不是他们所熟悉的那个世界——而且这个世界似乎也越来越不愿意认同他们。

显然，在此时，如果有一个政治领袖或政党挺身而出，把回归昔日的价值观和社会规范作为己任，这或许会让他们感受到不可抗拒的诱惑力。但是，如果这种怀旧愿景与反击异己势力（即精英、自由媒体和政治体制）的誓言相结合，那么，由身份冲突引发的战线便会迅速形成。在近年里，这种趋势已出现在全球数十个国家。

泄怒已成为我们的嗜好

无论是在民粹主义的政治背景下，还是在文化战争已成气候的大环境中，以身份为动机的思维往往都会体现出明显的戾气和敌意。

在这里，一个很有说服力的案例就是网络世界对 2019 年末悉尼气候变化大会的反应。当时，成千上万年轻人举行集会，抗议政府在气候变化问题上的不作为。为抹黑这次活动，澳大利亚青年煤炭委员会的成员在社交媒体上转载了一张照片，内容就是抗议者在悉尼海德公园随意丢弃的垃圾。他们想表达的观点无非是这些气候问题抗议者是虚伪的，因而不值得关注。

然而，任何熟悉海德公园环境的人一眼即能看出，这张照片的背景根本就不是悉尼海德公园，而是伦敦的海德公园。此外，调查还显示，这张照片拍摄于 2019 年 4 月，真实背景是一场集会后留下的垃圾。

但是，对那些根据真实"证据"得出结论的人来说，他们此时此刻的感受唯有愤慨，而事实本身似乎已无关紧要。尽管照片背后的谎言很快被事实戳穿，但是在接下来的几天里，这张照片还是在网络上被分享近 40000 次。[18] 显而易见，我们的本能性思维就是喜欢不让事实妨碍一个好故事的继续演绎。

被归属感所蒙蔽

在这个话题上，我们可以看到最核心的一点：推动部落主义（群体思维）的因素有让我们出现短暂失明的独特效应。对此，在《美国思想的密码》（*The Coddling of the American Mind*）一书中，作者乔纳森·海特（Jonathan Haidt）和格雷格·卢基亚诺夫（Greg Lukianoff）指出这样一个特殊现象："在部落模式下，对质疑我们的任何论点和信息，我们几乎都会选择视而不见。"[19]

这种心理倾向导致我们宁愿相信自己，也不愿面对事实或证据。对于这个现象，阿德里安·巴登（Adrian Bardon）表示，否认就是"不问青红皂白地抗拒事实，因为它从一开始就和事实无关，（它）只是一种身份象征的表达方式而已。"[20]

另一个例子同样有说服力。回想新冠疫情暴发期间，身份冲突问题曾引发一些国家部分民众对公开场合佩戴口罩的做法进行抵制。再想想20世纪80年代的时候，人们对强制汽车乘坐者系安全带的法令采取的反应，难道不是如出一辙吗？

当时，曾有一位著名的保守派思想家宣称，"强制使用安全带"是"家长式作风典型的特征之一"。尽管当时已正式通过立法，但是在美国密歇根州，一名法官依旧拒绝对因未系安全带而被罚的司机做出罚款裁定。即便是在联邦司法机构，一部分保守派成员也公开质疑强制系安全带的法案是否违宪。为什么呢？他们的理由很纯粹，是因为强制使用安全带是由"另一方"倡导的想法。

实际上，仅仅因为夹带身份要素而顽固地坚守一个坏主意并非不可理喻，毕竟还算是人之常理。但是，如果仅仅因为是"局外人"提出的依据就被完全否定，这显然就没那么简单了，遗患不可估量。

即便由身份引致的观点可能会伤害我们，或是让我们处于不利境地，但我们积极捍卫这些观点的激情依旧非同寻常——甚至会发展到自欺欺人的地步。想想近几年政治舞台上的种种闹剧式表演吧。2009年，就在巴拉克·奥巴马宣誓就任总统后不久，很多共和党人便开始阻挠立法议程，甚至投票公开反对他们在选举前提交的法案。为什么连自己都不愿放过呢？除了"另一方"现在也在支持和推动这些法案，确实找不到其他原因。[21]

当然，这是一场很容易让意识形态对立双方乐此不疲的游戏。2021年，时任乔治·拜登政府新闻秘书、白宫发言人的珍·普萨基（Jen Psaki）还不无伤感地警告散布错误信息的危害性，她貌似哀叹地说："在美国各地，因为错误信息导致他们拒绝接种（新冠）疫苗，每天有大量人死于病毒感染。"但历史是有记忆的，就在 12 个月之前，当时的执政民主党人还在意犹未尽地煽动错误信息，警告美国人不要接种"特朗普疫苗"。

当时，乔治·拜登甚至暗示特朗普政府很可能会仓促批准疫苗投产，届时，以次充好、偷工减料的事情不可避免。而副总统卡玛拉·哈里斯（Kamala Harris）更是直接表明立场："如果唐纳德·特朗普告诉我们应该接种疫苗，那我绝不会接种疫苗。我认为，美国公众始终对接种疫苗持怀疑态度，他们应该……仅有美国食品药品监督管理局或美国疾病控制与预防中心告诉我们疫苗安全，这还远远不够，我们还需要其他人的证词。"

显而易见，我们很难证明这些观点基于科学思维。相反，从本质上说，它们只能算是一种身份声明。换言之，如果是由"另一方"提出的建议，那么，无论对错或者会带来哪些好处，都会成为被否定或被嘲笑的想法。正如蒂姆·厄班（Tim Urban）在《我们的问题是什么？》（*What's Our Problem?*）一书中所给出的解答："他们的观点与其说是针对疫苗，还不如说是针对特朗普。"[22]

敌人的敌人就是朋友

在涉及以身份为动机的观点时，知道谁不属于我们"这一方"和谁属于我们"这一方"都很重要，有的时候甚至更重要。对此，杜克大学教授克里斯·贝尔认为，人类对部落主义的追求与其说是对归属感的强调，还不如说是为了"在我们自己与我们自以为更无能、更缺乏诚信或更无道德群体之间划清界限"。贝尔认为："我们会从主观意愿出发，将群体划分为'我们'和'他们'两大阵营，由此产生的优越感满足了我们对社会地位的内在需求。"[23]

在新冠疫情暴发之后，我曾在一座小乡村教堂里听牧师讲过一个故事。这个故事凸显出身份思维导向的破坏性。一天，该教区居民的部分代表找到这位牧师，他们想知道哪些教徒已选择接种疫苗。提出这些要求的人明确拒绝接种新冠疫苗，而且坚定地认为，他们必须做到心中有数，这样才能知道应该把哪些人排斥在外，或者至少应该让他们知道，屈服世俗和政府压力的行为是可耻的。可见，尽管他们拥有相同的信仰，又同属于一个社区，但仅仅是选择接种疫苗这件小事，就足以让这些人成为不共戴天的敌人。

在品牌营销领域，同样可以把这种社会趋势当作一种威力强大的营销策略。对一个品牌来说，最有效的手段往往就是明确定义对手。用大卫·福斯特·华莱士（David Foster Wallace）的话说："没有什么比共同的敌人更能让你们团结一心。"[24]

以百事可乐为例，他们的员工不只是把自己定义为百事可乐的消费者，而是永远不喝可口可乐的消费者。同样，在美国卡车司机当中，他们要么是开福特的人，要么是开雪佛兰的人；而iPhone 和 Android 的用户也水火不相容，他们要么是 iPhone 的拥护者，要么是 Android 的粉丝，绝不存在既喜欢 iPhone，也不反感 Android 的情况。

事实上，很少有哪个品牌能像苹果这样，可以激发出如此强烈的部落本能。研究人员曾让苹果粉丝接受核磁共振成像仪检查，结果显示，只要向这些苹果发烧友提起该品牌，他们大脑中与宗教信仰相关的区域就会被激活。[25]

标签的诱惑

在谈到将群体划分为内部人或外部人两大类的话题时，我们经常采用的一种方法就是贴标签。我们的本能性思维生来就喜欢标签,因为这能帮助我们在第一时间对其他人或观点做出判断。但问题在于,如果未经过深思熟虑的思考,我们就会以过分简单的标签定义原本复杂的人或观点,那么,我们只会找到危险的不准确结论。正如马克·吐温曾经说过的一句名言:"如果你想给我贴上标签的话,无疑就是在否定我。"标签永远都是偏见的载体。比如,把某个人定义为"临时性移民劳动者",而不是"外籍人士",这两者之间有着天壤之别。尽管在本质上没有区别,但它们所代表的社会蕴意却截然不同。

实际上,问题的关键不在标签本身,而是使用标签的过程会导致我们放弃思考和理性判断。一旦个人或想法被主观分类,然后贴上标签,那么,人们就会陷入标签常规意义所代表的狭隘思维,以这样的视角看待人和事物必然会有失公允。[26]

但这种趋势依旧存在,尤其在政治生活中异常活跃。比如,如果你敢于批评与民主相关的任何要素,就会被贴上"法西斯"的标签。至于质疑资本主义是否应该对其某些过度行为加以审查与制衡的说法,理所当然地会被贴上"马克思主义者"的标签。而为弱势群体和边缘化群体大声疾呼的做法,则会让你成为"空谈误国、滥做好人的自由主义者"。

麻烦的是,一旦哲学观点成为我们为自己或他人假设的身份,事情就变得棘手了。很简单,这已不再是"保守主义"或"进步主义"两种思维之间的对立,而是"保守派"和"进步派"两个派别之间的斗争,而且两个派别的主要目标,就是维护自己的正确性和对手的错误性(甚至是邪恶性)。[27]于是,不可协调的二元世界就此形成,这是一个立场鲜明、非对即错的世界。

二维陷阱

人类历史已经一再表明，一旦我们开始将人视为非此即彼的二维存在，危险便会随之而来。首先，我们往往会以牺牲理性思考为代价，不加思考地顺从我们的本能性思维。在这种情况下，我们必然会对他人的观点予以妖魔化或神灵化——我把这种黑白分明的思维模式称为"二维陷阱"（2-D Trap）。

在历史中，我们曾不止一次地看到，对他人进行妖魔化的简单归纳往往会引发人们得出不合理的结论，并采取其他情况下不可接受的行动。正如蒂姆·厄班所阐述的那样："你无法去真正憎恨一个真实的人，也很难去掠夺真实人类居住的场所，更难于对真实的人类实施令人发指的暴力。但对于肮脏的害虫、邪恶的蟑螂、地球上令人厌恶的渣滓或黑社会的帮手，还有什么可怕的事情不能做吗？真的没有，无论多么可怕都不为过。"[28]

但需要提醒的是，为劫掠权力而对"他人"妖魔化这种事情并不罕见，不只有历史书中的暴君和独裁者才会采取极端卑鄙的手段。在某种程度上，所有冲突均源自人们不愿接受人或环境所固有的多维度细微差别。无论是夫妻之间的争吵、同事之间的分歧、校园中的欺凌还是国家间的交战，实际上都可以归咎为本能性思维的惰性——它不愿意把其他个体视为高度复杂、多样化、真实存在的人类，这也是造成所有敌意的根源。

社会评论家娜塔莎·莫尔（Natasha Moore）博士认为，在陷入这个二维陷阱时，最有效的警惕信号就是我们使用的语言。对此，莫尔提醒我们："我们经常会使用一句经久不衰且屡试不爽的话作为口头禅，'我真的不明白，世界上怎么会有人……'，一旦这句话脱口而出，我们就应该当心了。"[29]

其实，对那些没有"站在我们这一边"的人进行妖魔化的做法的内在危险不难发现，但相反的做法同样极端，而且同样会带来问题。非人化（dehumanization）的过程不仅不再把局外人视为人，还把我们"这一边"的人升级为超人，对他们予以神灵化。

任何一种极端都符合我们从出生起就被灌输的二元论思维。实际上，我们的本能就是笃信这样一种观念：我们认定的英雄永远是完美无瑕、无可挑剔的，而我们的敌人永远是邪恶至极、不可救药的。这种二维世界的现实观，也就是我们所说的二维陷阱，会直接渗透到本能性思维所固有的部落属性当中，阻止我们进行客观清晰的思考。

多年以来，我经常会提到一条再简单不过的个人经验法则："没有人会真的像他们看起来那么美好，也没有人真的像其他人说的那么糟糕。"

在我想提笔写下贬低某人的文字时，如果没有停下来深入思考这个故事（以及关于这个人的故事）是否远比我知道得更多、更丰富，这句话经常会不失时机地为我敲响警钟。正因为这个原因，我也是在吃了不少苦头之后才真正意识到没有人是完美的，仅仅因为我们可能"属于同一个战壕"便完全轻信另一个人，这种思维不仅不切实际，甚至是危险的。这样做只会妨碍我们发挥批判性思维的鉴别能力。

自我标签的局限性

虽然以二维观审视其他人或其他群体的做法有害无益，但我们给自己贴标签的行为同样会带来问题。

谈到这个现象，硅谷的创业孵化器 YCombinator 创始人保罗·格雷厄姆（Paul Graham）指出："你给自己贴的标签越多，它们就会让你变得越没有头脑。"通过把我们的观点与身份联系起来，格雷厄姆向我们发出警告，这会导致我们丧失设身处地思考他人观点的能力。尽管开阔视野和思维是克服这种狭隘思维的好开端，但格雷厄姆还是希望我们更进一步："把自己想象成某类人，但也能容忍另一类人，这确实是一个进步，但我们原本就不应把自己视为某类人。"[30]

蒂姆·厄班在《我们的问题是什么?》中指出："不妨想想你的身份。事实上，你根本就不能用进步派、保守派、温和派、激进派或其他政治名词给自己归类。因为这些词指代的是某种思想，而不是人。让你的身份背负一个政治标签，这本身就是一件沉重的行李，放下它，会让你的学习和探索之路更轻松，压力也更小。"[31]

沃顿商学院的心理学家亚当·格兰特（Adam Grant）认为，如果不能帮助一个人摆脱身份的干扰，那么，我们不可能对他们进行有意义的说服。对此，格兰特认为，这是阻碍人们认识到自己可能无法全面认识现实的最大障碍。[32]

尽管我们都希望免受部落主义心理的影响，但现实不容乐观，在我们的思想中，很多根深蒂固的观点和想法其实都是对身份的陈述，而非事实。由于本能性思维对新观念或陌生想法的接受程度有很大影响，因此，在试图改变他人（乃至我们自己）的想法时，我们必须始终承认这一点。

在这个问题上，政治经济学家约翰·斯图尔特·密尔（John Stuart Mill）的总结一步到位。对于我们不认同的人和思想予以屏蔽所带来的危险，他认为："充分接触有别于自己的人，了解自己不熟悉的思维方式和行为方式，无论怎样高估这种做法的好处都不为过。实际上，这种开放式沟通始终是人类思想进步的重要来源之一。"[33]

不过，身份还只是导致我们产生盲目确定性的第一个因素。当身份与塑造我们本能性思维判断的第二个因素意识形态相结合时，就会引发某些更严重的危险。

意识形态

眼见为实。设想一下，如果我们亲眼看到，证据清晰表明某个事情是真实的，那我们会相应调整自己的观点。但事实远没有这么简单。作为人类，我们的本能性思维具有一种独特而强大的能力，它只能看到我们自己信以为真的事物。

我们更愿意看到并接受符合我们观点的事情，而对与之相矛盾的信息则视而不见，甚至嗤之以鼻。对此，18 世纪德国物理学家格奥尔格·克里斯托夫·里奇滕贝格（Georg Christoph Lichtenberg）曾说过这样一句话："对一件事的不信任，往往源于对另一件事情的盲目信仰。"

有关克里斯托弗·哥伦布（Christopher Columbus）曾在 15 世纪 90 年代航行到美洲新大陆的传说故事，就是对这一原则最有力的验证。在学校里，老师是这样告诉我们的：哥伦布坚信，他的航行目的地是亚洲，因此，他根本不能接受对这块新大陆的其他任何界定。毕竟，亚洲是他西行之路的目的地，也是他期待的终点。由于受马可·波罗游历中国的影响，哥伦布把位于加勒比海的伊斯帕尼奥拉岛误认为日本，并将古巴误认为中国的一部分。在随后的航行中，他按照既定认识得出的结论是，如果沿着古巴海岸线向南继续航行，他看到的下一块陆地将是马来半岛。

按这个在他头脑中早已根深蒂固的错误假设，哥伦布命令船员选择性地收集植物样本带回西班牙，为他准备发表的论文提供素材。他甚至还要求军官和船员签署一份证词，并在证词中声明：他们看到的海岸线确实属于亚洲大陆的一部分。对于拒绝签字的船员，哥伦布的惩罚毫不手软。尽管到 15 世纪 90 年代末的时候，人们已开始怀疑哥伦布是否到过亚洲大陆，但这位探险家显然不愿接受这样一个事实：他已经发现了人类星球上的第四个大陆。带着已经踏足亚洲大陆这个坚定的信念，哥伦布在遗憾和争议中离世。

我们或许不愿承认，哥伦布这样的错误其实是我们每个人都无法避免的。我们每个人的内心深处都会有很多根深蒂固、先入为主的假设，这些假设扭曲了本能性思维的感知和判断能力。一旦我们的生活偏离这些假设，问题便不期而至。

人类信仰的一个复杂特征在于，它们会阻止我们不去检验自己信奉的基本假设。在某种程度上，验证信仰确实是一个必要的过程——否则，我们永远都无法理解生活中形形色色、五花八门的经历。[34]

实际上，我们根本就不可能对每一个想法、每一次互动或每一条信息进行评价——这不仅难以完成，甚至完全不切实际。在谈到这个话题时，安德鲁·奥基夫（Andrew O'Keeffe）在《顽固的人类》（*Hardwired Humans*）一书中指出，我们的本能性思维始终依赖既定假设，将事物划分为好或坏两大类——这对我们生活在非洲平原上的祖先来说确实非常有帮助。奥基夫认为："这关乎他们的生与死。"[35]但是在现代社会，在我们把挑战现有信仰、经验和假设的想法视为威胁时，这种思维显然会对我们不利。[36]

先验透镜

亚里士多德认为，所有新知识都是通过经验习得的——我称

为 "先验透镜" (prism of precedence)。我们在过去发现或确定的事物, 会明显影响到我们对一切新观点赋予的含义。更重要的是, 先验认识不仅会影响我们感知新信息的方式, 有时甚至会阻止我们去思考新的想法。旧知识确实会压制新知识。[37]

这也是托马斯·库恩 (Thomas Kuhn) 在 1962 年提出的重要结论。如果不能经历库恩所说的范式转换, 我们就很难接受新知识。有人认为, 如果我们能摆脱意识形态的束缚, 科学会发展得更快。

科学家也和其他人一样, 当现有观念和假设导致他们不得不在现有的约束条件下去思考和学习时, 他们很容易陷入先验论打造的困境。[38]对此, 沃顿商学院心理学家亚当·格兰特警告说, 智商进化到较高阶段反倒会导致人难以达到高水平的思维灵活性。"你越聪明, 就越难以看到自身的局限性。善于思考, 反倒会让我们更不善于反思。" 正如格兰特所言, 意识形态上的灵活性 "意味着以积极的心态敞开思维, 接受新鲜事物。这就需要我们寻找可能犯错误的根源, 而不是必须要做到正确无误的原因, 并根据习得的东西不断纠正自身观点"。[39]

但这是我们大多数人难以付诸实践的建议。在研究为什么会出现这种情况时, 伯特兰·罗素 (Bertrand Russell) 观察到, 全面审查并自发地拒绝与我们既定假设相悖的想法, 原本就是人类的天性。相比之下, 如果新的信息能验证我们的意识形态, 那么, 本能性思维会 "接受它们, 即便这些证据微不足道, 根本不足以说明问题"。[40]

在《你没那么聪明》(*You Are Not So Smart*) 一书中, 作者戴夫·麦克兰尼 (David McRaney) 描述了这样一个场景: "在观看自己喜欢的新闻节目或在阅读自己喜欢的报纸或博客时, 你往往会把自己视为有独立思考能力的人。你可能会在具体问题上与人们意见相左，但你认为自己有开放的心态，敢于面对事实，并通过理性客观的分析得出结论。"[41]

换句话说，如果接受正在阅读的内容，那么，我们更有可能在深思熟虑之后让自己投入到书中的情景。但如果阅读的内容与我们的现有观点不符，那么，我们的本能性思维就会倾向于否定，而且这种否定无须准备即可自发形成。[42]俄亥俄州立大学进行的一项研究表明，如果一篇文章或一条信息与现有观点一致，人们阅读这篇文章或信息的时间会增加36%。[43]现代心理学之父威廉·詹姆斯（William James）对此做出了非常精辟的总结，他说："很多人认为他们在思考，但他们只是在重新排列自己的偏见。"

体现这一原则的绝佳示例，莫过于美国投票机制造商多米尼恩投票系统（Dominion Voting System）公司的经历。2023年3月，这家公司起诉保守派媒体福克斯新闻（Fox News）。多米尼恩投票系统公司认为，在2020年美国大选后民情动荡的几周里，福克斯新闻栏目和新闻主播大肆传播有关该公司通过技术人为操纵投票结果的虚假信息。受到蒙蔽的观众误以为，多米尼恩投票系统公司允许反特朗普势力秘密更改投票结果，毕竟，这家公司本身就是由委内瑞拉前总统乌戈·查韦斯（Hugo Chavez）提议成立的。

当然，没有任何证据能证明这种说法，而且福克斯新闻的传播者对此也心知肚明。在提交给法庭的私人信件中显示，即便是福克斯员工也在开玩笑说，这些指责近乎"疯狂""毫无根据"，而且在电视节目中宣扬这些说法的嘉宾是在"撒谎"。

然而，美国全国公共广播电台（NPR）前助理总编辑比尔·

怀曼(Bill Wyman)表示,在这个事件中,最关键的要素并不是福克斯新闻采取的道德评判和文案设计。相反,问题的核心在于福克斯新闻开始报道这则新闻时的观众反应。电视主持人最终也承认,尽管特朗普确实在大选中失利,但并没有采取舞弊行为。但福克斯电视台的很多观众既不愿意也不可能听到这样的消息。于是,他们干脆选择捂住耳朵,集体调换频道。[44]

在《纽约时报》发表的一篇文章中,心理学家丹尼尔·吉尔伯特探究了人性的这种怪异癖好,他说:"当浴室里的磅秤给我们带来坏消息时,我们的第一反应就是跳下来,然后再跳上去,从而确保我们没有看错显示器上的数字,或者担心单脚支撑给磅秤施加了太大压力。但是当磅秤向我们发出好消息时,我们不会再做思考,而是心满意足地去洗澡。当证据让我们高兴时,我们会不加批判地接受,但是当证据不利于我们时,我们就会去寻找更多有利于自己的证据,我们总有办法巧妙地让天平向有利于我们的一方倾斜。"[45]

逻辑和事实的力量为何会如此卑微?

人类对与自身信仰相悖的想法采取排斥的态度,这样的反应并不陌生,而且相信每个人都有过这样的亲身经历。但这种反应在现实中到底如何发生,直到最近还鲜为人知。就在几年之前,学术界完成了一项具有里程碑意义的研究。来自加州大学洛杉矶分校(UCLA)的研究者对具有自由主义政治倾向的实验对象进行了实时监测,分析他们大脑在面临质疑或与不同观点持有者进行辩论时发生的反应。

大脑扫描显示,与非政治言论引发的反应相比,参与者在面对意识形态主导的政治言论时,维护固有信念的意愿明显降低。

比如，我们很容易会想到，人们更愿意承认服用多种维生素并非必不可少，但是在考虑堕胎问题时，他们可能不愿意公开承认自己的观点。数据显示，同意识形态领域的观点相比，实验参与者对非意识形态性质的观点进行重新思考和判断的可能性高出5倍。

但矛盾的是，加州大学洛杉矶分校的研究人员还发现，对于根深蒂固的观点，实验对象对是否决定重新考虑观点的反应时间则快得多，这表明他们几乎没有认真考虑反面观点。显而易见，这是本能性思维正在做自己最擅长的事情：反应。

这些发现也符合感觉的自然顺序，这也是我们都熟悉的自然规律。在面对与我们认为不重要的想法或假设相对立的事物时，我们会感到好奇，甚至有兴趣去探索和研究它。但是，当我们秉承的核心信念遭到挑战时，我们往往会选择视而不见，或是断然拒绝，而不是敞开心扉去认识和接受。[46]

在与地平说学会（Flat Earth Society）成员进行讨论的过程中，心理学家乔·皮埃尔（Joe Pierre）博士曾多次体会到人类的这种自发性倾向：在面对意识形态相悖的观点时，人们会不遗余力地发起反击。回顾这些经历，皮埃尔说："我真希望看到某个地平说坚持者去购买一张搭载SpaceX的票，到35000英尺的高空中'亲眼看看'地球是什么样子的。"但他也指出，即便是这样的第一手经历，也未必会让他们改变观念："有些顽固的地平说坚持者甚至会拒绝接受这种亲身体验。事实上，我们在网络上就可以看到这样的言论，有些人若有其事地声称，地球的大气层就像一个球面形透镜，因而，导致我们在视觉上造成地球表面具有弯曲度的错觉。"[47]

意识形态在推动反对接种疫苗思潮中也扮演了类似角色。对此，达特茅斯大学的布兰登·奈恩及其同事为研究参与者提供了一篇强烈驳斥反接种疫苗观点的文章。比如，尽管已经有确凿证据显示，疫苗与自闭症之间不存在必然联系，但反疫苗接种的态度不仅未受影响，实际上还更加强烈。[48]

同样，如果研究参与者原本对接种流感疫苗犹豫不决，但是在为他们提供疫苗接种不会带来流感的确凿证据后，他们接种疫苗的意愿反倒下降了一半。[49]

换言之，疫苗怀疑论者始终坚信，疫苗接种不是好事。即使消除造成这种偏见的某个原因，其他假设也会马上出现，进一步强化原有的意识形态。[50]

崩溃效应

完全不同于疫苗接种反对者和地平说坚持者这些特殊现象，不惜一切代价捍卫意识形态其实是人类的通病，每个人都会不自觉地掉进这个陷阱。而导致这个问题的一个关键原因，就是人们经常提到的"崩溃效应"（unraveling effect）。也就是说，当我们的信念遭遇反证挑战时，重新评估过程或许是一个对抗性过程。此时，我们可能会产生这样一种感觉："如果这件事不真实或不准确，那么，我认定的其他真实事情还真实吗？"这样的疑问肯定会让人感到极度不安。

除此之外，根深蒂固的意识形态往往具有继承性，并和我们的身份紧紧捆绑在一起。每个人都会继承来自家庭、社区和文化的核心要素和信仰体系，并据此回答生活中的重要问题。推翻这个体系不仅意味着放弃某种意识形态，在某些情况下，还会让我们感觉到放弃自己的传统和社区。[51]

哈佛商学院的理查德·泰德洛（Richard Tedlow）教授长期研

究这种现象对人类判断力的影响。泰德洛认为："有的时候，我们会不自觉地将进入我们意识的信息转移，因为这些信息让我们感到太痛苦，或是给我们带来的压力太大。但更常见的情况是，我们之所以这么做，是因为这些抵触性信息与我们希望接受的假设相矛盾，毕竟，拒绝信息要比改变我们的假设更容易。"[52]

沃顿商学院心理学家亚当·格兰特认为，这种趋势几乎普遍存在。他说："我们更喜欢信念带来的安慰，而不是怀疑招来的不安。尽管我们都嘲笑那些还在使用 Windows 95 操作系统的人，但我们仍在坚持 1995 年时就已经形成的观点。"[53]

造成这个现象的一个原因在于，重新考虑意识形态注定需要我们面对挑战。一旦出现"介于两者之间的观念"——也就是说，我们既不会对以前的假设笃信不疑，也不信任另一种观念，就会让我们感到不稳定和不安全。这种心理上的不适，往往会促使我们的本能性思维去寻求恢复确定性和安全性的解决方案，但这就会导致我们刻意地忽视反面证据，不自觉地回归旧有观念。尽管我们在内心也会产生一种挥之不去的疑虑，但回归的诱惑力已不可阻挡。[54]

这对我们成功说服他人的影响是显而易见的。毕竟，在要求其他人考虑一个新想法或我们的想法受到质疑时，无论是说服他人还是自己，都不是可以轻易做到的。因为这不仅要接受新的观点，还要抛弃或重新评价旧的观点。

正确是一种感觉

意识形态决定思维的这个话题，不仅仅体现在心理层面，还涉及生理过程。《认知陷阱：无论如何都想告诉你的科学真相》
(*Denying to the Grave：Why We Ignore the Facts That Will Save Us*)

一书中,杰克·戈尔曼(Jack Gorman)和萨拉·戈尔曼(Sara Gorman)进行了一项趣味横生的实验研究。他们的研究表明,在面对支持我们现有观念的信息时,我们会以多巴胺激增的形式体验到真正的快乐。他们在书中写道:"即使我们错了,但只要能'坚持我们的观念',就会让我们感觉良好。"[55]

既然正确的感觉如此美好,那么,我们自然不愿意按客观现实去评判世界,相反,我们会以我们所期望的方式去看待这个世界。如果说我们的本能性思维确实有什么擅长做的事,那毋庸置疑,就是寻找证据去验证已被它认定为真实的事情。

神经科学家罗伯特·伯顿认为,造成这种思维倾向的原因,是因为本能性思维本身就倾向于寻找熟悉的事情。"以前掌握的模式与新出现的模式越接近,我们认为其正确的感觉就越强烈。"正是基于这种模式识别过程,在我们的探索性思维尚未启动之前,本能性思维就已经先入为主地认定某个事件正确的概率非常高。如果一个想法"看起来是正确的",那么,我们往往只会看到能进一步让我们相信它确实正确的证据。[56]

而这也打造出我们信仰中最盲目的一个方面:欺骗我们的能力,或者说自欺欺人也是我们的本能。

对谎言不离不弃

按照《精神疾病诊断和统计手册》(*Diagnostic and Statistical Manual of Mental Disorders*)的定义,妄想症是"一种以冲突性证据为出发点的思维体系,并且因为根深蒂固、盲目信仰而不易改变。"[57]

简单地说,尽管我们每个人都会打造一套决定我们认知和判断标准的信仰体系,但是,由于本能性思维对意识形态的坚守无比执着，以至于缺乏重新审视它的意愿或能力，于是，错觉就此产生。

　　重要的是，妄想并不等同于混淆一切事物的真与非。相反，对已明显表现为"不真实"的事物，它会给予百分之百的信心与肯定。到底由谁来决定事物的真伪，以及他们如何做出这个决定，才是问题的关键所在，也是造成真伪混杂、对错难辨的根源所在——尤其是在当下的后现代时代，一切真相皆具有相对性。正如电影《宋飞正传》（Seinfeld's）中乔治·科斯坦扎（George Costanza）所言："只要你相信，就不是谎言。"[58]如果一个人真的患有妄想症，那么，这就是他的座右铭！为克服这种顽固不化的主观臆断性，精神科医生通常会根据信念与主流观点的差异度来诊断妄想症。

　　因此，对普通人来说难以置信或荒谬至极的事情，在某些人看来却是真实的，于是，我们往往就会给这些人贴上"妄想"的标签。[59]

　　从实践角度说，这始终意味着，坚持与群体相悖的极端争议性观点是危险的。毕竟，这可能会导致你被群体视为妄想症患者，或是被定义为彻头彻尾的精神错乱者。但妄想症的这种自我参照性（self-referential）很快便导致问题更加复杂。《纽约时报》的记者大卫·斯特雷特菲尔德（David Streitfeld）指出，在社交媒体出现之前，一个处于妄想状态的人可能很难在自己的社区或城市找到一个拥有相同意识形态和信念的志同道合者。[60]但是在现代社会，人们很容易就可以通过网络找到拥有近似意识形态的人，并在网络空间形成一股力量。

智商无助于解决问题

　　必须澄清的是，妄想并不是无知的产物——不能辨识不等于没有智商。事实上，高智商或高学历并不会增强我们对意识形态驱动的思维的辨别力。为此，研究者在 2017 年进行的一项研究中发现，即便面对高度可信的反向证据，受过高等教育或知识渊博的人反倒更有可能捍卫基于意识形态的观点。[61]

通过研究这种偏见如何导致聪明人也成为阴谋的牺牲品，史蒂文·诺维拉（Steven Novella）博士认为，与不知情或低智商群体相比，受过高等教育和高智商的人同样容易成为阴谋的受害者，甚至可能有过之而无不及。

诺维拉指出："具有讽刺意味的是，高智商的人在这方面也确有体现，他们更善于为自己的偏见制造理由。他们更善于把自己封闭在固有思维的牢笼中。"[62]

鉴于此，迪肯大学的莉迪亚·哈利勒（Lydia Khalil）提醒我们，和这些认同阴谋和错误信息的人进行逻辑辩论，很大程度上是徒劳的。因为双方都认为对方已被"洗脑"，已彻底丧失进行独立或批判性思考的能力。[63]

因此，对阴谋论者的排斥、嘲笑或限制，只会助长既有思维，强化他们的固有假设。即便是理性思维或客观证据，也不可能让他们有所改变。正如经济学家和社会理论家托马斯·索威尔（Thomas Sowell）所指出的那样："试图和那些在无知中享受道德优越感的人谈论事实、分析现状，通常是徒劳之举。"

史蒂文·诺维拉以登月阴谋论为例说明了这个原则。诺维拉指出："要上演假装登月这样一场巨大的恶作剧，显然比登月本身更复杂。但这个逻辑似乎并没有引起他们的重视。对一个坚定不移的登月怀疑论者来说，几乎没有任何证据能说服他们登月是不可否认的现实。"你可以向他们展示"阿波罗 11"号着陆点的照片以及宇航员脚印等卫星实时录像，但这依旧不会让他们改变想法。他们只会不以为然地回答："去吧，这些不过是美国国家航空航天局伪造的证据。"诺维拉说："即使我们把这个人带到月球上，然后把他放在'阿波罗11'号着陆基地，他也会说'嗨，他们这不是在嘲笑我嘛'。没有任何证据能让他们脱离这种思维方式。"[64]

当讨论否认气候变化这个话题时，逻辑也大致如此。大量研究发现，持有保守政治观点的人否认气候变化现实的概率要高得多，即使他们受过高等教育且很聪明，但无助于让他们改变态度。同样，相关研究还表明，在核能和转基因作物的安全性问题上，自由派选民倾向于拒不承认科学的可靠性，原因很简单，这与他们固有的意识形态不一致。归根结底，在本能性思维竭力捍卫因意识形态形成的思维时，即便是受过良好教育或高智商的人也无济于事。[65]

考虑到这一点，大卫·罗布森（David Robson）在《思维的精进：聪明人如何避开智力陷阱》（*The Intelligence Trap*）一书中指出，我们需要认真反思高智商和理性思维具有高度相关性这一传统认识。罗布森说："在判断人们是否能以公平公正的方式分析和思考证据这方面，智商绝对不是预测人们是否具有那种能力的有效标准。"[66]

作为法律界的大师级人物，奥利弗·温德尔·霍姆斯（Oliver Wendell Holmes）曾指出："文明人的标志，就是他们愿意重新审视自己最珍视的信仰。"从这个角度看，现代人类还远没有达到我们想象中的文明程度。

虽然身份和意识形态是影响我们接受新思想程度的重要因素，但我们同样不能低估的是最后一个要素——直觉。

直觉

在 17 世纪 80 年代初,德国哲学家伊曼努尔·康德提出人类如何理解自身和周围世界的问题。对此,他得出的结论是,我们知道的很多事情并没有其他特殊原因,只是因为我们本来就知道——也就是他所说的"先验知识"(a priori knowledge)。[67]

我们都有过对某个问题或想法坚信不疑的感觉。有的时候,它们似乎是我们在"骨子里"就能感觉到的东西,或是我们自以为隐约熟悉的东西,比如说某种似曾相识的体验。[68]描述这类知识的一种常见方法就是预感或第六感,或者用最直白的话说就是传统意义上的直觉。

我们把直觉定义为与意识性思维、观察和推理无关的知识,因此,直觉本身或许难以琢磨。[69]换句话说,即使是最坚定的人道主义者或理性坚持者,也会承认他们的生活中确实存在某些难以名状的事情,比如,他们"只是感觉"孩子有点不太对劲,或者感觉商业交易中存在什么问题,因而需要用更多的问题加以验证。经验往往会证明,这些直觉确实是值得关注的警告,如果对它们不闻不问,后果可能不堪设想。因此,在我们感受到情绪不佳时,或是强烈感觉"丹麦的情况很糟糕"时,我们实际上就在提醒自己要谨慎行事。[70]

在这个话题上,始终让我感到费解的是,在做出重大决策时,我们的本能性思维往往会服从直觉,而在处理相对无聊琐碎的事情时,我们反倒会采取条理更清晰的逻辑。比如,我曾在几年前想购置一套房产(这是大多数人一生中最重大的财务决策),我在当时确实对很多方案进行了权衡。但是,我在前一年为筹备四周欧洲之旅花费的时间,却远远超过为做出这个重大财产决策而投入的时间。在和妻子做了一番还算深入的研究之后，我们最终还是选择了一套在现场勘察时"感觉不错"的房子。实际上，无论是前期大量的财务测算，还是对建筑报告的仔细审查，对我们的决策几乎没有任何影响。我们的本能性思维最终听从直觉而做出决定，然后需要我们做的事情就是发挥探索性思维的优势，为这个决定寻找逻辑支持。

氛围的价值不可低估

有趣的是，越是在风险高、压力大的时候，我们的直观力量也越有价值。在《英国心理学杂志》(*British Journal of Psychology*) 发表的一篇论文中，相关学者对直觉如何帮助人们第一时间做出选择的真实案例进行了研究。其中的一个案例尤其特别，它对一级方程式赛车手在比赛中的决策进行了分析：在行驶到赛道的锯齿形弯道时，他会突然选择刹车，此时此刻，他的全部反应都源于自我感觉，几乎没有任何思考的成分，更没有什么特别原因。其实，他根本就没有意识到拐角位置刚刚发生了一起连环相撞事故，如果他没有及时刹车，只会让原本已经非常糟糕的情况变得更糟。[71]

另一个例子则凸显出直觉的重要性。早在 2008 年 11 月，一名叫迈克·史密斯 (Mike Smith) 的银行高管做出了惊人决定，而这个决定也拯救了他的性命。就在印度孟买的泰姬陵酒店进行退房时，史密斯得知，他在航班起飞前还有充足的时间休息一下，于是，朋友邀请他到酒店酒吧，在这里，他喝了一杯免费饮料。出于他自己也不清楚的原因，史密斯称自己有一种不安的感觉，于是，他决定马上前往机场，在那里等待航班。但就在他乘坐的汽车刚刚转过酒店街角时，一批恐怖分子便冲进他刚才驻留的酒店大厅。[72]

《如何做出正确决策》（*Sources of Power*）一书中，作者加里·克莱因（Gary Klein）讲述了另一个故事，故事讲述了直觉是如何拯救了消防队员的生命的。在这个近乎神奇的案例中，消防队长意识到出了问题。最初，他带领其他队员进入一栋单层房屋实施灭火操作。但不知出于什么缘故，在没有任何明显理由的情况下，他命令全体消防队员立即撤离这幢建筑物，就在他们走出房间的几分钟之后，他们刚刚站立的地板轰然塌陷。

直到后来他们才发现，火灾的源头就是房子下面的一个地下室，当时，消防队员根本就不知道这个地下室的存在。[73]

有些人把这种洞察力称为"心灵感应"（soul knowledge），也有人把它定义为属灵洞察力（spiritual discernment），还有人把它称为预感。但无论使用什么样的称呼，这些直觉的不同表达方式都会对本能性思维做出的判断产生深刻而重要的影响。

形而上学思维

承认直觉的这些作用与事实，也为我们提出了很多饶有兴趣的疑问。这些问题让科学家们感到困惑不解。[74]实际上，大多数神经科学家把直觉归结为一种尚未发现的大脑运行机制，它的功能就是进行无须思考的即时认知（immediate cognition）。[75]

毕竟，在直觉这个话题上，最难理解的莫过于精神层面或某种不可知的神秘要素。比如，当有人描述自己的"顿悟时刻"时，这往往伴随着一种超越直觉的感觉。

我认为，《纽约时报》畅销书作家、法学教授鲍勃·戈夫（Bob Goff）的评论在这方面别有见地。作为一个虔诚的基督徒，戈夫描述了接受上帝意志的重要性。在他的《爱之所为》（*Love*

Does）一书中，他承认，虽然"上帝给我的启迪不会拨动琴弦发出声音，但我有时会感觉那是深深嵌入内心深处的某种东西，仿佛就像在我的灵魂中刚刚敲响了音叉"。[76]这也是很多宗教信仰人士对直觉的一种特殊感受，当然也包括我自己。

同样，在伊斯兰教中，直觉这个概念通常被称为"先知"，即拥有某种预见性知识。根据柏拉图提出的隐喻，12世纪波斯哲学家西哈布·丁·苏赫拉瓦迪（Sihâb al Din-al Suhrawadi）把直觉定义为物外启迪或神秘默观（mystical contemplation）得到的结果。[77]

但即便是在精神领域之外，直觉依旧是一股不可忽视的力量。印度著名数学家斯里尼瓦萨·拉马努詹（Srinivasa Ramanujan）曾说过，他"本来就知道"一个复杂方程或数学问题的解决方案，然后，才会证明为什么会出现这个结果。[78]这种正确感或"生而知之"的感觉，显然不是拉马努詹通过有序思考或逻辑思维过程得来的。因为他的本能性思维"本来就知道"这些事情，而且极其肯定，不可置疑。

直觉在科学研究中的作用经常被人们所忽视，阿尔伯特·爱因斯坦（Albert Einstein）在这方面的贡献尤为突出。爱因斯坦曾说过："直觉是神赐予人类的礼物，理性则是最忠实的仆人。而我们则创造了一个只尊重仆人但却忽略礼物的社会。"[79]

在《肉身哲学》（*Philosophy in the Flesh*）一书中，乔治·莱考夫（George Lakoffe）和马克·约翰逊（Mark Johnson）指出，我们的直觉能力在很大程度上依赖于肉体的驱动，但这并未削弱直觉的形而上学本质。[80]神经学家罗伯特·伯顿对此表示赞同，他认为，我们身体的功能就是"为思想灌输正确或错误的感觉"。[81]

倾听我们的心灵世界

这种认为身体有"思考"能力的想法其实也并不是新的革命性理论。几千年以来，就有人始终告诫我们，要"倾听我们的心灵世界"，并以它给予我们的教诲为指南。有趣的是，最近的很多科学发现也表明，不能让这份忠告停留在情感、文字或象征性意义的层面。[82]

蒙特利尔圣心医院的研究人员最近发现，我们的心脏中存在着一个由大约 40000 个神经元组成的固有神经系统。这些研究证明，这些被称为"感觉神经"的细胞在判断的形成和传递中发挥着关键作用。[83]

此外，人们还发现，人类心脏中还含有以前被认为只属于中枢神经系统的细胞。这促使科学家们重新考虑思维的本质以及心脏的功能。更不寻常的是，人们还发现，人类心脏也能释放大量的催产素，也就是我们在本章之前提到过的物质。这种激素是促使我们建立信任和团结的重要成分，而且目前已经证实它在心脏中存在的剂量与大脑相似。[84]

17 世纪的法国数学家和哲学家布莱斯·帕斯卡（Blaise Pascal）的观点与此相近。他说："心灵有自己的逻辑，而理性则对此一无所知。"似乎我们的心脏有自己认识世界的方式，但与理性思考几乎无关。

并不只是心脏为我们的直觉提供依据，肠道同样意义重大。

跟随直觉

早在 2010 年，杜克大学神经科学家迪亚哥·波尔奎兹（Diego Bohórquez）在通过电子显微镜检查肠内分泌细胞时，偶然获得了一个有趣的发现。几十年以来，研究者已对排列在人类肠道内壁的细胞有了深入了解，尤其是对它们的消化功能，但波尔奎兹还是注意到以前被忽视的一点：这些细胞拥有类似神经突触的"足状突起"。波尔奎兹对这个新发现表现出了浓厚兴趣，并组建研究团队开展了一系列实验。最终，这些研究揭示出，我们的肠道在无意识思考中发挥了独特作用。[85]

这一发现意义重大，因为它验证了人类几千年以来就自认为知道的事情："直觉"确实存在。

在以认识人类思想为主题的这项研究中，脑肠（brain-gut）研究无疑最具魔幻性的前沿领域之一。譬如，大量研究均表明，我们的肠道包含有 5 亿个神经元，这些神经元对信息、经验和想法的处理速度甚至超过我们的大脑。这些肠道反应发生在高度非意识层面，因而对本能性思维得出的结论会产生强大影响。[86]

我们都知道"本来就知道"某件事的真实性是什么感觉，但这毕竟只停留于感觉层面，因为这本来就是一种无法精确描绘的模糊感觉。虽然模糊不清，但直觉不仅会强化我们的确定感，还会让我们顽固不化。它有一种让我们思维发生短路的特有能力。

而且这就是直觉在影响他人本能性思维方面带来的挑战。毕竟，如果某个人在直觉上感觉某个事情真实、正确或准确无误，那么，要说服他改变想法确实难上加难。尽管挑战并非不可逾越，但是在重大问题上的确不易。

■ ■ ■

正如我们在前面讨论的那样，并不像我们很多人想象的那样，要达到某种程度的确定性，就一定需要进行深思熟虑的理性分析过程。

在面对新的观点或信息时，我们会很自然地任身份、意识形态和本能的摆布，但这必然会导致我们的认知受制于偏见，从而促使我们基于冲动而非理性思考做出决定。

　　因此，我们需要认识到，在我们试图说服他人考虑新视角或新观点时，他们的本能性思维从根本上会提出下面的某个或全部问题：

> ➤ **这个想法是否安全？**——是否会威胁到我的归属？（身份）
> ➤ **这个想法是否熟悉？**——是否符合并强化我已经接受的事实？（意识形态）
> ➤ **这个想法感觉是否正确？**——是否符合我已相信为真实的结论？（直觉）

在改变思维的过程中，我们必须充分考虑这些问题的重要性。正如神经科学家罗伯特·伯顿给我们提出的建议，我们永远都不要忘记，身份、意识形态和直觉具有"超越智商"的特有能力。[87]

第一部分结束语

　　著名脱口秀主持人斯蒂芬·科尔伯特（Stephen Colbert）在节目中用了一个新的词汇——"佯真"（truthiness），而且他经常引用的一个笑料，就是人们会根据他所说的"佯真"去解释所谓的正确观点或错误观点。科尔伯特认为，"佯真"的真实含义表明，身份、意识形态和直觉已逐渐"成为判断真假的首选标准——无论是对于批判性调查，还是证据，皆不例外"。[88]

　　尽管这个"佯真"的说法最初只是科尔伯特在深夜脱口秀节目中的一句口头禅，但它引发了社会共鸣，以至于《韦氏词典》最终将其评选为"年度词汇"之一。[89]

　　如果有人说你我天生就不理性，这或许会让我们愤怒，尽管愤怒可以理解，但证据也毋庸置疑。当然，我们的探索性思维有能力进行合理的逻辑分析和深思熟虑，但归根结底，最终起决定作用的往往还是我们的本能性思维。因此，任何有效的说服都必须由本能性思维发起。这里的关键就是要和人的天性保持一致，而不是与之对抗。这也是我们即将在第二部分重点讨论的话题，届时，我们将探讨如何改变他人，哪怕是最顽固不化的人。

第二部分
如何说服固执己见的人？

相关信息都表明，当我开始和姐夫的妹妹约会时，他最初并不是特别满意。我还记得林顿是这样评价的："这家伙确实非常棒，但他永远都不会成为大人物。"

而且他说的确实没有错，但也不全对。因为我在关系学这方面确实不入流，所以，娶一位来自商人家庭的人做妻子，对我来说，无疑是令人鼓舞的举动。

尽管缺乏天分，但是在这些年里，我还是尽量为家里做点力所能及的事情。但事实证明，我在很多时候确实是在好心办坏事。其中的一个典型事例，就是我在几年前为家里架设的一条新壁挂式晾衣绳。

因为之前确实没有做过这样的事情，因此，我的第一个选择就是在五金店购置了一部新电钻，搭配了市面上质量最好的钻头。我甚至还为自己置办了一套专业行头——安全护目镜和耳塞！

在认真测量安装孔的位置之后，我就开始在刚刚粉刷过的墙上钻孔。但是，我很快就明显感觉到事情有些不妙。电钻开始发出奇怪的嗡嗡声，随即，我闻到电机里发出电子设备烧焦的气味。但我丝毫没有气馁，而是继续工作。

足足有5分钟，我关闭电钻，准备检查工作的进展情况，但我沮丧地发现，墙上完全没有可以安装螺栓的深孔。事实上，我只是用电钻在墙壁上划出了一个印痕。我依旧没有气馁，又钻了10分钟，但似乎还没有什么实质性进展。我放下了工具，局促不安地看着岳父大人。

他只花了几分钟，便发现了问题所在。"你用错钻头了，"他心平气和地告诉我，"这个钻头是用来钻木材的。你至少得用一个能钻开水泥的钻头啊。"于是，我飞一样地返回五金店，带着合适的工具回来了。晾衣绳很快就安装完毕。

从很多方面看，这个原则也适用于说服那些顽固不化的人。我们已经知道，当一个人被身份、意识形态和直觉所控制时，任何使用逻辑和理性的工具都无济于事。无论你怎样绞尽脑汁地解释，无论你提供多有力的证据，都不会给他带来任何影响。毫无疑问，我们需要的是完全不同的工具。

尽管今天的人似乎比以往任何时候都更固执，但这只是我们感觉到的，实际上，改变他人的想法永远都不是一件轻而易举的事情。几个世纪以来，很多人类最伟大的思想家都在努力解决一个貌似再简单不过的事情，那就是如何说服他人。

大约在 2300 年前，亚里士多德就已经在他的经典作品《修辞艺术》（*The Art of Rhetoric*）中，首次全面探讨了影响人们的机制和方法。根据亚里士多德的说法，有效的说服永远依赖三件事——他把这三个方面称为"修辞三要素"。这三个要素分别是：

➢ 人格诉诸（ethos）
➢ 情感诉诸（pathos）
➢ 逻辑诉诸（logos）

正是这三个要素，共同决定了你和你的想法是否有可能影响到其他人——这也是研究当代说服策略的宝贵起点。

人格诉诸

人格诉诸有时也被称为"性格论证"（argument by character），它描述的是利用个性、声誉及可信度与你试图影响的人建立亲密关系的能力。

你是谁，或是你的个人属性是什么，远比你说了什么或怎么说更重要。正如一句古老谚语所说的那样："一个人的生活远比他说的话更有说服力。"[1]

亚里士多德认为，要真正产生影响力，我们必须首先让自己成为值得信任和倾听的人，[2] "我们比其他人更愿意而且也更容易相信善良的人"。[3]

对于人格诉诸而言，一个关键问题在于，仅仅真挚、诚实和善意还远远不够，毕竟人格诉诸的真正内涵是个人或听者如何看待你。[4]

要了解信誉和可信度在说服过程中有的重要性，不妨看看艾尔·戈尔（Al Gore）的电影《难以忽视的真相2》（*An Inconvenient Sequel*）在2017年公映时引发的争议。十年前在推出《难以忽视的真相》（*An Inconvenient Truth*）这部纪录片电影时，片方就曾承诺后续将推出续集。但是影片公映后便引发争议，当时，戈尔居住在田纳西州的纳什维尔，据透露，他的家庭每年的耗电量居然达到美国普通家庭的20倍，这则消息导致续集的拍摄遇到重大障碍。对于一位高调倡导能源改革的领袖来说，这种自相矛盾的做法给戈尔的声誉造成了不可估量的损害，也大大削弱了影片的可信度和说服力。[5]

经过一番煎熬，戈尔最终也不得不低头认错，任何人都不可能天生即"拥有"自带的人格诉诸。我们不能创造人格诉诸，也不能控制人格诉诸。相反，人格诉诸存在于旁观者的心中，是他人判断的结果。

以貌取人恰巧就是人的天性

小时候，我们便经常听到这样的教诲：不要以貌取人。但过去数十年的研究却一再表明，这个建议在现实中确实行不通，因而也无法兑现。

不妨考虑这样一个事实，在现实生活中，只有不到15%的男性身高超过6英尺（1英尺≈0.3048米），但大约60%的首席执行官达到或超过这个身高。显然，这不是巧合，但也显然不是有意识的决策的结果。毕竟，人力资源在招聘人员时，管理层不会给他们下发一份备忘录，要他们寻找一位身材高大的应聘者填补首席执行官的职位空缺。相反，我们的本能性思维原本就有一种下意识性的偏见，即身材伟岸的男性更有可能成为优秀的领导者。因此，在判断谁最胜任这个角色时，我们会不自觉地采用这个先入为主的标准，而后，又情不自禁地被身材高大的应聘者所吸引。[6] 由此可见，人格诉诸确实有可能是偏见的表现。

为此，澳大利亚研究人员设计了一项有趣的实验，对潜意识可信度线索的强大作用进行了考察。实验对象为几组不同的学生群体，他们把一位假扮成英国剑桥大学来访者的人介绍给实验对象。为了达到以假乱真的目的，在向每个班级学生介绍时，这个人都会被冠以不同的身份。在第一个班级中，他的身份是剑桥大学的学生；在第二个班级中，他是来自剑桥大学的普通讲师；在第三个班级中，他的身份又变成了一名高级讲师；在最后一个班级中，他的身份直接被升级为教授。在访客离开这些班级的房间后，研究人员要求每个班级估计这位剑桥的男性访客的身高。奇迹出现了，随着这位访客假扮的职位每抬高一个级别，学生们估计的身高会增加半英寸，以至于在被介绍成"教授"的那个班级，学生们估计的身高整整比他假扮"学生"时的身份高出 2 英寸（1 英寸 = 0.0254 米）。[7]

近数十年来的大量研究均发现，身材较高者通常会被视为更有能力、更有权威、更有智慧的人，而且通常会拥有更好的领导素质，这一点尤其重要。[8]

当然，身高只是影响可信度和人格诉诸的因素之一。研究表明，个人魅力、体型、嗓音、眼神交流、着装、体型和仪容仪表等因素也起着重要作用。同样，我们都知道，不应该根据封面来评判一本书，但我们在现实中确实都是这么做的，我们似乎无力控制自己不去以貌取人。

预期决定一切

人格诉诸这个概念有一个令人匪夷所思的要素：它几乎完全依赖于旁观者或观察者的期望程度。这个要素其实可以归结为古罗马人发明的一个词：礼仪（decorum）。

尽管这个道理貌似肤浅，但要成为一个有可信度的人，在很大程度上确实需要我们适应被影响对象的预期，或者培养被他们所熟悉的品质和言行特征。20 世纪美国著名文学理论家肯尼斯·伯克（Kenneth Burke）认为，这种融入与匹配艺术本身就是最简单的说服手段："只有通过对方接受或熟悉的言语、手势、音调和形象去表达自己观点，你才能说服这个人。"[9]

比如，长期以来，人们对反枪支支持者最不满意的一点是，他们大多缺乏与被说服对象或者说枪支爱好者进行和平对话、和睦相处的态度。这些枪支改革倡导者经常使用含混不清甚至定义不当的术语，譬如"突击步枪"或"大容量弹夹"等，因此，他们的提案很容易遭到驳回。对此，心理学家乔·皮埃尔认为，其实并不需要多么华丽深奥的辞藻，只需使用最简单的正确语言，即可给反枪支活动家们的论点增添足够的分量和可信度。"但为了开展更有意义、更富实效的对话，了解半自动武器和全自动武器之间的区别、弹匣和弹夹之间的区别、空心点式防弹背心与全金属防弹背心之间的区别，当然也是有必要的。"[10]

声誉和可信度自然也不可能空洞无物，在它们的认知或表象背后，一定还需要以实质内容为支撑。这首先需要采用正确的术语，具有必备的基本要素，找到合适的切入点，还要符合旁观者的预期。对此，亚伯拉罕·林肯（Abraham Lincoln）的观点最有代表性："你可以一直愚弄一部分人，有时甚至也可以愚弄所有人，但你无法永远愚弄所有人。"物质是通往真正人格诉诸的唯一可靠途径。

人格诉诸体现为对精神世界的感知，但亚里士多德三要素组合中的第二个要素则与人的情感有关。

情感诉诸

善于说服他人的人都知道，情感是打动他人的法宝。事实上，在拉丁语中，"情感"一词最原始的写法是"emovere"，意为去影响或打动别人。正如我的同事、药物广告负责人亚当·费里尔（Adam Ferrier）所言："情感是切入他人心弦并与他人形成互动、建立关联的有效方式之一。"[11]

神经科学家和研究人员布里吉特·奎恩的观点与此雷同，她说："真正改变一个人思维的是情感，而不是证据。"[12]

这恰恰也是亚里士多德"情感诉诸"观点的核心。

在有人试图打动我们的情感时，我们往往会对这些人提高警惕，生怕情感受骗而被他们操纵，但情感诉诸的影响力显然不只依靠含混不清的感觉或感受。毕竟，人的情绪反应是多变的，而且很少会出现持续性的一维变化。

相反，情感诉诸的内涵在于引导我们理解情感在我们感知事件、观点和周围世界过程中发挥的巨大作用。正如安德鲁·奥基夫在其代表作《顽固的人类》一书中所提出的观点，我们理解、认识体验和信息的基础，是我们对这些体验和信息的感受。"把情感处理放在推理之前，是我们大脑生而即有的本性。"[13]

这个观点也挑战了存在于西方文化中的一种普遍认识，即把情感视为逻辑的穷亲戚。因此，我们往往倾向于认为，使用情绪化的论点或是被情感所左右的观点，在某种程度上就意味着智力较低。但是，随着心理学家对情绪之于人类思维的影响力取得越来越多的认识，人们对情绪化观点的态度也开始发生变化。今天，心理学家经常将情绪描述为理性思维的一个重要组成部分，而不是把情绪与理性对立起来。不同于几个世纪以来对情绪采取的偏见，人们开始意识到，"情感思维"未必是非理性的。[14]

针对这一原则，变革管理大师约翰·科特（John Kotter）和丹·科恩（Dan Cohen）在几年前与德勤（Deloitte）咨询公司合作开展了一项全球性研究。通过考察 130 多家公司实施变革举措的成功或失败，科特和科恩发现，只有"充分表达人们的感受"，才有可能实施真正有意义的组织变革。他们认为，"即便在高度重视分析和定量测量的组织中，也丝毫没有例外"。对此，他们得出的结论是："在非常成功的变革中，组织领导者会想方设法找到能影响员工情感而不只是思想的方式，带领他们认识问题，并最终制订解决方案。"[15]

并非所有情感都平起平坐

那么，问题来了：在转变思想的过程中，哪些情感是最有效的呢？显而易见，并非所有情感都具有相同的影响力和支配性。

按照美国著名心理学家罗伯特·普拉特切克（Robert Plutchik）的观点，人类的情感主要可以划分为八大类，[16]分别为：

1. 快乐　　5. 恐惧
2. 悲伤　　6. 愤怒
3. 信任　　7. 惊讶
4. 厌恶　　8. 期待

在第一次拜读普拉特切克的研究成果并认真阅读他的情感分类时，我意外地发现，这些情感在总体上展现出明显的消极倾向，这确实让我大吃一惊。在这八种基本情感中，只有一种是积极的（快乐），三种可以归集为中性（惊讶、期待和信任），而其余四种显然与乐观积极无关。

从说服力的角度说，我们不得不关注这样一个事实：负面情感确实比正面情感更有震撼力和影响力，而且更直接、更有效。事实上，宾夕法尼亚大学的保罗·罗辛（Paul Rozin）曾说过，我们的本能就是更善于且更愿意对消极情绪做出反应。正如罗辛所指出的那样，一只蟑螂可使一碗樱桃不再诱人，但一颗樱桃却丝毫不会降低一碗蟑螂的恶心程度。简而言之，"消极凌驾于积极之上"。[17]广告商和政客们最清楚这一点，而且也最善于巧妙利用我们的恐惧、厌恶和排斥的情感。

但这并不是说，消极或所有基于恐惧的情感一定最有说服力。

心理学家芭芭拉·弗雷德里克森（Barbara Fredrickson）的研究表明，虽然负面情感可以有效地刺激心理产生变化，但还是需要考虑我们期待看到的反应类型。她认为，负面情感会给我们的思想带来"狭隘的影响"。同样，在害怕时，我们的身体也紧张起来，因此，当我们的大脑受到恐惧、愤怒和厌恶等负面情感的刺激时，我们的注意力往往会高度集中。相比之下，喜悦这样的积极情感则会让我们敞开胸怀，让思维更加开放和活跃，进而激发出创造性和前瞻性的观点。因此，归根到底，根据弗雷德里克森的研究，我们可以得出这样的结论，积极的情绪更有可能激发出更有包容性和开拓性的思维，帮助人们接受含混不清、模棱两可和持续变化的情况——毕竟，在这个快速变化、高度多元化的世界里，这恰恰也是我们现代人类面临的主要情境。[18]

情感外露

尽管挖掘他人情感是最有效的说服手段，但引导我们自己的情感同样重要。亚当·格兰特（Adam Grant）在其著作《重新思考：知所未知的力量》（*Think Again*）中指出，很多研究表明，如果我们对其他人的观点表现出真正的情感投入，而不只强调这个观点的逻辑基础，那么，对方就更有可能把我们看作有血有肉、有情有义的个体，而不再是意识形态上的对手。因此，在这种情况下，他们当然也更有可能敞开心扉、开诚布公地投入到与我们的对话中。

对此，格兰特通过研究指出："即便我们在社会问题上与某人意见相左，但只要发现对方确实非常关心这个问题，我们就会不自觉地加倍信任这个人。可能我们始终不喜欢这个人，但会把他坚持基本处世原则的做法视为值得信赖的标志。换句话说，我们可能不接受他的观点，但会尊重持有这个观点的人。"[19]

这里有一点需要着重提醒，我们的情感必须从方方面面、细微之处体现我们的观点。多彩多姿的经历可以成为点缀生活的调味品，但丰富多彩的情感则是我们与他人进行积极交往的秘诀。

基于同样的逻辑，过于简化的情绪和过于简化的观点都会让对话瞬间失败。用格兰特的话说："阻止我们认真思考的障碍并不是情感的表达方式，而是情感的狭隘性。"

因此，说服力的关键在于"要为我们充满激情的对话注入更丰富的情感要素，从而为相互理解提供更大的施展空间"。在面对面交流中，我们千万不要把自己的情感简单地归结为"愤怒"或"冒犯"，相反，我们必须接受并与对方分享这样一个事实：在展望你和对手未来之间的关系时，你也难免会感到担心、好奇和期待。[20]

但情感诉诸的内涵，不仅是分享自己的情感或引起对方的情感共鸣，还需要"解读环境"，使其与潜在影响对象的情感相互匹配。

情感匹配

如果你想让自己的信息或观点引发共鸣，那么，了解你想要说服的个人或群体的情感状态至关重要。不管你的观点有多么明智合理，或者你本人多么值得信赖，但只要你提出观点的方式与对方情感不匹配，甚至具有对抗性，那么，你很可能会立即遭到拒绝。

音响工程师最熟悉引发共鸣的重要性。实际上，任何从事音频技术的人都知道，要在房间内产生清晰和谐的声音，就必须考虑空间本身的共振频率。

可能我们并没有意识到，每个房间都有自己的音调或音频范围，只有在这个频率范围内才能产生优美的音符。我们可以数学计算得出这个特有的音调或音频范围，而且它们往往取决于空间的尺寸和形状。简单地说，在共振频率上，声波在传播到房间坚硬表面后被反射回来，并与其他方向反射回来的声波相互碰撞，从而在室内产生嗡嗡或隆隆的声音。

对音频工程师来说，他们的窍门就是为每一间房屋找到实现音调均衡的共振频率，并据此调整混音效果。否则，房间内的声音会变得浑浊不清，而且会明显影响声音的清晰度。

按照这个原理，我们同样需要识别某个情境、某些观众或某种环境的情感共鸣频率。有些词语或语气可能会以错误的方式触动我们的神经，让听众感到不安，并削弱所传递信息的清晰度和影响力。因此，我们必须了解潜在说服对象所处的文化、背景和环境，以免我们在试图传递信息时与对方格格不入。[21]

只有在建立个人信誉（人格诉诸）并实现情感共鸣（情感诉诸）之后，我们才有可能解读并利用对方的理性逻辑能力（逻辑诉诸）。

逻辑诉诸

在亚里士多德提出的逻辑诉诸概念中，核心就是要坚信，人类是具有理性的，他们更倾向于根据证据、证明和逻辑思维做出明智选择。

我们可以把逻辑和理性视为探索性思维的语言，但正如我们已经知道的那样，要使用证据改变我们的观点和意见，远不及想象的那样容易。一个最简单的事实是，我们的探索性思维通常很难在认知舞台上发出响亮的声音。苏格兰哲学家大卫·休谟（David Hume）的话很有代表性，他说："理性永远是激情的奴隶。"[22]

你可能想知道，对于那些天生就倾向于冷静的人，这该如何解释呢？在我们的脑海中，总会有一些天生便头脑冷静、思维严谨、时刻以证据为出发点的人。或许有吧，但可能让你感到难以理解的是，即便是在科学、医学和经济学等典型的理性学科中，逻辑和事实也远不及我们想象的那么有说服力。

正如爱德华·德博诺（Edward De Bono）在《我对你错》 （*I Am Right*, *You Are Wrong*）一书中所指出的那样，大多数科学家都相信，数据分析可以为思考提供信息源泉，并带来创造性的新观点。"遗憾的是，事实并非如此，"德博诺说："大脑只能看到它期望看到的东西。这就是为什么在取得重大科学突破后，我们在回顾这个发现过程时会看到，所有必不可少的证据其实早已存在，只是没有被发现而已。"[23]

德博诺还进一步指出，即使是所谓的理性人，也会不由自主地从现有信仰体系的视角去看待新思想——这不免让我们回想起第二章提到的库恩范式转换理论，其实，这恰恰就是该理论的核心。[24]

19世纪匈牙利医生伊格纳兹·塞麦尔维斯（Ignaz Semmelweis）的工作就正好验证了这一点。塞麦尔维斯在一家教学医院工作，在他工作的诊室中，医生经常轮换处理尸体和为产妇分娩接生，但这些医生并没有意识到在两项工作转换之间洗手消毒的重要性。

但塞麦尔维斯注意到一个特殊现象，在这个诊室中接受分娩的产妇死亡率约为 10%，和医院其他部门由助产医师负责分娩接生的情况相比，这个死亡率竟然高出了两倍多。

在核查了所有可能的诱因之后，塞麦尔维斯得出结论，死亡率的差异在于助产医师没有接触过尸体。于是，他制定了一项新规，要求所有医生在进入产房之前必须用氯化石灰溶液洗手。

在新规实施之后，该诊室的产妇死亡率马上下降到 4%，与其他由助产医师负责接生的产妇死亡率基本持平。尽管有如此明确的证据支持塞麦尔维斯的措施，但他的观点侵犯了整个医学界的传统认识，并遭到抵制。在很多医生看来，把患者死亡归咎于他们不讲卫生的想法绝对不可接受。还有人开始在塞麦尔维斯的解释中寻找破绽，试图以此对他进行人身攻击。

数年之后，塞麦尔维斯因遭受迫害而离世，这确实很遗憾，因为他没有机会彻底验证自己的理论。直到路易斯·巴斯德（Louis Pasteur）提出的细菌理论被广泛接受之后，医学界才重新考虑塞麦尔维斯当初的想法。虽然塞麦尔维斯的假设并不完全正确，但他的解释在总体上合情合理、合乎逻辑，完全应该引发一系列更深入的研究。但事实并非如此，新观点被世俗和传统彻底拒绝，究其原因，只因为它不符合公认的传统思维——为此，人们把这种社会现象定义为"塞麦尔维斯反射"（Semmelweis Reflex，通常可以解释为，因新证据或新知识与既定规范、信仰或范式相抵触而被拒绝接受的反射性倾向）。[25]

虽然逻辑和理性并不像我们长期以来被教导的那样具有说服力，但我们也不能因此贬低理性在说服过程中的作用。所有人都喜欢证据、数据和证明，但问题是，我们只喜欢用它们来证明本能性思维已得出结论的合理性。[26]因此，尽管逻辑和理性论证在改变思维方面确有用武之地，但是在我们用来影响和说服他人的工具箱中，它还不足以成为首选工具。

鉴于这一现实，在本书的后续部分中，我们将深入探讨影响人类本能性思维的基本要素。在此基础上，我们将介绍一系列简单且行之有效的说服技巧。就本质而言，很多影响策略并非新鲜事物，而是有着良久的传统，只不过需要我们在全新背景下重新解读和演绎它们。

为了继续拓展工具箱，在随后的五个章节中，每一章都介绍这个工具箱中的一套工具，或者说它们是构成工具箱的五个不同组成部分，每个托盘或部分都包含了针对不同目的或不同背景设计的工具。

尽管改变固有思维永远都不可能是一件轻而易举的事情，但它也不需要多么的复杂或繁重。就像我在前面提到的那次个人经历——为家里安装晾衣绳，过程和方法其实都很简单，关键在于你必须使用正确的工具，否则任何努力都无济于事。

第三章
相对性

几年之前，一道逻辑问题曾在互联网上引发一场轩然大波。关于这道急转弯问题，最有趣的现象是，很多成年人认为它难得几乎无从下手，但大多数孩子都能在 20 秒时间内迎刃而解。

看看你能否解答这道题：

一个停车场有 6 个停车位，每个停车位均有一个编号，其中的一个停车位上停了一辆汽车，这辆车遮住了该停车位的数字（用"X"表示）。我们看到的编号为：

16、06、68、88、X、98

请问，那辆车遮住的号码是多少？

没准和我一样，经过 5 分钟绞尽脑汁的琢磨，你也一无所获。这些数字本身似乎没有呈现出任何明显的逻辑特征。

如果你也想不出答案，不要沮丧——其实大多数成年人都一样。但原因非常简单，任何超过 12 岁的人，往往都会为这道题赋予过高的难度预期，而且认为，解决方案一定需要动用高深的代数能力。

孩子会以不同的视角处理这个谜题。对他们来说，答案是显而易见的，是 87。

他们是怎么得到的呢？好吧，忍住别笑，只要把这些数字倒过来看，答案便会立刻映入眼帘。试想，你可能正站在停车位的前面，于是，你看到的是上面一排数字；但你也可能站在停车位的后面，那么，你看到的就是另一组数字。重要的是，只要你选择了正确的位置，答案便一目了然，完全不需要逻辑和思维。[1]

从这里出发，我们可以总结出另一个重要原则。在我们的身边乃至整个世界中，我们看到和感知到的很多东西其实都具有相对性。出生于法国的西班牙女作家阿娜伊斯·宁（Anaïs Nin）对此给出了近乎完美的解释："我们并不是用事物的本来面目看待它们，而是按我们自己的出发点看待事物。"[2]

甚至是构成我们感官认识的基本要素也可能是高度主观的。用英国医生兼作家詹姆斯·勒·法努（James Le Fanu）的话说："我们的眼睛就像是敞开的窗户，让我们看到窗外树木的葱绿和天空的蔚蓝，因此，我们绝不会否认树木是绿色的、天空是蓝色的，但同样不可否认的是，照射在我们视网膜上的光粒子是无色的。"[3] 就像我们对美的感觉一样，我们对颜色的认识同样存在于旁观者的眼中。如果还有疑问的话，你可以问问你身边的色盲患者。

鉴于相对性的本质，解锁人们思维的最有效策略，就是改变他们认识事物的视角或观点。一向善于鼓舞人心的美国作家韦恩·戴尔（Wayne Dyer）曾这样说："在我们改变看待事物的方式时，我们所看待的事物也会发生改变。"

总观效应

多年来，宇航员一直在思考总观效应这个话题。按照他们的说法，在第一次从太空看到地球时，他们的整体世界观——无论是字面意义还是哲学意义——发生了颠覆式转变。心理学家指出，在从太空旅行归来后，大多数宇航员往往不太在意个人功名，而是更关心集体利益。这种现象非常普遍，以至于学者们专门为它起了名：总观效应（Overview Effect）。[4]

总观效应最早由太空探索作家弗兰克·怀特（Frank White）于 1987 年提出，其含义是，当人们意识到这个世界的有限性之后，就会产生一种压倒一切甚至是超越现实的感知变化。这种转变的典型特征，就是重新认识地球上的所有生命，充分感受它们的宝贵性和互联互通性。

正如弗兰克·怀特所言："作为一种理性上的概念，'世界观'就是我们对世界的看法，但它实际上取决于我们在宇宙中所处的物理位置，不同的位置自然会让我们产生不同的世界观。"因此，当我们改变看待世界的方式时，我们所坚守的假设就会相应地发生变化。[5]

这种立足点的变化不仅会引发一种崭新的敬畏感和惊奇感，也可能对个人的未来生活方式产生深远影响。1999 年，宇航员鲍里斯·沃利诺夫（Boris Volynov）就曾谈到过这种深度反思。他说："在太空飞行的过程中，每个宇航员的心理都实现了重塑；看到太阳、星星和我们自己的星球，会让你变得更加活力四射，更心平气和。你开始以敬畏的心态看待所有生物，你对周围的人也会变得更友善、更有耐心。"

太空飞行或颠倒停车场编号，是我们改变自身世界观的一种方式。但是，要从根本上改变他人的思维，进而改变他们的感知，那完全就是另外一回事了。

这就是本章探讨的核心。在这一章里，我们将探讨如何改变个体或群体的认知标准，从而改变他们的想法。用阿尔伯特·爱因斯坦的话说："我们无法站在创造问题的视角去解决问题。"要改变他人，我需要首先改变他们的思维。

哈佛大学教授迪帕克·马哈拉（Deepak Malhotra）很好地解释了转变观念的巨大威力，这种力量通常被称为"重构"（reframing）。

不要用自己的说法解读事物

我对"重构"的力量深有体会，也深刻体会到它如何从根本上改变了我作为父母的管教方式。我和四个兄弟成长在父母坚信"不打不成材"的时代末期，偶尔"离家出走"也不足为奇。在做完特别叛逆的坏事之后，我们很有可能会等来木头饭勺、老父亲的巴掌甚至还有手杖，毕竟，父亲是教师，这样的惩罚并不意外。

但这些惩罚永远不为过，更谈不上滥用权力或者毫无根据。说实话，在很多情况下，我们确实应该得到更严厉的惩罚。于是，我在那时曾经想象过，一旦我为人父母，一定会采取类似的做法。我很清楚，时代和思维方式已发生了变化，任何形式的体罚在当下都不受欢迎（在某些国家甚至被视为非法行为）。然而，对于这种被我定义为溺爱孩子的育儿方式，我感到不可接受，而且我也经常会向朋友们吹嘘我对自己作为一个"老派"父亲的做法感到骄傲。爱是永恒的，但一定要严厉。

后来，我的朋友，也是当今全球知名育儿专家贾斯汀·库尔森（Justin Coulson）博士送了我一本他的新作《每个父母都需要知道的 10 件事》（*10 Things Every Parent Needs to Know*）。我很好奇，他对这个话题会有怎样的看法。

实话实说，当谈到约束管教时，我最初也以为贾斯汀会像我这样，做一个"老派"的实用主义者。但是在看到他的观点时，我确实大吃一惊："太多的父母认为，伤害和惩罚孩子会让他们变得更好、更聪明、更有耐心、更体贴、更富有同情心。但事实并非如此。相反，这只会伤害他们……简而言之，当父母伤害孩子的时候，孩子们学会了憎恨父母。很明显，打孩子对你和孩子之间关系的影响，就像殴打伴侣对婚姻造成的影响一样。"

正是这最后一句话让我开始反思自己，不再执拗地坚持以前的管教方式。我从来没有把管教孩子看作家庭暴力，直到有一位我尊敬的人告诉我，这两种行为其实有很多共性。[6]

在放下这本书之后，我深深地陷入思考，仔细品味我刚刚读到的内容，现在，我突然意识到，我需要重新审视以前的观点和态度。虽然我的本能性思维很想把贾斯汀的话归结为另一种"时尚"育儿方式，但我非常了解他本人以及他的研究，因此，我很清楚，凭良心出发，我不能按自己的意愿"诋毁"这位老朋友。

这本书让我觉得我在犯罪。我已经被他彻底说服了。从那以后，我再也没有用任何形式的体罚管教孩子。既不是出于理性的诱导，也不是情感上的诉求，而是因为我完成了认知方式的"重构"。现在，我认为对孩子施加暴力和对妻子施加暴力没有任何区别——对妻子动手在我看来是不可想象的，更是不可接受的。

改变立场也会改变结论

在另一个类似的案例中，我同样可以看到，问题的相对性会因立场的不同而发生转换。2020年10月，保守派法官艾米·科尼·巴雷特（Amy Coney Barrett）被任命为美国最高法院的大法官，当时，一位政治评论员发表的观点一针见血。

"想象一下，如果巴雷特不是天主教徒，而是一位虔诚的穆斯林女性，而且她属于一个要求终身遵守契约、宣扬女性应顺从丈夫的穆斯林组织。而后，这位穆斯林女性在一所宗教学校任教，而且曾经说过，她认为从事司法事务也是实现真主旨意的一种方式……那么，可以想象，在她被任命为美国最高法院大法官的时候，社会舆论将会呈现出非常不同的基调。"

虽然上述案例中的类比或许略有过分，但道理确实相通——立场变化必将引发社会舆论发生变化，这种影响不可否认，而且影响之大不可忽视。

语境为王

重构的内涵就在于语境和呈现方式。重构的呈现方式可以像陈述事情或提出问题一样简单，也可以像使用潜意识性线索改变我们对所传递信息的认知一样复杂。[7] 但重构的重要性在于，它会迫使我们直面现实的相对性，深深思考我们的偏见和假设是否能完整呈现事实真相。[8]

几年前，我曾参加过一场高中同学聚会，能和几十个几乎完全失去联系的老朋友再聚一趟，那种感觉非常美妙了。其中的一个老同学叫詹姆斯。虽然詹姆斯和我在学校时代算不上好朋友，但是在这次聚会中，我们似乎一见如故，进行了一番热情洋溢的交谈，随后还在脸书上相互留下联系方式。

随着时间的推移，我开始关注詹姆斯在脸书上发布的帖子，很明显，他在政治主张上极端"左倾"。虽然我很难认同他在网上分享的很多观点和想法，但确实非常欣赏他的帖子，因为他经常会以全新视角阐述自己的想法和问题，这不由地使我驻足来思考。

对于这些帖子的前提和偏见，我们或许会有异议，但一个不可忽略的事实是，它们确实以一针见血的语言重新诠释了这个时代的某些重要问题和观念。

同样，一位同事在 Instagram 上分享的一个表情包让我深有感触。这个表情包引用了美国说唱乐男歌手 Jay Z 的一句话："我不想知道他们如何评价我，我只想知道他们为什么会如此心安理得。"以这种近乎幽默的方式回应八卦和诽谤，难道不比愤怒和声讨更有力吗？这句话的内涵其实非常深刻——缺乏诚信的并不是八卦者，而是传播这些八卦消息的记者。

反思路怒

非政治性话题同样有助于我们理解重构的重要性。近年来，针对摩托车骑手在相邻车道间变道或塞车缝的问题，已引发汽车司机的集体震怒，声讨自然早已不绝于耳。虽然行为本身完全合法，但摩托车骑手的这些举动确实让很多汽车司机感到愤怒。

面对汽车司机的怨气，摩托车骑手们并不是简单地告诫他们去了解法律，或者呼吁他们给予理解，相反，他们拿出确凿证据让汽车司机看到，变道驾驶实际上可以缓解道路拥堵，减少汽车司机的通勤时间，这无疑让他们在改变公众态度方面占得先机。而比利时的一项研究也发现，摩托车骑手在公路上的变道或塞车缝行为可使汽车司机的平均行程时间缩短 8 分钟。

把问题重新构造有利于汽车司机的事情，几乎在一夜之间改变了人们对摩托车骑手的看法。[9]

由此可见，合理构建数字和数据的呈现形式本身就可以成为一种有效的思维引导工具。

想想看，94% 脱脂牛奶和含 6% 脂肪的牛奶哪个更有吸引力呢？[10]或者以购买彩票为例，如果有人告诉你，要买到一张中奖彩票，就必须成功地在 1 到 3 亿之间找到那个随机数字，那么，还会有人去迫不及待地买彩票吗？

在司法领域，律师也经常使用这种策略质疑证据的有效性。例如，他们不会告诉陪审团，DNA 证据出现基因错配的概率为 0.1%，相反，他们会这样说，在每 1000 个案例中，就有一例基于 DNA 证据造成错配的情况。这个数字比百分比更具体，因而也更有可能说服陪审团提高合理怀疑的底线。毕竟，任何一个被误判的罪犯都有个性、面孔和假象等方面的身份，这就为律师提供了巨大的辩护空间。同样，检察官也会以其人之道还治其人之身，他们也会让同样的统计数据听起来尽可能抽象。[11]

如第一章所述，数字形式的重构往往更有效，因为我们的本能性思维在规模和概率方面的判断能力确实拙劣透顶。

视角的情感力量

要了解相对性和重构的说服力，不妨看看著名的"玫瑰图"（Rose Diagram，又称南丁格尔玫瑰图、鸡冠花图或极坐标区域图，这是一种在极坐标下绘制的柱状图，柱形高度或圆弧半径表示数据的大小，由于半径和面积的关系是平方的关系，玫瑰图会夸大数据的比例关系，它适合对比大小相近的数值。此外，由于圆形有周期的特性，因此，玫瑰图也适用于反映具有周期性的变化规律），在克里米亚战争结束后，英国护士和统计学家弗洛伦斯·南丁格尔（Florence Nightingale）就是使用这个统计工具，成功说服英国皇家委员会优先为护士培训提供资金。

虽然南丁格尔原本可以直接使用原始数据来说明战争期间死于战场和医院中的英国士兵数量，但玫瑰图显然更直观地突出了一个严峻事实，即死于疾病的士兵居然达到直接战死士兵的 10 倍。这是个令人意外的事实，士兵在医院中的风险竟然比在前线作战的风险更大。因此，这不仅促使英国皇家委员立即采取措施，也使英国公众感到大为震惊并开始大规模捐款，创建了世界上第一所专业护理学校。[12]这就是悲情的力量。

从事虚假信息研究的学者约翰·库克（John Cook）和斯蒂芬·莱万多夫斯基（Stephan Lewandowsky）认为，在所有以说服为目的的行为中，南丁格尔的方法极具借鉴价值。他们认为，这个图形具有一种独特的效果，使用它构建观点能充分体现本能性思维的取向。"在面对与自身信仰相互矛盾的反驳观点时，它们紧紧把握歧义来构建另一种解释。图形不仅清晰直观，而且会减少造成误解的机会。"

库克和莱万多夫斯基的例子更能说明这个现象。在研究中，他们选取了对气候变化持怀疑态度的人为对象，和阅读文字形式的温度变化趋势相比，在观看温度趋势图时，愿意重新考虑原有观点的人的数量明显增加。为此，他们建议："如果可以用视觉方式表达你的内容，那么，就一定要选择图形方式。"[13]

在谈到这一原则时，康奈尔大学行为经济学家安娜尔·陶尔（Aner Tal）认为："即便是微不足道的图表，也会让你的主张获得更强大的说服力。"[14]

你就是新闻的创造者

一个说明相对性和语言重构重要性的例子更加令人难忘。我至今还清晰地记得，在2006年世界杯法国队意外输给意大利队的第二天，我在一家商店里看到两份报纸报道了这条新闻，尽管是同一事件，但标题却截然不同：一家报纸的标题是"法国队输了"，另一家报纸的标题则是"意大利队赢了"。

在第一份报纸的新闻中，着重报道了法国队的失利，而第二份报纸则强调了意大利队的胜利。[15]尽管两个标题都非常准确，但它们的关注点截然不同。

这个例子体现的基本原则在于，新闻标题的编排方式确实很重要。心理学家兼错误信息研究专家乌尔里奇·埃克尔（Ullrich Ecker）曾进行过一项研究，他要求两组实验对象阅读报纸上的一篇报道。这篇报道称，前一年入室盗窃率上升了 0.2%，增幅相对较小。文章指出，这一增长与数十年来的下降趋势相反，但入室盗窃率在长期内的总体轨迹依旧为下降。

其中，一半实验对象看到的文章标题为"入室盗窃数量上升"，而另一组看到的文章标题则是"盗窃率呈下降趋势"。尽管每个标题在技术层面都没有错误，但埃克尔发现，实验对象理解和记忆这篇文章的方式却发生了显著变化。在回顾这个结论时，他说："误导性的标题会影响读者对文章的记忆，从而带来负面影响。这项研究的现实意义是显而易见的，那就是必须让新闻消费者意识到，编辑可以通过选择性地使用标题，给公众舆论和个人行为带来显著影响。"[16]

价值不能凭空而来

相对论不仅仅涉及我们对观点和想法的理解，还会影响到读者对具体事务的判断。对此，西北大学凯洛格商学院管理学专家罗兰·诺格伦（Loran Nordgren）的观点极具概括性："我们对世界的理解是相对的。决策不是平白无故做出的。"[17]

按照诺格伦的说法，预期的相对性为改变个体做决策的方式提供了大量可选择的空间。比如，购买健康食品支出 100 美元可能会让我们觉得破费，但令人不可思议是，在晚餐约会上，花费同样的金额则会让我们觉得心安理得。我们可以毫不犹豫地用 1000 美元购置一部新型智能手机，但如果让我们为大学课程或培训课程投入 1000 美元，很可能会让我们觉得这是一场骗局。还可以这样考虑，在花费 130 美元向治疗师预约一次急需接受的治疗之前，大多数人会三思而后行，但是在遇到一款新鞋"打折"时，我们可能会迫不及待地拿出这笔钱。

即使在非金融领域，相对性也是一种强大的重构工具。设想一下，有些人声称根本没有锻炼 45 分钟的时间，但另一方面，他们却会开玩笑说，在浏览 Instagram 时，45 分钟的时间似乎转瞬即逝。

我本人刚刚就经历了这样一件事。最近，我和妻子购买新床垫时，就遭遇到这个原则带来的问题。面对琳琅满目的商品，我们确实有点不知所措。在权衡利弊之后，我们决定多花几百美元，购买质量更好的床垫，而不是只看价格，选择便宜的床垫。但商店售货员的提醒貌似神来之笔。他说，他当然理解我们想做出正确的决策，但随后又提醒我们，在接下来的十年里，我们可能会有 30% 的时间睡在这张床垫上。然后，他又风趣地打了个比方，其实，大多数人仅仅在几周假期里的花费就会超过购买一个床垫的支出。这算是个意外的巧合吧，当时，我们确实正在考虑一年一次的家庭旅游，但售货员的观点改变了这一切。我意识到，为了让家人度过一段特殊而难忘的时光，我会不惜一切代价，在花钱这方面毫不犹豫，但对于一件在长期内给家庭生活质量带来重大影响的必备品，我却不愿意花大价钱。在这种思维的引导下，我们很快就做出决定，一定要购买价格更高、质量更好的床垫。

虽然购买床垫这次经历表明，在说服人们花大价钱购物时，比较和相关性确实非常有效，但同样的原理也适用于折扣。

相对性为什么会导致决策更复杂、更困难呢？究其原因，就是我们的本能性思维被激活。此时，我们会丧失所有的理性和逻辑。突然之间，购买变成我们的唯一"直觉"，放弃可能会让我们疯狂。

我们很少会体验到意料之外的事情。

2007年1月，这是一个异常繁忙的早晨，在华盛顿特区市中心的朗方广场，通勤的人们匆匆走在上班的路上，和一位表演小提琴的街头艺人擦肩而过。去过朗方广场的人都会知道，这里是华盛顿特区繁忙的地铁站之一。地铁和街头艺人已成为这里独特的标志。

实际上，这位街头艺人居然是全球最受欢迎的著名小提琴家约书亚·贝尔（Joshua Bell）。而且贝尔演奏的是一把价值350万美元的"斯特拉迪瓦里"（Stradivarius）小提琴。

通常，要想在世界上最著名的音乐厅聆听贝尔的现场表演，票价可能会高达数百美元，即便如此，他的演出一般都会座无虚席。在2007年1月的这个早晨，约书亚·贝尔正在参与《华盛顿邮报》开展的一项实地研究。他演奏的是巴赫为独奏小提琴创作的奏鸣曲与组曲，这组乐器演奏难度极大，但曲调极为优美动听，与此同时，研究人员也在观察，看看是否会有行人注意到这位街头艺人就是当今世上伟大的小提琴演奏家。

研究人员进行了45分钟的观察。期间，共有1097人从约书亚·贝尔身边走过，但几乎没有人停下来，甚至根本就没有人注意到这场世界级表演，更没有人为他鼓掌或要求签名。有27个人（约占全部经过路人的2.5%）匆匆忙忙地把小费扔在敞开的"斯特拉迪瓦里"小提琴盒，只有7个人驻足聆听了1分钟以上。[18]研究人员在后来的报告中称，其中，有一个行人停下来，因为她在前天晚上刚刚看过贝尔的音乐会，并认出了贝尔。她目瞪口呆地看着眼前发生的一切，肯定觉得难以置信。但除这位女士之外，现场没有其他人意识到，他们正在体验世界上顶级的音乐表演。

在《摇摆：难以抗拒的非理性诱惑》（*Sway: The Irresistible Pull of Irrational Behavior*）一书中，奥瑞·布莱福曼（Ori Brafman）和罗姆·布莱福曼（Rom Brafman）对这项研究的反思表明，造成这种情况的主要原因就是约书亚·贝尔的外表与伟大丝毫没有关系。"他既没有穿正式演出服装，也不是站在表演舞台上。总而言之，贝尔看起来像一个普普通通、索然乏味、为生计而存在的街头表演者。尽管他的演奏肯定不同于平庸的小提琴手，但是从他的外貌上看，确实符合这个角色。在没有意识事实真相的情况下，通勤的人们就会把他们感受到的普通归结于表演的质量，但真正普通的是贝尔穿戴的棒球帽、牛仔裤，还有地铁这个场地绝不是能体现他的表演的地点。在从贝尔身边经过时，大多数地铁乘客甚至都朝贝尔的方向看了一眼。在他们的潜意识中，他们当然不是在欣赏一场精彩的音乐会，而是街头音乐。"[19]

就在实验结束后不久，行为经济学家丹·艾瑞里（Dan Ariely）采访了约书亚·贝尔，询问他对这次街头表演实验的体会。他的回应处事不惊，他"并没有感到多意外"，而且毫不隐讳地承认，期望本身就是体验音乐的一个重要组成部分。"要想让人们在现场欣赏古典音乐表演，当然需要合适的环境——听众需要坐在舒适的人造天鹅绒座椅上，四周传来音乐厅的环绕立体声音响效果。在身着高档丝绸、羊绒大衣、使用顶级的香水盛装出席时，他们似乎更容易欣赏一场投入不菲的表演。"[20]

针对路人在贝尔进行"街头表演"时做出的反应，期望发挥了关键作用。之后，研究人员采访那些无意路过的通勤者，并把真相告诉他们，他们无不对没有认出这位大演奏家而感到震惊，尤其是古典乐迷，更是悔恨不已。但是，在解释为什么没有注意这位大演奏家时，大多数通勤者只是波澜不惊地说，他们想不到会在地铁站遇到全球顶级的音乐表演家。简而言之，他们没有预料到，所以，也没有去体验。[21]

尽管我们对价值的认识可能是无意识的，但这种认识确实非常强大。在我们对某个事物形成既定认识之后，我们就会看到、听到或学到受这个假设影响的全部要素。

心态、信仰体系或范式都会影响我们对周围世界的认识，同样，期望也会影响认识，甚至还会塑造我们的内在感觉体验。

以斯坦福大学生理学教授巴巴·希夫（Baba Shiv）的研究为例。人们利用大脑活动监测器，可以看到期望如何影响到人的疼痛体验。在实验中，研究人员告诉其中的一组参与者，他们已服用了一片售价为 2.50 美元的止痛药，随后，参与者表示，他们的疼痛感减轻了 85%。相比之下，第二组得到的信息是，这种止痛药的价格仅为 0.10 美元，这导致他们体会到的疼痛感只减轻 61%。需要提醒的是，无论价格多少，这两片止痛药均不含有任何活性成分。[22]

针对观点表达方式的构建会有效塑造人的认识、判断和体验，但是在接下来的几章中，我们将探讨相对性在改变顽固心态与观点方面的巨大作用。

说服工具之一：花点时间，做好铺垫

在这张照片中，你看到了什么？是兔子，还是鸭子？

你可能会意外地发现，今天的约会竟然会影响到你在这张照片中看到的结果，而且这种影响之大可能远远超过你的想象。

比如，如果人们在复活节周末或复活节前不久看到这张照片，那么，82%的人会立即想到兔子。但如果选择10月的一个星期天向人们展示这张图片，90%的人会立即看到一只鸭子或一只小鸟。[23]

在这个例子中，约会和季节因素的影响就是所谓的"铺垫效应"的例子。我们还可以通过一个更现实的实力，说明铺垫效应是如何发挥作用的。设想一下，在听到品客薯片（Pringles）的广告词"一旦打开，就无法停止"时，毫不犹豫地吃下一整罐咸味薯片似乎是合情合理、顺理成章的事情，甚至是我们应该做的事情。我们在潜意识中已对此习以为常。

我们的本能性思维会自然而然地产生联想，因此，初始输入或信息往往会影响我们之后对事物的感知。

旧金山探索馆（San Francisco Exploratorium）的一项研究检验了这一原理。在实验中，研究者首先让一组实验对象猜测如下两个问题的答案：

1. 红杉树的最大高度是大于还是小于1200英尺（1英尺≈

0.3048 米）？

2. 你认为红杉树的最大高度最有可能是多少？

而第二组实验对象则需要回答两个略有不同的问题：

1. 红杉树的最大高度是大于还是小于 180 英尺？

2. 你认为红杉树的最大高度最有可能是多少？

第一组实验对象对红杉树的最大高度的平均估计值为 844 英尺。相比之下，第二组实验对象猜测的红杉树最大高度平均估计值仅为 282 英尺，两者之间的差异竟然超过 562 英尺。[24]

在另一项类似实验中，旧金山探索馆的研究团队对两组游客开展了调查，用来评价他们是否愿意为拯救受近海石油泄漏影响的 50000 只海鸟进行捐款。在他们询问第一组调查对象可能愿意捐赠的金额时，研究团队得到的平均结果为 64 美元。在询问第二组调查对象的捐款意愿时，研究人员还提出了一个问题："你是否愿意支付 5 美元？"于是，调查对象给出的平均捐款金额马上减少到 20 美元。更有趣的现象出现了，对第三组调查对象，研究人员采用了针对第二组调查对象的方法和问题，只不过把附加问题中的数字从 5 美元大幅提高到 400 美元，结果，他们给出的平均捐款意愿为 143 美元。[25]

在这些研究中，最重要的结果或许在于，即使研究人员告诉实验对象，他们只是在进行一次研究调查，而且所有数字都没有实际意义，只是为了影响他们的回答，但相对性给本能性思维带来的巨大影响依旧存在。[26]

虽然从理论角度看，上述例子很有趣，但即便是对于重大事务，铺垫效应也会影响我们的感知和选择。

不妨看看德国学者对一些法官进行的实验研究。在拿到一名因在商店行窃而被捕的女性嫌犯的罪状后，研究人员让每位法官掷一个骰子，这个骰子已提前经过处理，因此，每次出现的结果都是 3 或 9。掷完骰子后，他们询问每位法官准备对该女性嫌犯裁定的监禁时间是大于还是小于这个数字。然后，研究人员让这些法官不再考虑掷骰子的结果，完全根据嫌犯罪行的描述确定刑期。

需要指出的是，这些法官均经验丰富，所有法官的执法时间均达到或超过 15 年。然而，他们的本能性思维对铺垫效应的抵抗力与其他人没有任何区别。最终的结果是，掷出 9 点的法官对嫌犯裁定的平均刑期为 8 个月，而掷出 3 点的法官表示他们将对该女子判处 5 个月的监禁。[27]

针对这一原理在不同情境中的研究五花八门，但它们无不反映出铺垫效应在诱导感知和行为方面的强大作用。这些研究包括：

➢ 如果播放法国音乐作为背景声，那么，购物者更有可能购买一瓶法国葡萄酒。

➢ 如果人们刚刚看到一张很多人集中站立的照片，那么，他们更愿意提供帮助和支持。

➢ 如果人们看到奥古斯特·罗丹（Auguste Rodin）的《思想者》（*The Thinker*）照片，那么，他们会认真思考将要做出的决定。[28]

有趣的是，在事先得到与当前主题无关的想法和信息时，我们的感知依旧有可能受到影响。

不妨考虑如下事实：

➢ 如果有两家餐厅的名称分别为 " Studio 97 " 和 " Studio

17"，那么，人们在"Studio 97"愿意支付的餐费金额高于在"Studio 17"愿意支付的金额。

➢ 如果你刚刚在一张纸上写下一个在较大的数字（而不是感觉很小的数字），那么，你就更有可能花更多的钱购买一盒比利时巧克力。

➢ 在潜意识中，观众会认为，球衣号码较大运动员的表现会优于秋衣号码较小的运动员。[29]

在上述示例中，尽管铺垫效应有时只是噱头或博眼球，但我们本能性思维的感知确实在很大程度上受制于相对性和情境选择，这一点毋庸置疑。它不仅会对我们的思维和行为产生重大影响，还会明显影响到我们的情绪状态。

情绪铺垫

不妨考虑这个实验，要求大学生回答如下两个问题：

1. 你现在有多高兴？

2. 你多久约会一次？

对于这两个问题，大学生给出答案之间的相关性很低（准确地说，只有0.11）。换句话说，在回答第一个问题时，很多人会说他们大多数时间很快乐，但随后会承认他们的约会生活确实不是特别频繁。

但这恰恰是更有趣之处。如果把这两个问题的顺序颠倒过来，也就是说，首先问他们约会是否频繁，然后再问他们有多幸福，那么，第一个答案对第二个答案产生了重大影响。事实上，两者之间的相关系数高达0.62。换句话说，如果受访者对第一个问题的答案是约会频繁，那么他们当然会认为自己很幸福。

由此可见，改变问题的顺序导致结果发生了巨大变化，这一事实表明，约会和幸福之间并不存在因果关系，甚至不具有相关性。但是，一个答案已成为另一个答案的铺垫。[30]

类似研究也发现，提醒人们回忆生活中的快乐经历，或者他们感到自身强大并拥有掌控力的时刻，往往会让他们更愿意接受你提出的任何想法。[31]

在影响他人这个话题上，这些讨论揭示出顺序的重要性。也就是说，哪怕只是改变提出想法或信息的顺序，就会对我们产生影响。

什么时候先出场最糟糕？

早在 1962 年，一位名叫本奈特·默多克（Bennett Murdock）的心理学家就已经意识到，顺序可能在我们的感知中扮演着重要角色。默多克的发现有多种含义。[32]

比如，我们可以考虑这个问题：如果要求实验对象猜测如下数学问题的答案，我们会看到什么结果呢：

$$8 \times 7 \times 6 \times 5 \times 4 \times 3 \times 2 \times 1 = ?$$

实验对象给出的答案平均值为 2250。

但如果把数学的序列颠倒一下，情况就截然不同了：

$$1 \times 2 \times 3 \times 4 \times 5 \times 6 \times 7 \times 8 = ?$$

按照这个顺序猜测的平均值为 512。当然，两个问题的答案应该是相同的，如果你很在意，不妨算一下，准确的结果是40320。但序列中排在第一位的数字具有更大的启发性。[33]

无论是参加新职位的面试、争取一份利润丰厚的合同，还是参与人才选拔竞赛的试镜，这个原则都会给结果带来很大影响。一个不可否认的现实是，第一个出场还是最后一个出场会让你的命运大不一样。

在考察顺序带来的差异到底有多大时，哥伦比亚大学社会学家亚当·加林斯基（Adam Galinsky）通过研究发现，在全部参赛选手中，出场最早的人往往会得到更苛刻的评分。因为裁判或评委往往会压低较早出场的选手的得分。此外，加林斯基还表示，评委也倾向于将较早出场的选手与"心目中的理想选手"进行比较，但这样的比较永远都是不公平的。

为了说明这一点，加林斯基对欧洲歌唱大赛（Eurovision Song Contests）进行了分析，结果清晰表明，与出场较早选手的打分相比，最后出场选手的得分相对较高。这一因素在包括《美国好声音》（The Voice）和《美国偶像》（American Idol）等在内的其他选秀节目中同样非常明显。这还意味着，即便是在你自己的表演中，也不要过早地达到顶峰，而是把最好的状态留到最后，因为只有最后的表演才会给评委留下最深刻的印象和最长久的记忆。[34]

如果希望其他人对我们的想法或观点给予好评，那么，就一定要牢牢记住这个原则。

让步改变认知

知名说服术与影响力专家罗伯特·西奥迪尼（Robert Cialdini）建议，在说服他人时，充分发挥顺序作用的一种有效方法，就是采用被他称为"拒绝然后撤退"的铺垫策略。

这个方法的基本策略就是向另一个人争取大额资助、捐款或投资，但你可以完全预见到对方会断然拒绝。但这种方法的下一步最重要，在遭到拒绝之后，你再提出一个更适当而且更合理的请求，或者提出一个对方更有可能接受的要求。这种方法的技巧就在于第二个请求，它往往更接近请求者最初希望满足的要求。

在 2006 年进行的一项研究中，西奥迪尼第一次对这种方法进行尝试。当时，他在大街上随机拦住陌生人，询问他们是否会考虑到高中进行一天访问，并为一群问题青年人充当监护人。只有 17% 的人同意了这一要求。

随后，西奥迪尼尝试了另一种不同的方法。他和研究团队询问陌生人，是否愿意每周抽出两个小时的时间无偿指导弱势青年。不出所料，没有人接受这个想法。但是在提出这个请求之后，研究团队随机邀请他们到高中进行一天参观，高达 50% 的受访者表示他们非常愿意做志愿者，这个数字整整比第一种方法增加了 3 倍。值得注意的是，在约定参观高中的那一天，85% 同意做志愿者的人果真到场。相比之下，在对第一个请求表示同意的那 17% 受访者当中，只有一半人兑现承诺。西奥迪尼对此得出的结论是，让步的方式不仅会加强人们"同意"的意愿，还会提高他们兑现承诺的执行度。[35]

社会心理学家史蒂文·谢尔曼（Steven Sherman）的研究同样验证了让步的作用，他试图增加对美国癌症协会的筹集捐款。谢尔曼及其团队并没有简单地照搬传统筹款方法，挨家挨户地征集捐款。相反，他们首先给印第安纳州布鲁明顿市的居民打电话，几天之后，再安排筹款员前去拜访户主。在电话中，谢尔曼和研究团队只要求人们做一个预测：如果要求他们拿出三个小时为慈善机构筹集善款，他们会如何回应。考虑到这个慈善事业尽人皆知且备受瞩目，因此，绝大多数人很自然地表示，如果只要求他们从事志愿服务，他们可能会答应。

几天之后，当筹款员挨家挨户地上门募集善款时，捐款人数整整增加了 7 倍。毕竟，捐款活动本身让他们感觉就像是帮个小忙，但能让捐款人认为自己的作用非常重要。[36]

回忆的启动效应

我们的回忆也会对感知产生巨大影响。德国心理学家诺伯特·施瓦兹（Norbert Schwarz）曾进行过一项研究，旨在揭示记忆和回忆在塑造感知方面的作用。施瓦兹发现，只需让研究参与者列出以前以某种方式行事的经历，他们就会不自觉地回忆与这些记忆相匹配的心态。比如，如果你想让某人变得更开放、更大胆、更善于合作或更果断，那么，只需让他们在以前的生活中找到五六次体现这些特征的经历。[37]

施瓦兹认为，找到类似经历的数量对结果影响很大。如果案例太少，对方会觉得不足采信。但如果要求他们列出的经历或行为示例太多，这个收集过程可能会非常吃力，既然难以做到，就有可能促使他们得出与预期相悖的结论——既然难以做到，就说明之前的理解未必正确，而易于做到的事情才符合他们的预期。比如，让他们列出 10 个表明他们以前思想开放的例子，但如果他们只能找到 8 个这样的例子，最后两个例子的列举会让他们倍感煎熬，因此，这就可能让他们得出相反的结论——他们以前的思想确实没有那么开放。[38]

回忆的力量不只是唤起往事，它还为我们的自我预期提供了铺垫。

期望是最有力的前进动力

长期以来，社会心理学家艾丽斯·泰伯特（Alice Tybout）和理查德·雅琪（Richard Yalch）一直在关注自我预期对人类行为和感知的影响程度。为此，他们开展了一项特殊的研究，在美国大选前，对涉及多个层面的民众进行访谈。在研究中，大约一半的受访者被告知，根据回答，将把他们确定为"投票和参与政治活动可能性高于平均水平的公民"。另一半受访者则被告知，他们在政治参与度方面的水平为"平均"。结果，到了选举日，第一组选民参与投票的可能性提高了15%。[39]

反向策略同样有效。也就是说，不再利用期望促使个人接受某个想法或建议，公开解决可能招致阻力的期望同样可以解决问题。

在《影响力是你的超能力》（*Influence is Your Superpower*）一书中，耶鲁大学管理学院市场营销学学者佐伊·查斯建议采取这种说服方法。查斯说："如果你觉得自己知道对方会反对什么，或是你已经感觉到在某个具体问题上存在阻力，那么，就在他们做出反对之前挑明问题。"她又继续列举了一些例子，比如，"你可能认为我们没有足够时间""这听起来好像是一大笔钱""我可能看起来有点年轻，因此你觉得我不适合担任这个角色"。

在总结这个技巧的作用时，查斯建议："通过解读他人的想法并表达反对意见，他们可以把关注力从固有思维的束缚中解放出来，这样，他们就会倾听你的声音。与此同时，你也让对方认识到，你是一个有智慧又通情达理的人，因为你确实在认真对待他们的观点。"[40]

可望而不可即的预期

激发一个人的期望，不仅会影响到他们的行为和选择，而且会决定他们的最终判断。

在一项颇具启发性的研究中，研究人员试图了解对葡萄酒味道的期望是否会影响实验对象品尝后的真实体验。为此，他们让一组参与者品尝大量葡萄酒的样酒，与此同时，对他们的大脑活动进行监测。研究人员告诉这些品酒人，他们即将品尝的酒品价格在每瓶 5 美元到 90 美元不等。

结果出现了明显差异，但差异或许在意料之中。在饮用这些葡萄酒样酒时，品酒人对每瓶葡萄酒的评价会随着标价的增加而改善。当然，他们不知道的秘密是，他们品尝的每一瓶葡萄酒都是完全相同的。[41]

按照同样的逻辑，康奈尔大学的研究团队也进行了一项饶有兴趣的实验，研究对象是伊利诺伊州厄巴纳市一家法国餐厅的食客。在餐厅用餐时，每位食客都会得到一杯免费的赤霞珠。其中一半的食客被告知这杯免费葡萄酒产自加利福尼亚州的诺亚酒厂，而另一半食客则被告知他们品尝的葡萄酒出自北达科他州的诺亚酒庄（葡萄酒生产并不是该地区的优势）。两组食客并不知道，他们品尝的全部是价格较低的"查尔斯·肖"葡萄酒，不过，预期带来的铺垫效应是显而易见的。那些自以为品尝了加利福尼亚州赤霞珠的人认为，这家餐厅的酒品和菜品口味非常好。与那些以为品尝北达科他州葡萄酒的顾客相比，他们平均多消费了 11% 的食物。此外，他们后来也成为这家餐厅的忠诚顾客，这同样和那些自以为喝北达科他州葡萄酒的顾客形成了鲜明对比，后者不仅认为葡萄酒品质低劣，而且食物品质也难以恭维，并最终导致这家餐厅逐渐淡出他们的选择。

康奈尔大学食品与品牌实验室主任布莱恩·万辛克（Brian Wansink）对这项研究的结果进行了分析。他认为，人们对葡萄酒的期望会影响他们对整个用餐体验的感受，无论是正面感受还是负面感受，概莫能外。[42]

铺垫效应不仅是塑造感知、判断和期望的有效工具，也是为思维进行"免疫接种"的重要方式。

预防接种理论

预防接种理论（Inoculation Theory，也称为"免疫理论"）的基本原理可以追溯到 20 世纪 40 年代，心理学家卡尔·霍夫兰（Carl Hovland）发现，抵御敌人宣传的最佳方法，就是故意让士兵接触敌人的主张。霍夫兰发现，如果让士兵们有机会去考虑对方的观点并对这种观点予以抵制，那么，他们在前线遇到对方的观点时反而不会轻易动摇。[43]

在 20 世纪 60 年代初，美国社会心理学家威廉·麦奎尔（William McGuire）建立并完善了这些理论。麦奎尔发现，我们大脑的信息处理功能与身体免疫系统的工作方式基本相似。医学接种的基本前提是，如果让我们的身体主动接触生命力较弱的病毒或疾病，那么，我们的身体就会对这些病毒或疾病产生免疫力。一旦我们的免疫系统战胜病毒并产生抗体，以后就不会再轻易感染这种病毒。麦奎尔发现，同样的逻辑也适用于思想和信仰。在这方面，他的最大发现是，如果先接触少量或轻微的反面信息，那么，就相当于接种疫苗，在形成免疫力之后，我们即可免遭这些反面信息的伤害，还可防止其继续传播。[44]这种反面信息的暴露对我们的本能性思维产生了铺垫作用。

对此，澳大利亚学者约翰·库克也提出了类似观点："就像疫苗会训练我们对病毒产生免疫反应一样，充分了解错误信息也可以帮助我们及时发现并迅速消除这些信息。"[45]但问题的核心不在于面对这些错误相信。关键在于，只有自身拥有或是从外部取得推翻这些想法或信仰的工具，才能对它们形成免疫。[46]近年来，随着激进化、假新闻和阴谋论趋于活跃，如何抵御这些不良思潮也成为社会关注的焦点，这也使麦奎尔的理论再度受到重视。[47]

以"提前接种预防"做铺垫

在预防错误信息方面，达特茅斯学院约什·康普顿（Josh Compton）的研究已成为经典。康普顿指出，为对错误信息或阴谋观点进行有效的疫苗接种，就必须事先警告被"接种"人，他们即将听到的信息是不真实的；此外，他们还需要事先准备好反驳观点，康普顿称之为"提前接种预防"（prebunking）。[48]

针对如何使用这种方法解决与气候变化有关的错误信息，剑桥大学心理学研究人员桑德尔·范·德·林德（Sander van der Linden）牵头开展了一项研究，研究取得了惊人的结果。作为接种预防实验的一部分，范·德·林德首先让实验对象了解全球变暖请愿项目（Global Warming Petition Project）的基本观点。该项目声称已取得31000名理学学士或更高学历持有者的签名。在这份2016年被分享次数最多的气候类文章中，签署方共同证实了一个事实，即人类正在导致气候变化的结论在科学上尚未达成共识。这些信息给实验对象带来的直接影响是，他们对气候变化科学证据的信心发生了动摇。

但范·德·林德指出，很多签名者确实是假的——甚至"辣妹"合唱组合中的一名成员也被错误地列为签名者。他还指出，虽然31000个签名听起来或许让人感到震撼，确实是一个令人印象深刻的数字，但如果按1970年以来的数据计算，这个数字其实还不到美国科学类毕业生总数的0.3%，更重要的是，只有不到1%的签名者拥有气候科学方面的专业背景。

在参与者消化这些附加信息之后，研究人员对他们进行了访谈，结果表明，他们对人类影响导致气候变化这一事实的观点得到了加强。但更重要的是，后续研究表明，参与者已对其他错误信息进行了有效的"接种免疫"。

根据这项研究的结果，范·德·林德在论文中写道："实际上，这些发现表明，在传递有关气候变化人为性这一科学共识时，应尽可能提供更多的附加信息，让公众充分意识到，某些人可能出于政治或经济动机，正在试图破坏气候科学的这个基本结论。此外，还应该让受众提前了解各种虚假信息的本质，以先发制人的方式回击这些不良企图。"[49]

预防胜于治疗

在范·德·林德的研究中，很多人之前就已经认同气候变化不仅真实客观，而且确实是受人类的影响。这一点非常重要。但是，如果有人恰恰完全相信反方观点，结果会如何呢？或者是，有人对这些错误信息笃信不疑，或是"掉进阴谋论的兔子洞"，会发生什么结果呢？

对此，范·德·林德似乎已有准备，他异常冷静地进行了解释，一旦有人被阴谋论或错误信息所蒙蔽，那么，"几乎没有研究表明，你能走出这些陷阱。在面对阴谋论的逆袭时，预防永远胜于治疗"[50]。

当然，这也不等于说，面对这种情况，我们只能坐以待毙。当另一个人彻底屏蔽某个论点或想法时，我们只能改头换面，采取他从未考虑或以前从未接触过的"变异"形式，重新包装我们的观点或想法。这里的关键在于，要让对方认识到，我们的观点只是对他太陌生而已，与他现有的观点截然不同，但是在逻辑上绝非不可接受。[51]

和医学界一样，在心理上接受疫苗接种同样不是一劳永逸的事情。因为思想和观点会随着时间的推移而演变，在这个过程中，人们需要不断地接种"加强针"才能让免疫力得以维系。如果你想让某个人始终受到"心理疫苗"的保护，让他免受无益的想法或破坏性想法的侵扰，那么，有必要为他接种各种新错误信息的变体，让他在心理上与之抗衡，并战而胜之。

但我们还是听到了很多好消息，心理接种的铺垫效应不仅能有效制衡阴谋论、假新闻和错误信息，而且最新研究还发现，它可以有效降低吸烟和酗酒的比例，鼓励人们采取健康的运动习惯。[52]

更令人振奋的消息的是，心理学家彼得·科尔曼（Peter Colman）在他倡导的"高难度对话实验室"（Difficult Conversations Lab）项目中发现，心理接种在解决传统分歧方面同样非常有效。

对细节差异进行提前"接种"

"高难度对话实验室"项目所在地是哥伦比亚大学一栋普通建筑的二楼。这是一个专为开展辩论而开办的项目。

在项目中，研究人员将实验对象两两配对，配对原则就是双方在当下热点话题上持有完全相反的观点，譬如堕胎法、死刑或移民问题等。在辩论中，每位辩手可以在 20 分钟内提出他的问题，并陈述自己的观点。在辩论结束时，如果双方在某个观点上达成一致，则会签署一份共同声明，然后将该声明发布到公共论坛上。[53]

不过，"高难度对话实验室"项目不只是传统意义上的辩论会或演讲论坛。它的真正目的是研究为什么某些论点更有说服力，以及这种说服力如何形成，而另一些观点则缺乏说服力。

多年来，彼得·科尔曼一直在深入研究这个问题，并对以增加说服力为目标的各种方法进行探索和试验。他发现，改善说服力最有效的一种方法就是让参与者提前为问题的复杂性以及不同观点之间的细微差别做好心理准备。

比如，如果两个人准备就堕胎问题进行对话，那么，科尔曼会让他们先阅读一篇关于另一个争议话题的新闻报道，如枪支管制。这篇报道详细解读了枪支管制辩论双方的观点，并阐述了双方观点的利弊。尽管这篇文章似乎与他们即将讨论的话题无关，但一个有趣的关系是，在实验对象开始围绕堕胎问题展开讨论时，他们居然在46%的对话中保持一致。

更令人印象深刻的是，辩论双方首先阅读一篇有关争议话题的文章，这篇文章不仅对争议双方的观点做了解释，更重要的是，它以大量篇幅阐述了争议问题的复杂性以及细节上的诸多差异，并指出这些问题远非对错那么黑白分明。结果显示，这种铺垫带来的结果非常有效。实际上，这些文章让他们看到大量仅存在细微差异的观点，或是存在于是非之间的大量灰色地带。令人感到意外的是，在"高难度对话实验室"项目中，在阅读这些文章后，所有实验对象的观点均在对话结束后达成一致。

沃顿商学院心理学家亚当·格兰特认为，第二种方法之所以更成功，是因为它颠覆了人们的传统认识，不再把对立观点简单粗暴地归结为不可调和的矛盾。"在面对相反的观点时，未必需要我们重新思考自己的立场；实际上，这反倒让我们更有可能坚持自身立场。非此即彼的观点显然不是问题的最优解，它只是极端性问题的一部分答案。"[54]

对此，格兰特进一步指出，克服顽固性思维的关键就是把问题和想法"复杂化"，提前揭示可能存在的细微差异，让人们对即将面对的分歧做好思想准备，这就相当于为分歧提前接种疫苗。他说："我们可能会认为，只有把热点问题归结为硬币的两面，我们才能厘清问题的真正实质，但如果通过棱镜式多样化视角看待这些话题，会让我们看到问题的复杂性和解决方案的多样性，在这种情况下，我们更倾向于三思而后行，放弃非此即彼的两极化观点。"[55]

■　■　■

虽然我们都接受生活中的一切都具有相对性的观点，但却很少有人也意识到，在现实中，这一原则会对我们本能性思维的判断力带来多大影响。人类的感知不可能凭空而来，事实上，我们做出的每个判断都是相对性的函数。因此，铺垫效应必然会给我们本能性思维的判断力和感知力带来极大影响。

归根到底，无论是预期、预防接种还是改变叙事顺序，都会有效地为我们创造看待事物的参照点，从而改变我们认识事物的观念。

说服工具之一：专业提示

1. 切记，数字和单词本身就是一种功能强大的提示。如果想让人们以某种方式去思考或行动，一种行之有效的方法就是为他们提供符合这种方式的信息，这会让他们的决定或观点看起来更像是自然生成的产物。
2. 如果让我们充分体会某种情绪和记忆，那么，这些情绪和记忆会对我们目前的状态带来潜移默化的巨大影响。因此，当我们希望对方接受某种心态时，可以让他们回忆与此相符的感受和经历，这会有助于他们接受这种心态。

3. 如果我们希望让其他人接受某种想法或建议，那么，尽量让它们出现在宣传过程的最后阶段。千万不要过早地进入主题——而是要把我们认为最好且最希望被他人采纳的想法留到演讲结束时。

4. 先提出更严苛且相对缺乏合理性的要求，那么后续提出的相对宽松且更合理的要求就更容易被采纳。

5. 我们很少会体验到以前没有想过的事情。因此，对个人或想法设定更高的期望值，让他人有更高的预期，我们就更有可能得到希望看到的回应。

6. 要防止某个人的思维受错误信息的干扰或偏离轨道，就应该把这种错误信息的"轻量版"作为疫苗，为他们提前进行预防接种。或者至少要让他们清晰地意识到，他们面对的问题并不像是非对错那么黑白分明，而是异常复杂，而且存在无限微妙的差异。

说服工具之二：以鲜明对立的对比厘清问题

通过本章开头出现的图片——到底是鸭子还是兔子，我们可以看到，通过视觉错觉这种形象生动的方式，感知受到影响的方式一目了然。

不妨再看看下面这张图片：A 和 B 所在的圆圈，哪个看起来更大呢？

尽管我们或许得出符合逻辑的结论：这两个圆圈的大小实际上完全一样，但这个结论显然不符合我们出于本能得到的结论。即使我们知道，两个圆圈的真正大小没有区别，但我们的眼睛还是想说服我们。[56]

为什么在视觉上会产生不真实的印象呢？原因就在于对比的影响。铺垫效应会影响到我们的期望和判断，基于同样的逻辑，对比也会影响我们的感知。

极端性的诱惑

在使用对比这种工具时，对比度越强，说服力就越好。强烈的对比会告诉我们的感知，可以选择的只有两个极端，不存在模棱两可的空间。实际上，夸张和极端都是游戏的代名词。

要做到这点，最有效的工具就是所谓的"矛盾思维"（paradoxical thinking）。与传统说服方法不同的是，按照这种方法，人们要直面与自己观点完全对立的信息和证据，因此产生的强烈冲击会让他们原本坚持的观点变得更加鲜明突出。

这似乎有违直觉。毕竟，大多数人都会认为，在试图改变他人的观念时，如果使用这种更极端的对立性观点，只会刺激他们义无反顾地坚持固有观点。但事实恰恰相反。在传世巨作《孙子兵法》中，伟大的中国古代军事家孙武就曾提到过这种军事策略，并将其总结为"兵因敌而制胜"。[57]

研究人员认为，让人们直接面对符合基本逻辑的极端性观点并不会激发他们的防御心理，但会引导他们启动推理能力，从而让他们"愿意重新考虑自己的观点，并最终得出结论：他们以前持有的观点不合逻辑。"[58]

即使"矛盾思维"方法不会让人们相信，他们以前持有的观点可能不准确，或是对现实的反映不全面，但至少有可能让他们愿意考虑不同的观点。这种反思为人们提供了一个主动改变观点的机会，或者说，愿意去考虑原本从本能出发而拒绝的观点。

泰国的戒烟运动

几年前，泰国曾推出一项公共卫生倡议，这项倡议的效果充分验证了对比的说服力。

对全世界的吸烟者来说，他们至少都会遵守一项不成文的社会规范：在烟瘾发作时，至少要征求周围人的意见，在抽烟之前，主动请示别人——"我可以吸烟吗?"在泰国卫生部门开展的这次特殊实验中，志愿者需要到大街上向陌生吸烟者借用打火机。但他们得到的回应让人感到意外。一名吸烟者直接拒绝了志愿者的请求："不，我不会把打火机给你的。"还有一名吸烟者甚至发出肺腑之言："香烟含有毒素。"更有一些吸烟者不惜占用自己时间，用更生动形象的方式对志愿者晓之以理，比如说："烟会在你的喉咙里钻出一个洞，就是为了让你患上癌症。你不担心手术吗?"

在这次试验中，志愿者无一例外地没有"得到借火"，但却在意外中接受了一堂有关吸烟有害健康的讲座。当然，最让人啼笑皆非的是，在向志愿者深明大义的过程中，很多人也会中断一下愤愤不平的咆哮，狠狠地吸一口烟，然后继续倾吐心中的怒火。

这些吸烟者的态度之所以会发生如此令人意外的转变，原因很简单，这些在大街上向吸烟者礼貌借火的志愿者都是未成年的孩子。在《催化：让一切加速改变》（*The Catalyst*）一书中，沃顿商学院市场营销学教授乔纳·伯杰（Jonah Berger）对此是这样解释的，在这个项目中，大多数志愿者都是"一个穿着印有猴子图案 T 恤衫的小男孩，或是扎着小辫子的女孩。每个人的身高都不超过 4 英尺（1 英尺≈0.3048 米），年龄看上去还不到 10 岁"。

在遭到拒绝和斥责后，孩子们把手伸进口袋，掏出一张折起来的小纸条，上面写着："您这样担心我，但为什么不担心自己的健康呢？"在纸条的底部，还附有协助吸烟者戒烟的热线电话。

这条特殊的热线电话早在几年前就已开通，尽管他们已投入数百万美元向吸烟者推广这项业务，但几乎没有取得任何效果。当然，这是在孩子们走上接头分发他们印有热线电话小纸条之前的情况。但是在开展这项活动之后，拨打热线电话的人数增加了60%，孩子们与吸烟者对话的视频也在网上疯传，仅仅在上网后的第一周就达到了超过 500 万次的浏览量。但这可不是昙花一现。在活动开始后的几个月里，热线电话的拨打次数依旧保持30% 的增长率。

众所周知，这次"吸烟小子"活动之所以大获成功，就是因为它充分发挥了对比带来的震撼力。这项活动的发起人意识到，对任何吸烟者来说，最能说服他们戒烟的人就是自己。因此，如果让他们从自己嘴里说出戒烟的必要性，其说服教育的力度显然是任何宣传活动无法比拟的。

反差的震撼力

"矛盾思维"为什么这么有效呢？一个重要原因在于，在对某个事物形成观点时，极端性观点往往会迫使我们不得不面对一个现实：原本自认为真实的观点，和我们认为重要、合理且公平的观点未必一致。但如果没有强烈对比，我们甚至根本就不会意识到差异的存在。

想想这种方法如何说服外科医生开始正确洗手。我们曾在前面讲述了匈牙利医生伊格纳兹·塞麦尔维斯的故事。故事告诉我们，几个世纪以来，人们便已经认识到洗手消毒在医学领域的价值。但问题并没有彻底解决，因为即便在现代社会，依旧还有很多人尚未把这种意识转化为行动。

尽管所有医生和护士都知道应在工作中遵守正确的手部卫生消毒程序，但在他们当中，仍有很多人不能始终坚持这个习惯。这一点在外科医生中尤为突出，研究显示，他们洗手的频率甚至还达不到规范要求的一半。

几年前，沃顿商学院心理学家亚当·格兰特和大卫·霍夫曼（David Hofmann）着手解决这个问题。为此，他们考察了多年来未能成功改变外科医生手部消毒习惯的各种干预措施。他们发现，所有措施的关注点无非就是教育、威胁或是恳请外科医生采取正确做法。

于是，格兰特和霍夫曼决定尝试新的方法。在实验中，他们在所有诊疗室的肥皂盒和洗手液容器上方粘贴两个不同的提示语。第一条提示语为"手部消毒会保护您免遭疾病感染"，而第二条提示语为"手部消毒会保护患者免遭疾病感染"。尽管两个提示语的差别之处仅为一个词，但这个差异带来的影响却显而易见。第一个提示语对提高洗手率几乎没有任何效果，而第二个提示语则导致洗手率提高了45%。

为什么会出现这种情况呢？研究人员得出的结论是，这个调整用词的提醒不仅充分利用了他们已根深蒂固的价值观，也让他们意识到以往行为与这种价值观并不一致。事实上，从踏入医学界的那一刻起，绝大多数医生都怀抱着救死扶伤的愿望。因此，未能及时进行手部消毒的习惯与他们对患者健康的关注形成了鲜明的对比，如此强烈的反差需要他们做出反应。而他们的第一反应当然就是"痛改前非"，采取正确的行为方式。[59]

归根到底，要想说服他人改变观念，一种有效的方法就是找到他们在观念和行为上的差异之处，并指出差异可能带来的影响，然后，让他们知道你希望他们考虑的措施会如何缩小甚至消除这些差异。[60]

行为心理学家苏珊·威辛克认为，在很多情景中，这种方法都会展现出强大威力。"如果你熟知一个人愿意听的故事，那么，你就可以使用与这些故事匹配的方式与他交流，这样，他肯定更愿意接受你的故事。"[61]

除强调思维观念和现实行为的差距之外，还有另一种有效的对比策略——识别一个人的言行差异，找出他的行为与其对自己及他人承诺的差异之处。

言行一致才有说服力

如果一个人公开宣称的愿望与其个人行为相互不一，那么，由此带来的不适就会成为引发他改变行为的沃土。数十年研究揭示了这个原则的心理依据：在这两者出现冲突时，人们通常会调整自身行为，而不是放弃此前公开的承诺。

在减肥训练中，责任监督方法非常重要，原因就在于公开承诺对行为的影响。如果把自己的减肥目标以及为实现目标而做出的承诺告诉朋友，那么，你就更有可能坚持到底，并最终实现这个目标。但言行一致的核心不只有责任监督制。即使承诺的对象是陌生人，他们完全没有能力或根本没有兴趣去监督你是否履行承诺，但仍然会产生类似的效果。

不妨考虑现实生活中的如下情景，看看公开承诺是何发挥作用的：

> ➤ 汽车保险公司将"信守承诺"的字样列示在报告表的开头位置，而不是结尾位置，并成功降低了承保人谎报驾驶里程数的可能性。[62]

> ➤ 现有客户将品牌介绍给自己的朋友，对可以为品牌带来更高的可信度。因为这种推荐行为本身就是一种公众信念的声明——即使它只适用于少数人，但不影响品牌所有者对信念所承担的责任。[63]

> ➤ 汽车代理商对潜在客户进行电话拜访，了解他们在未来六个月内是否有购车意愿，通过这种方式，潜在客户实施购买行为的比例提高35%。[64]

言行一致的含义很清晰。如果你让一个人做出某种程度的公开承诺或信念声明，那么，他就更有可能采取与这些承诺相一致的行动。[65]

我最近的一次经历足以说明这种情况。最近，我致电健康保险公司，请求修改我们已签订的保单。在完成各种选项并表明打电话的原因之后，还有最后一步，对方在电话录音中提示："在为您连接服务助手之前，您是否愿意在通话后抽出一分钟回答几个问题，以便于为您提供更优质的服务？如果接受，请按1，如不愿接受，请按2。"

这个请求当然很常见，不是什么新鲜事，更谈不上独特。但是在连接服务助手之前，我必须对此做出选择，这是以前没有遇到过的。当时的情况略有特殊，我有点赶时间，于是，我拒绝了接受调查的请求。我记得我在当时是这么想的，如果选择"1"，我就必须履行承诺。我相信，其他拨打这个客服热线的客户也和我一样。值得欣慰的是，在提前做出承诺的情况下，同意提供反馈的人未必只是为了发泄怨气——这在客户满意度调查中很常见，只有对服务心存不满的人才愿意接受调查。因此，客户提供的数据会更有代表性、更全面，而且更有价值。

承诺的说服力

通过一项旨在增加美国选举投票率的研究，华盛顿大学社会科学家安东尼·格林沃尔德（Anthony Greenwald）揭示了承诺的力量。在大选开始前夕，格林沃尔德率领团队对一批潜在选民进行调查，请他们预测自己是否会在选举日投票，并对他们参与投票的可能性进行评分。此外，格林沃尔德还要求受访者说明他们准备投票的原因。

在第二天投票开始时，研究者发现，86.7%给出投票原因的受访者参与了投票，相比之下，在没有做出预测的控制组中，仅有61.5%的受访者参与投票。在对两组实验对象出现如此显著差异的原因进行分析之后，格林沃尔德得出结论，解释投票原因本身相当于一种承诺。反过来，这种承诺又迫使他们按自认为重要的方式采取行动。[66]

这个承诺原则适用于多种情况。比如，在预约确认电话的通话中，献血服务机构将最后的一句话从声明改为提问。想想，这个调整会带来怎样的差异。按照原来的方式，在预约电话即将结束时，献血服务人员会说："我们会把您列入献血志愿者名单。谢谢！"而现在则调整为："我们将把您的名字列入献血志愿者名单，好吗？（语音暂停，待通话者确认）谢谢您的支持。"

仅仅因为这个再简单不过的调整，通话者最终来到现场完成献血的可能性就从 70% 提高到 82.4% 。[67]

一家连锁餐厅也有过类似经历。很多顾客在取消预订后没有打电话通知餐厅，因此，餐厅希望解决这个常见问题。此前，餐厅前台服务员在接到预订电话后，通常会给客户留言："如果您需要取消预订，请拨打此电话。"随后，他们把这个留言修改为："如果您需要取消预订，您介意电话通知我们吗？"然后，等待预订客户回复"是"。在完成这个以诱导顾客做出承诺为目的的调整后，客户取消预订的比例从 30% 降至 10% 。[68]

提高言行不一的成本

在下面这个例子中，我们可以清晰地看到，公开承诺在促进行为变化方面带来的积极作用。这个原则成功解决了医生为患者过度开具抗生素的问题。

在最近的几年里，美国成年人每年大约接受 4100 次非必要的抗生素治疗，累计费用超过 10 亿美元，因此，这种情况亟待改进。

为解决这个问题，一个由医生和行为学家组成的团队提出医药方案，并通过试点，鼓励医生在开具抗生素处方之前三思而后行。在认识到公开承诺的作用之后，他们制订的新方案就是要求医生签署一份有关"不开具非必要的抗生素治疗处方"的承诺书，并号召让医生将承诺书在自己的诊所候诊室内公开展示。

这种方法有着心理学上的依据：在做出这一公开承诺之后，医生"开具非必要处方就会造成心理成本"，而违背这个诺言则意味着"开具非必要抗生素的'价格'被抬高"。

研究人员最初在洛杉矶选择了几家业务繁忙的诊所进行试点研究。他们要求这些诊所的部分医生签署承诺书，而另一部分医生并未签署承诺书，并作为第一类医生的参照对象。结果表明，是否签署承诺书带来的差异非常明显。随后，让两组医生接待1000名症状完全相同的患者，结果显示，签署承诺书的医生开具非必要抗生素处方的概率较参照组整整低30%。[69]

此外，这个例子还表明，虽然口头承诺或展示公开承诺书都会带来影响，但书面承诺会带来更显著的力度。让人们书写承诺书的意义在于，它会促使当事人主动履行承诺，而不是被动按承诺行动。

要解释承诺为什么会有如此强大的说服力，对比的作用不容忽视。当人们意识到其当前行为与之前承诺存在差距时，外界帮助会促使他们及时做出调整。因此，如果我们的想法、建议或请求有助于缩小差距，那么，千万不要吝惜，帮助他人信守承诺并不需要付出什么。

澄清真正重要的事项

几年前，我在德国汉堡举行的国际扶轮全球大会上发言时，就曾感受到这个原则的重要性。与很多志愿者组织一样，在扶轮社，所有成员不仅对社会事务充满激情，而且很清楚他们应如何操作。但问题在于，他们的很多想法植根于以前的行为方式，并着眼于当前成员的需求。最初，这个问题还没有引起重视，但随着时间的推移，某些坚持固有传统的成员便逐渐成为新成员加入的障碍。在这种情况下，扶轮社也逐渐成为自我传统的牺牲品，组织的未来受到威胁。

尽管我也曾恳求他们走出舒适区，接受新的行为方式，但传统带来的阻力让我深有体会。为揭示和解决这个阻力，我语重心长地向他们提醒这个组织的核心价值观：服务高于自我。

虽然这远非灵丹妙药，但确实奏效。我的观点逐渐深入人心，阻力很快便迎刃而解。毕竟，这也是深入扶轮社成员价值体系和范式核心的座右铭。即使是最强硬的传统成员也认识到，要让组织满足他们的需求和偏好，就必须以放弃更大的组织愿景为代价。于是，他们开始尝试着以开放态度接受变革的价值——当然，变革可能需要他们走出舒适区。

当然，在试图以承诺迫使改变时，有一点必须谨记在心，既然要让对方做出牺牲，就应该让他们保持尊严。为此，我们将在第五章里看到，所有人都希望让别人认识到改变自身行为并不代表他们以前是错误的，相反，只表明他们现在又了解到以前不为所知的事情。

归根到底，改变行为表明他们认识到，此时此刻，他们会根据现有知识做出"最优决定"。这样，他们既能毫无顾虑地接受新行为、新观点或新想法，也能让其他人看到，这种改变既非敷衍了事，也非虚情假意，而是出于内心的主动选择。[70]

没有对比，就没有鉴别，因此，对比会吸引我们的注意力，让选择变得更清晰。对比带来的震撼力会赋予我们更大的动力去思考。可见，让人们面对某种观点的极端思维或是指出差异点，会让人们体会到差异的力量，有助于促使人们矫正行为。但我们还可以采取另一种策略：让人们摆脱内心加锁，打开思维的窗户，主动思考更优行为方式，并听从内心的召唤，遵循自己的逻辑得出合乎逻辑的结论。

感觉有时胜于理智

在现实中，某些最强烈的观点可能荒谬至极，但只要它依旧符合内心深处的直觉，依旧还是我们坚守的信念，我们就会执拗地坚持下去。但如果我们能敞开心扉，畅所欲言，并分享自己的观点和依据，那么，变化往往会来得更快，而且更自然。

在面对一位对接种疫苗持怀疑态度的朋友时，亚当·格兰特就曾采取了这种方法。在阐述自己的观点时，这位朋友向格兰特展示了一张图表。在这张图表中，他试图用多个随机对照性试验的结果表明疫苗接种率与死亡率之间的相关性较弱。他说，出于经济利益或其他方面的考量，有些动机不纯的科学家可能会利用这些试验结果推广疫苗，并人为淡化接种带来的不良反应。

格兰特自己也承认，在发表支持疫苗接种的建议时，他或许没有充分考虑这些观点。但格兰特采取的策略是以其人之道还治其人之身——用这位朋友自己的逻辑做出反驳。

格兰特回忆道："我问他，是否相信地球是圆的。他当然不会否认。随后，我让他继续考虑，如果他以思考接种疫苗的逻辑评价地球形状的证据，会得出怎样的结论。他可能会认为'物理学家是有偏见的，宇航员则受雇于他们提供伪证'。他可能会坚持认为一切眼见为实。"

随后，格兰特继续提出另一个问题："即使他能从太空中看到圆形的地球，谁能说，这不是他的视觉错觉呢？我们都知道，地球永远在自转，但你的眼睛和大脑的直觉告诉你，它是静止不动的。"格兰特也承认，在疫苗接种问题上，他和这位朋友确实在某些方面存在共同的担忧。格兰特认为，按照这样的逻辑，这位朋友对这个问题的解释更像是一个"地平说"，而不是严谨的科学观点。但这次交流的结果完美演绎了这种方法的威力。"在我们历经 30 年的友谊中，他第一次说：'我终于明白你的意思了。'"

回想这次对话，格兰特说："我根本就没必要反击朋友的结论，我只需帮助他反思自己的思维过程。"他继续说："与你意见不同的人给你的最高赞美不是一句毫无依据的'你是对的'，而是'你让我再想想'。好的争论可以帮助我们在简单处看到复杂性。"[71]

大声说出来

同样，耶鲁大学心理学教授弗兰克·凯尔（Frank Keil）也指出，要帮助他人认识到他们持有的信念可能并不正确，最好的方法是让他们大声说出来。

要做到这点，一个办法就是请他们详细解释自己的观点。通常，他们在一开始的时候总是自信满满，思维顺畅，但很快他们就会发现问题的复杂性，或是陷入极端性或非合理逻辑，以至于不攻自破。正如国际知名演说家、作家金克拉（Zig Ziglar，1926—2012）所言，故步自封者的问题就在于他们始终在动嘴，但却很少动脑。

凯尔将其定义为"解释性深度错觉"（Illusion of Explanatory Depth，大多数人觉得他们对世界的了解非常详细、连贯和深入，以至于远远超出他们实际了解的程度）。按照他的说法，如果鼓励人们主动解释为什么持有某种观点或信仰，他们很快就会意识到自己在理解上的局限性。凯尔的研究表明，这个恍然大悟的时刻往往会导致他们对之前的假设不再执迷不悟。

除了让其他人考虑"为什么"坚持某种信仰和假设，我们还要关注他们是"如何"坚守这些信仰和假设的。当有人让我们解释如何把自己的观点转化为现实，或是把它们诉诸实践会带来什么结果时，这些观点的局限性很快就会显露无遗。[72]

超越理论

在发表于《哈佛商业评论》（*Harvard Business Review*）的一篇

文章中，科学作家马修·哈德逊（Matthew Hutson）探讨了这个话题。他在文中指出："我们经常会高估自己解释事物的能力。"对此，哈德逊引用了一项特别的研究。在研究中，参与者对他们理解拉链和彩虹等各种装置和自然现象的方式进行评分。在解释了这些事物如何工作之后，参与者很快就对自己的理解没那么确定了。人们的自信率"一旦面对自己的无知，就会大打折扣"。

同样，布朗大学认知科学家斯蒂文·斯洛曼也认为，让人们解释各自观点的实际应用，在解决政治两极分化方面尤为有效。在斯洛曼的研究中，参与者对他们在很多问题上的理解和信念进行了评价——从医疗保健到税收等一系列社会热点问题。和此前的研究一致，斯洛曼发现，在试图解释这种政府政策的过程中，他们越是绞尽脑汁地维护自己的观点，他们的观点越发地站不住脚。于是，斯洛曼也顺其自然地得出结论："他们的立场变得不再极端，并逐渐地趋于理性。如果没有不可动摇的依据，你不可能毫不退缩地坚持立场。"[73]

在为《纽约客》（The New Yorker）撰写的文章中，作家伊丽莎白·科尔伯特（Elizabeth Kolbert）回顾了这项研究以及斯洛曼出版的《知识的错觉：为什么我们从未独立思考》一书。她在文中写道："如果人们不再用大量时间去宣传自己的观点，而是把更多时间用于思考这些观点的现实意义，那么，他们就更有可能转变观念，并采纳更加中立和公正的观点。"[74]

如果不能轻易解释我们对某个具体话题采取的立场，那么，我们可能需要面对尴尬的境地：我们所坚持的信念与我们所能达到的现实并不吻合，两者或许相去甚远。帮助他人意识到这一差距，可以引导他们静心考虑是否有必要反思自己的观点或换一个视角去重新认识这个问题。

要求人们从细节或实务角度解释他们的想法，是引导人们重构思维与策略的一种有效方式，因为这会促使他们认识到，他们自认为知道的事实其实并不完全是他们真正理解的事实，两者对比鲜明。这种差异自然会给他们带来强烈刺激。当然，为免受逆火效应的影响，这个过程未必要让人们感到"大彻大悟，恍如再生"。正如凯尔所言："在引导他人反思自己的观点时，如果我们循循善诱而不是咄咄逼人，那么，在这种思绪顺畅的情况下，他们更有可能在自己的观点中发现更多的漏洞。"[75]

思维引发想象

当试图说服其他人改变视角看待问题时，我们还可以通过另一种方式进行对比，即重新解读支撑其现有信念和假设的假象现实。

比如，我们只需简单地要求某人澄清或大声说出他们自认为真实的情况。

在这里，我们不妨以堕胎为例。很久以来，这都是一个极具争议的社会话题，原因之一就是它在很大程度上受制于人们的想象。对一个坚定的反堕胎者来说，在想到堕胎这个概念时，他们就会想象到这样的场面：已发育成型的胎儿，因为邪恶的诱导而被暴力不公正地夺去了生命。

随后，堕胎的恐怖画面和故事便会在他们的脑海中浮现出来，他们或许还会想象到一个无比自私且毫无爱心的未婚母亲在做出流产决定的那一刻，就像决定换一个新发型那么轻而易举。出现在他们脑海中的或许是一家想象中的堕胎诊所，这里的医生和护士残酷无情，让诊所变成毫无人性底线的邪恶前哨。

这种情况并非完全存在于他们的想象中。一位反对堕胎的同事曾在脸书帖子中发出这样的哀叹："在过去的 12 个月里，美国计划生育让 354871 个孩子的心跳停止。"在我们以这种方式描述事实时，要保持情感上的超然淡漠几乎是不现实的。

确实有很多未婚母亲并没有意识到终止妊娠决定的严重性，但现实不容忽视，大多数女性会因为终止妊娠的决定而避免长期痛苦和远离困扰。不可否认，这不是很多女性可以轻易做出的决定。

虽然可能有一些堕胎服务提供者和医疗保健服务机构出于政治或意识形态的动机，而不是出于孕妇的需求，但这些人无疑是极少数。在这个领域内，绝大多数医生会以极其严肃的态度，在堕胎问题上切实履行为女性提供信息和支持的义务。

最后是婴儿本身。尽管坊间流传很多关于孕晚期堕胎的悲惨故事，即使是堕胎的最坚定倡导者，也会因此感到不忍心，但不可否认的现实是，每年孕晚期流产仅为堕胎总数的 0.017%。

出于同样的逻辑，对那些支持妇女有权选择堕胎的人来说，他们在想象反对者时往往会存在这样那样的偏见。在他们的脑海中，反对者无非是一群面红耳赤、充满仇恨的狂热分子，他们对堕胎诊所刻意刁难，手中高举愤怒的标语，对进入诊所的患者横加斥责。他们把宗教领袖想象成对这个问题漠不关心的人，丝毫不理解选择堕胎者的个人特殊情况，更是毫无怜悯之心。

实际上，绝大多数反堕胎人士并不符合这个先入为主的印象。大多数人有分寸、有思想且富有同情心。他们关心下一代和无辜儿童的生命优先权。每年惊人的堕胎数量让他们感到心碎，他们担心的是，如果一个社会毫无条件、不加限制地支持堕胎，那么，这个社会会失去最基本的道德准绳。但他们也同情那些因迫不得已而选择堕胎的母亲，而且愿意投入时间和资源捐助以帮助这些女性为目的的妇女收容所、孤儿院及社会服务机构，帮助她们克服现实困难，做出继续抚养孩子的艰难选择。

在堕胎以及其他社会热点问题上，要想说服其他人考虑不同的观点，首先需要了解他们形成现有信念所依赖的想象现实。换句话说，我们必须换位思考，站在对方立场，从他们想象的情景出发，仿佛这就是我们形成最深刻、本能性认识的起点。

在试图说服他人时，通过极端性对比或揭示想象中的真实与更有可能的现实之间的差异，可以为人们提供重新考虑自身假设的机会。

■ ■ ■

对比具有一种独特的威力，它可以让想法和问题变得更加清晰。鲜明可鉴的对比，可以凸显行为与价值观之间的错位、理念与实践之间的脱节或固有信念与真正认识之间的差异，因此，这种强烈的对比也是促使人们重新认识并改变观点的强大工具。

说服工具之二：专业提示

1. 实际上，我们的很多观点并非完全不符合逻辑，只是对现实的解读不够准确或不完整。鼓励人们考虑这个事实的最有效方式，就是以夸张或极端视角看到对他们信以为真的事实。
2. 人类生来就拥有一种追求一致性的本能。因此，一种有效的说服的方法，就是帮助人们找到自身行为与固有观念相互矛盾之处。
3. 承诺具有很强的说服效力。因此，让人们（公开或私下）对某种行为或想法做出承诺，他们就更有可能坚持到底。当然，书面承诺在促使人们坚守承诺的方面具有独特的效力。

4. 如果某种观点已成为我们潜意识中的本能和根深蒂固的信念，那么，这些观点往往对我们拥有最强大的影响力。因此，让他们详细解读自己的观点，并大声说出这个观点可以让他们认识到，自以为知道的事实未必是他们真正认识到的事实，两者之间形成鲜明的对比。这种对比是促使他们反思自己的一种有效方式。

5. 我们想象中的现实会给我们的认识带来巨大的影响。对比想象中的真实与更有可能的现实，可以为人们提供一个重新考虑自身假设的机会。

说服工具之三：发挥语言的威力

在50年的职业生涯中，著名脱口秀节目主持人拉里·金（Larry King）曾访谈过数千名著名人士，当然，他们当中既有引领时代的名人，也有臭名昭著的恶棍。在回顾这些经历时，有人请他选择唯一一次不同于其他访谈的经历。他毫不犹豫地回答："当然就是1961年采访马丁·路德·金（Martin Luther King Jr.）的那一次。"

在这次采访中，他们谈到这位民权领袖几年前在佛罗里达州塔拉哈西被捕的经历。拉里·金说："他当时正想试图说服一家酒店。尽管他此前已在这家酒店预订了房间，但酒店并不打算履行约定，甚至还叫来警察，原因是他堵住了酒店的入口。马丁·路德·金很清楚，僵持下去，他很可能会被捕。这家小酒店只有20个房间，金坐在酒店前面空荡荡的门廊里。酒店老板走出来，站在金的面前，开门见山地问——但语言中并没有挑衅的意味，

'你想干什么？'金没有回答。于是，老板再次用同样直白的语气问道：'你到底想要什么？'马丁·路德·金抬起头，只回到了一句话：'我的尊严。'这个铿锵有力的词至今还萦绕在我的耳边。"[76]

在改变他人时，语言可以成为一种非常强大的触发因素。沃顿商学院市场营销学教授乔纳·伯杰认为，很多人试图以强迫、哄骗甚至施加外力的方式去影响他人，而不是采取更有策略的方式帮助他人接受他们试图推行的改变，并放弃对这种改变的抵抗。

乔纳·伯杰认为，以语言塑造感知，是实现说服的最佳催化剂。因此，他建议，说服他人的关键就是消除妨碍变革的阻力。"有的时候，改变不需要多大的外力。有的时候，我们只需要松开驻车制动器。"[77]

伯杰的观点已在近几十年中得到了验证。随着"赌博"变成"游戏"、"堕胎"变成"终止妊娠"、"采矿"变成"资源勘探"，这个观点背后的内涵也随着用词的变化而发生改变。实际上，在本书开头部分，我们也曾探讨了由"循环再生水"变为"重复使用"或"净化"饮用水带来的变化，也让我们看到用词变化对改变人们心态的影响到底有多大。

在这个话题上，我经常在想，如果从"地球健康"而不是"气候变化"的视角探讨可持续发展，会有什么样的不同呢？

措辞用语也是有效的说服工具

人们经常用语言来润色问题或观点，消除它们的敌意，但语言也可以通过相反的方式塑造感知。针对人口贩卖问题，品牌战略专家丹·格雷戈里（Dan Gregory）和行为策略专家基兰·弗拉纳根（Kieran Flanagan）与联合国相关机构合作开展了一项专题研究，他们的研究成果为这个原则提供了有力的证据。

2012 年，丹和基兰受新加坡政府和联合国委托，就解决东南亚严重的人口剥削和贩运问题展开研究。令人费解的是，即便在新加坡这种富裕的国家，讨论人口贩运话题依旧困难重重，毕竟，要透过文明、发达和富裕的外表让人们直面这个血淋淋的话题，确实是一件很残忍的事情。

因此，有人建议，解决这个问题最重要的起点，就是重新勾勒描述这个话题的语言。因此，丹和基兰建议，将"人口贩运"重新定义为"奴隶制"，并将"性产业"重述为"有组织的大规模强奸"。

负责相关事务的高层人士发现，这些术语让他们难以接受，更会引发社会不安，但他们还是有先见之明地认识到，这样的改变是必需的。[78]

同样，2019 年 7 月，杰弗里·爱泼斯坦（Jeffrey Epstein）因性交易指控被捕，这个事件再次引发了是否有必要重新定义描述犯罪行为的语言的讨论。

在《大西洋月刊》（*The Atlantic*）发表的一篇文章中，作者呼吁，在描述针对年轻女性的性犯罪时，人们必须坚持足够的坦诚和客观。为此，这篇文章的作者宣称："在这个话题上，根本不存在'未成年女性'这个概念。与其用这样的辞藻描述爱泼斯坦的受害者，不如用最简单的语言准确描述她们所归属的社会群体：女孩、儿童。这才是我们认识和解决问题的起点。既然不存在儿童合法接受和参与性行为的说法，那么，使用'童妓'这个词就属于用词不当。因此，准确客观地说，她们应该被称为'强奸受害者'或'性侵受害者'。我们在谈论这个话题时，就应该让所谓'非自愿性行为'的说法回归事实：'强奸'。"[79]

策略性语义

在法律和社会领域之外，公司也经常会刻意使用语言改变人们对某些基本概念的看法。比如，把旧汽车称为"二手汽车"，而不是"已经用过的汽车"；把产品或服务的价格标榜为"投资"，而不是"成本"。

同样，销售专家也深知，要尽可能地避免使用"问题"这个词，因为它会给客户的对话营造一种负面背景。它甚至会刺激人们提出原本不存在的问题。另一方面，使用"事务""挑战""考虑"这样的词会完全改变对话的氛围。[80]

这听起来有点愚蠢，而且完全属于语义学层面，似乎这并不会影响语言的本意，但事实证明，它确实有助于改变语言的效力。比如，在一次节能运动中，政府官员告诉公民，使用某些节能方法每年可以为他们节省 350 美元。随后，政府也对相反的宣传方式进行了测试，并郑重其事地告诫公民，如果不使用政府推荐的这项节能方法，他们每年将损失 350 美元。结果令人咋舌。与强调"节约"的策略相比，以"损失"视角发起的节能宣传运动显然更有效。[81]

当然，使用语言塑造感知并不是一种放之四海而皆准的方法。事实上，在我们知道如何与被影响对象最有效地产生共鸣时，它的效果也最明显。这个原则为社会心理学家乔纳森·海特提出的"道德基础理论"（Moral Foundations Theory）体系奠定了基础。

五大道德基础

乔纳森·海特认为，影响个人对问题（尤其是政治问题）形成观点所依赖的五个道德基础包括：

1. 伤害——把避免痛苦和同情他人放在首位。

2. 公平——对应于正义、不平等和偏见等概念。

3. 忠诚——强调对集体的归属感。

4. 权威——对权威人物、制度和传统的重视程度，并延伸到个人责任和义务的作用。

5. 纯洁——对文化神圣地位的关注以及对厌恶或不道德行为的抵触。

这五个道德"维度"的重要性在于，它们对最符合特定个体的语言类型产生巨大影响。语言是一个杠杆。因此，实现语言放大效应的关键就是以适当的方式提出一个问题或想法，从而与特定个体所拥有的道德基础产生共鸣。

从根本上说，一个人在意识形态上属于"自由派"还是"保守派"，会对塑造其世界观的道德基础带来巨大影响。比如，自由主义者倾向于强调"伤害"和"公平"两个道德基础。因此，在向他们传递某种观点的时候，最有效的方法就是从造成或减轻损害和不公平的角度描述这个观点。在这个方面，边缘群体、残疾群体和弱势群体的困境最有可能撼动他们的内心。

但是对保守派而言，"忠诚""权威"和"纯洁"这三个道德基础会引发最强烈的共鸣。他们愿意接受的思想和问题往往侧重于忠诚度或归属感，以及对传统与社会美德的保护。因此，如果在语言上强调回归更美好、更道德的时代，主张自强不息的自立精神，或是强化集体意识的伟大和光荣，那么，我们就更有可能激励采取保守意识的个人做出改变。

当然，这并不是说自由派人士对个人权利和共同的历史丝毫不感兴趣，也不是说保守派人士对社会正义事业漠不关心。但

"道德基础理论"确实为我们提供了一种有益的启发，它告诉我们，选择什么样的语言表达方式最有可能激发人们在意识形态层面产生共鸣。

在研究如何将"道德基础理论"体系运用于实践的过程中，大量研究显示，如果从伤害自己、影响国家身份或侵蚀道德权威的角度描述气候变化这个主题，会让保守派人士更倾向于接受气候变化这个现实。

同样，如果从公平和公正的角度描述受敌对势力压迫者的困境，更有助于激励自由派人士参与到对抗敌人的斗争中。此外，相关研究还表明，如果改变视角，把问题归结为限制了人们抵御入侵者暴力的能力，那么，这些持有自由思想的人更有可能动摇甚至改变对枪支实施严格管制的立场。[82]

归根到底，在沟通一个问题时，如果你不能选择正确的语言视角，就会对你的说服力产生重大影响。

启发性词汇

除通过改变信息表达方式体现个人意识形态之外，弗兰克·伦茨（Frank Luntz）在这方面更进一步。他认为，在语言的运用上，最好的经验法则就是让情感优于理性。伦茨认为："谈到具体词语的使用，首先强调的应该是情感，而不是给出充分的理由。在我们的生活中，80%的事情依赖于情绪，只有20%可归结于理智。换句话说，我对你的感受远比对你的想法更感兴趣。强烈的情绪有时正是激励我们的动力。"[83]考虑到情绪处理往往发生在大脑中与边缘系统相关的部位，因此，这种情感优于理性的观点有着强大的生理基础。

基于这一点，在《场景说服的艺术》（*Covert Persuasion*）一书中，凯文·霍根（Kevin Hogan）和詹姆斯·斯皮克曼（James Speakman）罗列出最有可能激发并影响被说服对象情绪的单词。根据霍根和斯皮克曼的说法，在英语中，最有说服力的单词包括：你，金钱，节省，结果，健康，简单，爱，发现，经验证明，新的，安全，保证，免费，是的，迅速，为什么，如何，秘密，折价，现在，权力，宣布，收益，解决方案。

当然，当构建一个问题或想法的表达方式时，每个单词本身只是构成这些表达方式的一部分。换句话说，有说服力的语言是由一系列有说服力的单词和格式构成的。比如："我不确定您以前是否……""如果我告诉您……您会感到惊讶吗？""您以前是否曾经考虑过……"这些短语和问题有助于为我们与被说服对象分享观点做好铺垫。[84]

措辞方式的重要性

认知心理学家伊丽莎白·洛夫特斯（Elizabeth Loftus）和约翰·帕尔默（John Palmer）完成了一项具有里程碑意义的研究。在这个以强调措辞重要性为目的的研究中，他们向实验对象展示了一段交通事故的视频记录。在观看视频后，他们要求试验对象估计事故发生时的汽车行驶速度。

他们将全部实验对象分为5组，然后要求他们对使用不同语言框架的如下五个问题做出估计：[85]

1. 当两辆汽车相互**接触**时，它们开得有多快？
2. 当两辆汽车相互**碰撞**时，它们开得有多快？
3. 当两辆汽车相互**撞击**时，它们开得有多快？
4. 当两辆汽车相互**冲击**时，它们开得有多快？
5. 当两辆汽车发生**剧烈撞击**时，它们开得有多快？

虽然"碰撞""撞击""冲击"等词汇在表达"严重性"时并不存在明显差异，但这些措辞上的微小变化带来的影响非同一般。不同试验小组给出的速度估计值分别为 31 英里/小时、34 英里/小时、38 英里/小时、39 英里/小时和 41 英里/小时，差异居然如此悬殊。[86]

其他针对措辞影响力的类似研究也发现，在面对"灵活""弹性""橡胶"和"变化"等词意相近的单词时，人们会自然而然地表现出更大的开放性和拓展性。[87]

在另一个非常类似的研究中，在看到"尊重""荣誉""体贴"等充满人文情怀的词汇时，人们更愿意排队等候更长时间，而且会表现得更有礼貌。

在 1996 年进行的一项研究中，耶鲁大学心理学家约翰·巴格（John Bargh）也对这个现象进行了解析，并得出了一些令人信服的结论。巴格以测试学生的语言能力为借口，让一群大学生解读几个由五个单词构成的句子。但是他更感兴趣的是这些单词对不同学生的影响。第一组学生需要解读的句子中包含有攻击性或不礼貌的单词，如厚颜无耻、侵扰和粗鲁。第二组学生看到的句子中则包括相对礼貌的用语，如礼貌和举止得体。作为参照组，第三组学生需要解读的句子主要由相对平淡或不带感情色彩的中性词构成。

在完成句子的解读任务后，实验对象按指令找到研究人员，领取任务的第二部分。但这才是实验中最有趣的环节。按事先安排好的情节，研究人员正在和一名假装有疑问的演员进行深入对话。于是，他们装作激烈争吵，故意把实验对象冷落在一旁，这场伪装的对话通常持续 10 分钟左右，甚至一直延续到实验对象主动插话为止。

结果表明：

➢ 第一组学生（解读包含粗鲁词汇的实验对象）仅仅等待了
5.4 分钟就迫不及待地打断了他们。

➢ 第二组学生（解读包含礼貌词汇的实验对象）的平均等待
时间为 9.3 分钟，而后他们才会主动打断研究人员与演员
的对话，而等待时间超过 10 分钟的百分比则超过 80%。

➢ 第三组学生（解读包含中性词汇的参照组）的平均等待时
间为 8.7 分钟。

值得注意的是，所有参与者的行为似乎都是没有意识的。在
事后接受采访时，他们自己也无法确定促使他们决定打断研究人
员对话或选择继续等待的原因，而且他们一致坚信没有受到被解
读文字的影响——但事实是最好的证据，而且所有证据都验证了
相反的结论。

随后，约翰·巴格又进行了一个有趣的后续实验。这次试验
的目的旨在考察词汇如何影响实验对象的行为节奏，而非行为本
身。比如，让实验对象解读的语句含有与老年人有关的单词，如
"退休""皱纹"和"宾果游戏"，随后，他们需要走到大厅前面
找到研究人员。结果显示，他们走这段路的速度远远低于他们在
实验开始前走进大厅时的速度。[88]

如何让你的信息令人难忘？

除了用文字"欺骗"人们采取某种行为方式，这项妙趣横生
的研究还揭示出，如果我们使用的语言富有诗意且令人记忆深
刻，那么，我们所传递的信息就会产生更大的影响力。

原因其实很简单，因为在语言的使用上，人们往往把流利性

和准确性混为一谈。换句话说，我们总是习惯性地认为，只要说得好，就很可能是真实的，或者说至少值得认真对待。相比之下，笨拙的沟通往往被视为不准确、不可靠或没有说服力。对此，爱德华·德博诺提醒我们："文笔的流畅度很容易伪装成思想的完整性。"[89]

为研究这一原则，一个从事社会科学研究的团队找到两组实验对象，并要求他们分别阅读一组句子。

第一组实验对象阅读了一些常见的格言名句，如：

➤ 灾难使敌人团结。

➤ 水滴石穿。

➤ 知错能改，善莫大焉。

➤ 清醒时沉默是金，喝醉时无话不说。

➤ 人生苦短。

➤ 小心驶得万年船

第二组实验对象阅读的语句在含义上基本相同近，但使用的语言更通俗，缺乏谚语的押韵：

➤ 我们的忧患就是敌人的快乐。

➤ 再小的刀，只要坚持，也能砍倒大树。

➤ 知错认错就等于改正了一半。

➤ 在清醒的时候，我们会掩盖自己的本意；在喝醉的时候，我们便酒后吐真言。

➤ 在我们的生活中，困境与苦难无处不在。

➤ 谨言慎行会让你财源不断。

在要求这两个小组判断这些陈述反映现实的准确度时，各小组得出的结论相去甚远。尽管每个参与者都承认，在最开始的时候，这些句子是否具有押韵的属性不会影响到他们的判断，但是在随后做出判断时，第一组实验对象却认为，和不押韵的句子相比，押韵语句反映的道理"更真实"。

对此，研究人员认为："在心理上，押韵语句比非押韵语句更容易被人们所接受。因为人们（的本能性思维）往往会在一定程度上根据对输入信息的感受来判断其准确性，因此，在现实中，人们倾向于认为押韵语句反映的事实更准确。"[90]正如美国经济学家丹尼尔·卡尼曼所言："有可能的话，一定要把你的想法改编成诗歌；这样，它们就更有可能被视为真理。"[91]

也正是出于这个原因，营销人员经常会在语言中做文章。吉列到底是不是"男人的最爱"其实无关紧要。但这句韵律十足的广告词确实会给人可信和难忘的感觉，以至于让消费者久久不能忘却。无论你销售的是产品、想法还是观点，无一例外地都适用这个原则。

惊喜带来的意外价值

当谈到将语言作为塑造感知的工具时，偶尔出现的惊喜或意外会让你的说辞更有吸引力。马萨诸塞州的文学艺术教授蒂莫西·杰伊（Timothy Jay）认为："有些禁忌语之所以能延续至今，就是因为它们能在一定程度上强化情感交流，而且能达到正常语言无法企及的效力。"[92]

相关研究也验证了这一点。在一场演讲的开始或结束时，适度地使用粗话反倒会让听众对你本人和你的观点产生亲和力。原因不难理解，如果使用得当，"尖刻"的语言可以更有力地传达信念、真诚和激情。毕竟，我们谈论的观点不是毫无意义的粗话，而是能引起人们关注并促使他们接受的内涵。

作为澳大利亚人，我在海外演讲中经常会利用这个技巧拉近与观众的距离。比如，在澳大利亚方言中，"bloody"（血淋淋，难以忍受）这个词很口语化，而且略带侵犯性色彩，但我发现，在世界其他地区，有些人却感觉这个人很前卫，甚至有点时尚的味道。因为我经常为大型活动做演讲，而且这种场合大多很正式，因此，我经常会在开场白中这么说："能到这里参加活动，真是好得让我难以忍受……"这马上就会吸引观众的注意力，让他们不再把我当作舞台上的另一个"职业演员"，在这种充满温情、趣味和幽默的氛围中，我当然可以直抒胸臆，敢于直面当下最有挑战性的话题。

让别人笑，让自己赢

当然，讽刺性幽默在突破距离感方面的价值尽人皆知。在古代的皇家宫廷中，弄臣（旧时宫廷中负责逗乐的小丑）既是最有影响力的人物，也是最容易被低估的人物。虽然弄臣算不上达官贵人，但他们对君主有着举足轻重的影响，因为他们能做到其他人做不到的事情：以自己的方式向当权者禀告实情。[93]当然，他们有自己的秘诀，以幽默的方式把原本不和谐的现实改装为笑话。在这个过程中，弄臣往往会在潜移默化之中，将原本异常艰难甚至是不可能的变革诉诸实践。

修辞专家杰伊·海因里希斯（Jay Heinrichs）认为，幽默"在说服力方面的力度远非其他情感所及"。海因里希斯指出，幽默之所以有如此之大的威力，是因为它会提高我们在目标受众心目中的可信度（精神气质），与此同时，还能削弱甚至消除他们基于自我逻辑而采取的心理抵制。[94]正如加拿大著名哲学家马歇尔·麦克卢汉（Marshall McLuhan）所说："任何试图区分教育和娱乐的人，其实对这两者都一无所知。"[95]

对此，喜剧演员约翰·克里斯（John Cleese）的总结极为深刻："如果我让你和我一起笑，那么，你肯定会更喜欢我，也会更愿意接受我的想法。如果我能说服你，对我提出的某个观点开怀大笑，你就会承认它的真实性。"[96]

诙谐的语言确实可以成为说服的有力工具。它可以打破僵局，让说服者看起来更容易被接受、更友善而且更平易近人。但更重要的是，幽默会在潜移默化中绕过听众的逻辑，直接侵入他们的本能性思维。在开怀大笑时，他们不太可能去认真分析或批评信息中所包含的内容。对于这个事实，漫画家兼剧作家赫布·加德纳（Herbert Gardner）是这样说的："一旦你让别人发笑，他们肯定会倾听你说话，此时，你可以向他们讲述你想表达的任何观点。"这也难怪，广告商都喜欢将幽默的语言发挥到极致。事实上，在英国的电视广告中，36%的广告均采用以幽默为基础的语言；在美国，也有近1/4的广告采取了这种策略。[97]

使用粗话要有限度，幽默同样也要有选择性。虽然幽默可以而且经常会体现出一定的时尚概念，但归根到底，它不能突破底线，否则就会被人们视为"蓝色幽默"。事实上，"蓝色幽默"的含义在某种程度上就等同于下流，这个词最早可以追溯到杂耍喜剧时代，当时，如果观众认为节目的内容或语言不可接受，那么，在演出结束后，他们就会把一个蓝色信封送到演员化妆室。

一旦跨越"蓝色幽默"这个底线，就意味着你的幽默已经过火了，这就会让你失去观众。一旦失去了观众，你当然就不可能说服他们，甚至根本就找不到可说服的对象。

■ ■ ■

可以使用幽默甚至善意的粗话唤起情感，触及根深蒂固的价值观，或者把语言作为塑造认知的工具，它们都是改变思维的强大催化剂。对此，波兰裔英国著名作家约瑟夫·康拉德（Joseph Conrad）告诉我们："如果你想说服别人，不要将希望寄托于你的观点是否正确，而是要找到正确的语言表达方式。"[98]

说服工具之三：专业提示

1. 语言是打造影响力的重要触发因素。强迫、劝说甚至引诱他人改变观点往往就是在白费口舌，更明智的做法，就是在消除阻力的同时使用能让被说服者产生共鸣的词语。

2. 牢记塑造意识形态认知的五个道德基础（伤害、公平、忠诚、权威和纯洁）。在使用语言表达我们的想法或观点时，我们越能与他人的世界观产生共鸣，对方就越容易接受这些想法或观点。

3. 人们的所感比所想更重要。因此，更明智的做法就是尽可能地采用能反映他人情感心理的语言。

4. 语言可以引导人们采取某些特定的心态和反应。请记住，在看到"灵活""弹性""橡胶"和"变化"等词语时，人们往往会采取更开放和更包容的心态，反之亦然。

5. 在语言的使用上，人们往往把流利性和准确性混为一谈。如果我们用来传递内容的语言笨拙且不流畅，那么，对方往往会认为你的内容不准确、不可靠而且没有说服力。如果采用更押韵或更有诗意的简洁语言，我们的观点就更有可能受到认真对待。

6. 以"尖刻"的语言创造意外感可能会给你带来奇迹，因为它不仅有助于引起人们的关注，而且可以并促使他们更愿意考虑你的观点。

7. 如果你能让人们开怀大笑，就一定可以让他们倾听你的心声。幽默是一种强大的说服工具，但使用这种工具时，你必须坚持必要的针对性和选择性。千万不要越界，因为失去了观众的好感，你永远都不可能说服他们。

有关相对性的总结语

美国最高法院前大法官奥利弗·温德尔·霍姆斯的总结尤其精辟。他认为："一旦人类的思想被某种新的观念打开，就再也回不到原来的维度。"[99]

通过铺垫、对比和措辞等方式刻意改变他人看待事物的角度，我们得以探究生活中固有的相关性，并以不可逆转的方式拓宽被影响对象的思维。

但这并不意味着我们的说服任务已大功告成。相反，它只是为新观点的传播铺垫了道路，或者说，为新观念播下一颗种子，并为它生根发芽准备了土壤。

第四章
亲和力

很久以来，人类乐于助人的善变本性就一直让我感到困惑不解。在某些情况下，我们为什么心甘情愿地帮助他人，而在其他情况下，即便是最合理的援助请求，也会被视为粗暴简单的强取豪夺呢？

当然，时间、情绪和偏见等负面因素都会影响我们的亲和力，但人在世上，难道还有比与人为善更重要的吗？

几年前，受到启发的哈佛商学院组织心理学家艾莉森·伍德·布鲁克斯（Alison Wood Brooks）着手开始研究这个话题。一个让布鲁克斯感到好奇的问题是，在哪些情况下，人们愿意或不愿意把手机借给陌生人使用。

为此，她设置了两个不同的场景，实验对象均为在火车站被淋湿的候车乘客。在第一个场景中，一个完全陌生的人走近一名被雨水淋湿的乘客，礼貌地问："我能借用您手机打个电话吗？"第二个场景则采用了略有不同的表达方式，陌生人问："太糟糕了，下雨了。我能借您的手机打个电话吗？"

在实验中的第二个场景中，尽管陌生人只在请求帮助时只增加了一句看似毫无意义的话，但对最终结果的影响却差异巨大。实际上，在这两种情况下，陌生人的请求完全相同，但是在第二个情景中，被求助者做出自愿响应的比例增加了422%。

在对这两种情况下的差异进行分析后，布鲁克斯指出，虽然关心是再简单不过的事情，但它在建立关系、信任尤其是亲和力方面确实具有非常重要的作用。

斯坦福大学心理学家格雷戈里·沃尔顿（Gregory Walton）博士也对此表示赞同，他认为"这些行为带来了巨大影响"。首先提及下雨这个司空见惯的事情，其实就像是发出"一个主动创建关系的信号。这个信号完全改变了人与人之间的联系方式，也改变了人们形成感受以及实施行为的方式"。[1]

从本质上说，亲和力的核心就是建立真正相互融洽的关系，最终让其他人感觉到他们了解你、喜欢你且认同你。

在古罗马思想家西塞罗的心目中，亲和力的创建非常重要，以至于他将其列为著名的五大说服准则中的首要元素。西塞罗认为，在亲和力（道德诉诸）创建之前，情感诉诸和逻辑诉诸几乎没有用处或相关性。只要人们喜欢你，并且认同你和他们拥有共同的价值观，这就为你的说服奠定了基础。如果有一个人觉得你关心他，而且把他的最大利益放在心上，那么，他就会有安全感，因而更愿意接受你希望与之分享的想法。[2]

把他人的观点转化为语言

联邦调查局人质谈判专家克里斯·沃斯（Chris Voss）认为，西塞罗的评价一语见地。沃斯指出，建立亲密关系的一个关键要素就是真正倾听对方的观点，并站在对方立场上总结他们的观点。沃斯说："我们尤其需要关注如何表达他们的负面想法。"其实要做到这一点很简单，我们只需认同并明确表达对方可能在想什么，或是他们想对自己说什么。比如，在出现沟通失误和误解时，双方关系可能已经很紧张了。此时，沃斯建议不妨采用貌似唐突的说法，比如"现在，您可能认为我有点犯浑，是吧"，通过这种半开玩笑半认真的语言重启双方的对话。

直接表达我们要质疑的观点和信念似乎有悖我们的直觉，其实，沃斯也认识到这一点。他说："有些人认为，只要承认某个人的沮丧情绪，就可以让他们从对方身上得到更多的信息。但事实恰恰相反。如果你能说出对方的观点，那么，他们肯定会感到惊讶。你让他们产生了强烈的好奇心，因此，他们当然想听听你接下来要说什么。此时，你会让对方感觉到你和他们心在一起。"

神经科学家验证了这个原理。他们指出，如果识别负面情绪，并把这种情绪直接"暴露在阳光下"，那么，它们带来的消极力量就会大打折扣，紧张情绪也自然会得到缓解。这种方法不仅有助于在艰难的情况下开启对话，而且会给整个对话过程创造有利的氛围。如果对话趋于对抗性，双方语言激烈或声音开始提高，沃斯建议，此时应及时插入无效对话，避免双方矛盾进一步升级，比如说"我真是个笨蛋啊"。他建议，可以使用"你能想到的最强烈的贬义词，如白痴、混蛋或其他语义更强烈的词汇"。

当然，这需要你拥有足够的谦逊精神和自律态度。毕竟，在这种情况下，你或许更想为自己辩解，高声表明自己的观点。这样做确实有可能会让你在比分上赢得领先，但最终会输掉这场说服战。

在事关重大的对话中，最有决定意义的是不要否认或质疑对方的立场或意见。创建亲和力的关键，不是让对方听到你的观点，而是确保对方意识到你正在倾听并理解他的观点。沃斯说："当人们感觉被他人理解时，他们的大脑中就会释放出一种能带来好感的化学物质。一旦受到这种激素的刺激，一切皆有可能发生。他们会觉得自己和你之间存在某种情感纽带。在感觉到这种纽带时，不管这种感觉有多么微弱，都会让你在潜移默化之间占得先机，并帮助你最终战胜对手。"[3]

为赢得他人青睐，并打造影响他人所需要的亲和力，我们可以采用三种工具，为我们的沟通努力带来事半功倍的效应。在随后的章节中，我们将逐一探讨这些工具。

说服工具之四：不要身在其中不知其然

在经历了美国历史上最有争议的大选之后，乔·拜登（Joe Biden）终于在 2020 年 11 月登上讲台，发表了他的总统当选演讲。当时的舆论仍存在激烈分歧，而且前任始终认为他的当选不合法，在这种大背景下，拜登深知他的语气和措辞至关重要。他在这次演讲表现得异常冷静，而且分寸得当，这次演讲的一个主旨就是努力治愈一个正在分裂的国家。但拜登演讲中的一句话给我带来了最强烈的共鸣："现在，是时候收起那些刺耳的言辞了，在这里，我们再次见面，重新倾听对方的心声。要走出困境，我们需要不再把对手视为敌人。"[4]

我发现，"对手"和"敌人"这两个概念之间的反差尤为显著。对手未必是我们的敌人。毕竟，意见分歧是不可避免的，而且分歧也不过是一种选择而已。[5]

我们要学会接受与我们意见相左的人，而且既不需要也不能把他们视为自己的敌人，只有在这种情况下，我们才能与之进行有意义的接触，开展建设性的沟通，并最终说服对方。

然而，当下的辩论和对话却在很多方面忽视了这一事实。如今，我们更倾向于把争论的基本属性归结于对抗和对立。它常常成为权力和胁迫的工具，而这一切都是以牺牲亲和力为代价的。

但事实并非一贯如此。

古人的辩论术

几个世纪以来，有关辩论的原则、实践和目的都发生了巨大变化，以至于历史上最有说服力的辩论大师苏格拉底、亚里士多德和柏拉图，在我们今天所说的辩论中，恐怕也会一筹莫展。在古代，辩论这一概念完全不是零和游戏。实际上，它与输赢、胜败或自我炫耀毫无关系。

对于苏格拉底及其他同时代人而言，输掉一场辩论绝对不等于失败，更不是会带来羞耻和尴尬的根源。恰恰相反。在争论中失败或出现失误，在他们的思维中，恰恰是重新启蒙、自我认识并再次获得自由的时刻。

他们给它取了一个让现代人感受到困惑的名字：aporia⊖根据现代哲学家詹姆斯·加维（James Garvey）的解释，"aporia"这个词在古语中的意思是指"某个失重的时刻，在那一刻，你从固有的思维定式中解脱出来——停下手中的一切事情，闭上眼睛，静默无声"。因此，"aporia"描述的这种感受意味着"已走上更理想的新方向，并抓住一切可能性的难得机遇"。

恰当地说，"aporia"这个词的含义是"无路可走"，对辩论而言，意为我们以前所坚持的论点被对方驳倒。这是一种获得超脱、解放并因此而振奋抖擞的感觉，此时此刻身处陌生境地，下

⊖ 源于希腊语中的"a-poros"一词，意为无路可走。这个词最早出现在《荷马史诗》中，当奥德修斯和同伴被囚禁在独眼巨人的洞穴中时，他从其中一个同伴的口中得知那里"没有出路"。——译者注

一步完全未知。[6]

为了追求这种在知识上无拘无束的体验，古希腊人会全情投入地激烈争论数小时，但绝非为了战胜或统治对手。"aporia"才是他们追求的目标。[7]

追求"aporia"所描绘的理想境界

人们把这种辩论哲学称为"怀疑论证"（aporetic argument），即以挖掘事实真相为唯一目标，即便这意味着需要改变自身观点或承认失败。

有趣的是，即便是日本这种未受希腊辩论哲学直接影响的国家，也以自己的方式让辩论成为有建设性的探索活动。从历史上看，日本文化中的辩论并不以提出自己的观点为目的。相反，人们把信息和价值观视为有价值的输入。随着争论或讨论的展开，这些输入相互融合，并最终形成共识性的结论或决定。

但不管文化背景如何，有一点显而易见，在世界历史的大部分时间里，辩论都是有节制、有规则并以汲取新思想为目标的活动。这一点在"柏拉图式理想"中或许得到了淋漓尽致的集中体现："争论而不争吵，争吵而不怀疑，怀疑而不诽谤。"

世界上最早的律师

需要提醒的是，并非所有的古希腊人都是无私的辩论家。古希腊著名的"诡辩家"○就是很好的例子。最初的诡辩家是一群接受过专门训练的修辞学家，他们在法律的早期发展中发挥了关键

○　Sophists，来自希腊文 sophistēs，意为"智者"或"专家"，但逐渐被称为"吹毛求疵的或错误的推理者"。诡辩术是一种貌似符合逻辑实则不合理的推论，或是用来欺骗的推论。——译者注

作用，甚至被公认为世界上最早的律师。

诡辩家与柏拉图和苏格拉底的思想分歧就在于他们使用语言修辞时所希望达到的目的。苏格拉底和柏拉图只关注找到事实真相，但诡辩家更感兴趣的是证明一个论点——不管这个论点对错与否，并教会其他人学习这项技能，当然，这种传授是收费的。和那些把语言修辞只用于哲学分析的人相比，这些诡辩家的目的则是借助这些修辞技巧追求经济回报，因此，他们的做法遭到很多人的鄙夷。即便是在今天，"诡辩"（sophism）这个词依旧是贬义词，用来描述那些以误导或欺骗他人为目的的论点。

对诡辩术的蔑视并非全无道理。历史学家指出，诡辩家在公共话语（public discours）和公共宽容度（public tolerance）等概念的发展中发挥了关键作用。事实上，"复杂老练"（sophisticated）一词就可以追溯到这些古老的职业说服者。他们从自由主义思维出发，强调对不同信仰的宽容，允许人们在公共场合发出不受欢迎或非传统观点。

在很多方面，现代社会确实是高度"复杂的"。今天，人们经常把修辞和说服工具用于获取经济利益，培育权力或建立统治地位。

此外，今天的人们往往对表明并论证自己的观点更关心，而不是走出诡辩的怪圈，寻求各种形式的真相。最近，我在网络上看到一句玩笑话："我不是在争论，我只是在解释我为什么是正确的。"

简而言之，描述当下辩论最合适的词汇，应该是古希腊语中的"论客"（Eristic）。这个词源自古希腊神话中代表冲突、复仇与不和谐的女神厄里斯（Eris）。论客的目的是赢得辩论，而不是追求真理。[8] 按照柏拉图的观点，诡辩家是世界上最早的论客，但是以今天的标准看，他们只是最轻量级的论客。

当下的对抗时代

尽管论客式辩论并非新鲜事物，但近几个世纪以来，它已成为默认的争论模式。尽管我们无法确切知道这种转变由何时开始，但牛津大学心理学家爱德华·德博诺认为，这一趋势在中世纪晚期开始加速发展。德博诺认为，虽然论客或对抗性辩论在科学和法律等领域有益处，但是在近几十年中，这种方法开始变得越来越适得其反，甚至越来越危险。[9] 实际上，我们只是想重启苏格拉底的论证方法，但却抛弃了他的原始动机。

德博诺认为，论客式辩论方法的问题在于"不再以针对辩论主题进行的真正探索为目标，相反，双方更倾向于陈述自己的观点、压倒对手和自我炫耀。双方完全抛弃可能会有利于对方的事情，即便这些事务有可能拓展针对辩论主题的探索，帮助他们挖掘事实真相。"[10]

对于当代的对抗式公开辩论模式，美国当代哲学家玛莎·努斯鲍姆（Martha Nussbaum）将其比作体育比赛。她认为，这会导致辩论双方只想得分，并把对方视为敌人或对手，因此，他们会不惜任何代价地以任何方式击败对方。在足球比赛中，双方永远都不会寻求共同点，同样，在这种类似比赛的辩论中，也没有任何一方愿意妥协或找到可以相互让步的空间。[11]

在《全新销售》一书中，互联网趋势专家丹尼尔·H. 平克（Daniel H. Pink）告诉我们，这种竞争性观念在当今西方文化中已根深蒂固。平克指出，在演讲现场，他经常让观众两两一组进行配对，然后，指导他们将双手抱拳，将拇指以外的其他四个手指相互交叉在一起，拇指向上竖起。下一步，让每个参与者尝试按下对手竖起的拇指。平克说："所有参与者都认为，你的指示就是让进行一场拇指摔跤比赛。实际上，他们还有很多其他方法可以让对方放下拇指。他们可以请求对手放下拇指，也可以先打开自己的双手，然后放下自己的拇指，总之，不需要动用力气的方法可能不计其数。我们通过这个试验想说明的是，我们做事情的出发点往往是竞争，或者说，我们会不自觉地采取一种不赢即输的零和策略。在大多数需要改变他人的场合中，我们都可以通过若干方式完成任务，而且按照大多数方法，我们都可以让合作伙伴自愿配合，采取和谐和双赢的方式让对方在这个过程中获得良好的体验。"[12]

实际上，这个测试也形象地映射出当下大多数人在公共对话中所采取的策略。也就是说，我们会不惜一切代价地去赢得比赛。唯一的目标就是占据上风并取得支配地位，而不是共同挖掘事实真相。因此，在这样的争论中，即使失败或被激怒，我们也不会放弃更不用说改变自己的观点，因为我们已经丧失了自由的思考空间。此外，一旦对手的观点挑战了我们对真相的认识，本能性思维就会驱使我们坚守自己的意识形态，做出愤怒和防御式反应，或者不自觉地放弃思考，将"不同意见"彻底封闭在思维大门之外。

小说家罗宾·斯隆（Robin Sloan）也指出，这种对辩论目的彻头彻尾的曲解，导致现代文化已彻底不再把辩论视为"改变思想或达成共识的工具。相反，它已成为我们进行个人表演和获得政治加分的舞台"。[13]

表达异议但不排斥异议

对于与我们意见相左的人，如果还有一线希望与他们进行有建设性和相互尊重的对话，那么，我们首先要学会合理表达不同意见。爱德华·德博诺的总结一语见地，他认为不同意某个人的意见与纯粹不接受某个人完全不是一回事。

尽管我们中的很多人认为，要让自己更有说服力，就要学会以更有影响力的方式去陈述自己的论点，但同样重要的是，我们应以何种方式回应我们不赞成的个人和想法。

针对这个话题，风险投资家兼作家保罗·格雷厄姆设计了一个描述不同分歧形态的频段，频段的两端对应两种极端情况：破坏性分歧和建设性分歧。[14]格雷厄姆认为，除了维护最基本的社交礼仪，妥善处理分歧还会带来其他现实可见的好处。他表示，尽管每个人都有可能陷入刻意杜撰事实甚至直接伤害对方的误区，但建设性分歧带来的最大好处就是"不仅会让对话富有成效，而且会让对话的参与者更快乐"。

分歧的等级性

下面这个图形的理论基础源于格雷厄姆的观点，它描述了现代语境中五种常见的分歧处理方法。这个"分歧等级"模型的最顶层对应于通过真正体验他人的观点或论点而解决分歧，而最底层对应于通过标签、定性和对抗等方法解决分歧。

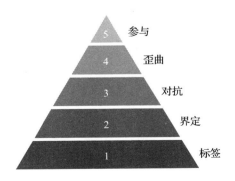

第一层级——标签

这是最低层级的分歧解决方式，当然也是最常见的方式。按照这种模式，我们以最低级、最简单的方式嘲笑或排斥另一个人，比如说："你是个傻瓜、偏执狂、白痴……"正如我们在第二章所说的那样，标签永远是偏见的载体。

在以标签方式解决分歧时，我们会把持不同意见的人当成敌人，对他们展开人身攻击，而不再就事论事，因此，我们会对不同观点或视角的实质视而不见。这充斥着侮辱、愤怒和轻蔑。

虽然羞辱对手会让我们感到一时的畅快淋漓，但必然会让我们空手而归，最终的结果就是徒劳，而且毫无说服力可言。对于人身攻击带来的问题，最有代表性的描述就是所谓的"人身攻击谬论"（ad hominem fallacy）。这个拉丁语的含义类似于体育比赛中的"对人，而不是对球"。按照人身攻击谬论对应的策略，我们会忽略当下亟待解决的问题，转而以思维惰性对待异议，而且最常见的对策就是以偏概全。[15]

苏格拉底认为，标签就是思维陷入惰性甚至完全放弃思考的标志，正因为这样，他才指出："当辩论失败时，诽谤便成为失败者最强大的武器。"

第二层级——界定

在"分歧等级"模型中，第二层级的核心就是攻击他人的特征、头衔或权威，而对他们的观点或意见置之不理。换句话说，这种策略就是以打击对手为目的，而不考虑他们的论点或想法。例如，"你会说……你是个政客、牧师或工会成员"等。

按照界定的内涵，我们将对方定义为错误一方的唯一根据，就是对方的自然身份或他们所归属的群体。此外，按照这种策略，对方会把自己的可信度作为赢得争论的手段，而不是解释自己的观点，比如，她们可能会这样反驳："作为四个孩子的母亲，我可以向你保证……"

虽然界定方式缺乏善意，但它在抢占先机方面确实非常有效。原因不难理解，贬低他人的身份和使他人的可信度降低，或者抬高自己的身份和信誉，会让你觉得自己在旁观者眼里赢得了这场争论。如果感觉某个人的观点看起来正确或听起来正确，那么，即使这个结论没有真正依据，也会认为这个人是对的；反之亦然。尽管与论点无关，但是从背景、种族、性别或社交圈等方面诋毁他人，在现实中确实是一种常见的有效策略。

界定的对象不仅限于身份，还包括语气。在这种情况下，分歧的对象往往是表述论点或观点的语气或情绪，而不是观点本身。

无论采用何种语境，我们都应避免陷入标记和界定的陷阱，尤其在技术层面，这点尤为重要。正如保罗·格雷厄姆所言，"分歧的增加可能会让人们更加愤怒。尤其是在网络上，人们很容易发出面对面对话中永远无法说出口的恶语。"[16]需要提醒的是，格雷厄姆早在 2008 年就提出这个观点，而当时的社交媒体还处于起步阶段。

畅销书作家乔恩·阿卡夫（Jon Acuffe）指出，近年来，这种情况已变得越来越富于挑战性，他认为："社交媒体的问题在于，它给人们提供了一个成为最糟糕自己的机会，而后，又把其他人以这种方式给予他们的关注视为奖励，这就形成了一个恶性循环。"

第三层级——对抗

在第三层级的分歧中，回应开始与对方的观点或视角建立联系了。然而，持不同意见的一方依旧不会明智地处理问题，而是简单粗暴地提出相反观点，似乎只有这样做才能抵消对方的咄咄逼人。

在某些情况下，对抗已不再局限于简单地提出相反论点，而是通过精心挑选新的证据，为自己的观点提供更多支持。虽然这些反驳或许是对分歧做出的有效回应，但问题在于，它们往往会导致对话偏离对方论点。这通常会导致两个人最终争论的是不同的事情。

第四层级——歪曲

在第四层级的分歧中，持异议一方希望亲身体验另一方的观点或论点，但往往缺乏开放的心态，以至于不自觉地把狭隘的偏见代入其中。此时，他们的关注点往往是找到对方观点中的错误或缺陷，而没有考虑更广泛的大背景或不可避免的细节性差异。而断章取义地引用对方观点，只会迅速有效地歪曲他人及其论点。

在现实中，所有人都会在不自觉当中歪曲事实，陷入虚假陈述的陷阱。原因非常简单，在面对相同的想法或世界观时，我们的本能性思维会自然而然地采取开放态度，于是，我们几乎会不加思考地接受所见所闻。但是在面对对立性或不熟悉的想法时，我们的关注点往往会不自觉地集中于分歧点，而对最重要甚至显而易见的共性却视而不见。

第五层级——参与

在进入分歧的最高层级后，我们开始真正思考对方的观点，并基于理智和逻辑坦诚对待双方的分歧。此时，一方对另一方观点或态度的核心进行公平、认真的思考，并提出有建设性的质疑。用体育比赛做比喻，在这种情况下，双方将焦点放在球上，而不是球员身上。

走上舞台

在面对我们希望影响的对象时，合理应对分歧显然是我们之建立联系的重要因素之一。考虑到每个人都会在潜意识中对辩论本质形成某些假设，重新思考这些自发性假设就显得至关重要。

在《我们赖以生存的隐喻》（*Metaphors We Live By*）一书中，来自加州大学伯克利分校的认知语言学家乔治·莱考夫和马克·约翰逊认为，改变他人想法的障碍之一就是我们处理这个问题的方式。按照当下流行的说服方法，我们已不再把对话和辩论视为建设性的交流方式，而是基于某种根深蒂固的自我观念的阐述，换句话说，这就是一场你死我活的思维战争。

在描述辩论场面时，我们经常使用的某些语句便充分强调了这一点，比如：

> ➤ 你的说法根本就站不住脚。
> ➤ 他对我的所有观点发起攻击。
> ➤ 她的职责完全是人身攻击，而非就事论事。
> ➤ 我对他的论点进行了无情的驳斥。
> ➤ 她推翻了我的全部观点。[17]

作为一种以培养说服力为目的的思维练习，莱考夫和约翰逊希望解答的问题是，如果我们把辩论视为一场即兴舞蹈表演，那么，我们对待另一方论点的方式会发生什么变化。"不妨设想有这样一种文化，人们不再把争论看成必定分出胜败的战争，双方之间既没有攻击和防御，更没有夺去或失去阵地的感觉。可以想象，在这种文化中，人们把争论视为舞蹈。"[18]

在《重新思考：知所未知的力量》一书中，亚当·格兰特也谈到了这个话题。他说："一场有意义的辩论绝对不是一场战争。它甚至算不上一场拔河比赛——只要你在绳子一端的发力足够大，就可以把对手拖到你这身边。相反，这更像是一种忍者的博弈。如果你不遗余力地力争上游，你的合作伙伴就会反抗。相反，如果你让自己的动作与对方相适应，并且让对方也按照你的动作做出调整，那么，你和对方就更有可能以和谐同步的方式达成一致。"[19]

正如格兰特所指出的那样，战争的唯一目标就是不惜一切代价夺取阵地，取得领先优势，无论对手多么强大，永远不选择放弃，更不会低头认输。相比之下，跳舞则需要随着节奏时进时退——当对方提出你认可的想法时，你选择让出阵地，并欣然接受。"承认我们接受批评者的观点，甚至从他们的批评中学到新的知识，就可以展现出我们的合作和开放的态度。然后，在询问他们愿意修改哪些观点时，对方就不再把我们视为伪君子。"[20]作家兼学者尼尔·雷克汉姆（Neil Rackham）对这种对话方式及其在谈判中的实现方式进行了研究。在研究高效谈判者如何设计谈判方案时，雷克汉姆指出，在谈判桌上，他们会展现出一系列清晰的"舞步"，并以此来为他们的讨论提供指南。值得注意的是，在谈判方案的设计阶段，这些专家会把超过 1/3 的时间用来寻找可能与对手达成一致的共同点。

与此同时，雷克汉姆还对效率较低但经验丰富的谈判者进行了研究，结果显示，他们的表现恰恰相反。他们会全副武装地投入战斗，几乎完全不关心可能存在的共同点或一致点，更没有兴趣去寻找可能达成一致的环节。

雷克汉姆认为，一旦进入谈判或交流环节，高效谈判者与低效谈判者在心态上的差异会变得更明显。高效谈判团队很少采取进攻或者防御战术，但初出茅庐的谈判代表很容易陷入"防御—进攻的恶性循环"。他们会主动出击，积极夺取对手的阵地，与此同时，还要不惜一切代价地守住己方阵地。可以想象，这必然会导致双方都不会展现出开放或亲近的姿态。双方均全力以赴，不遗余力地碾压对手。[21]

当然，营造没有敌对态度的辩论氛围，并不能保证辩论双方不会彼此造成任何伤害。不管我们提出多少问题，或是我们的提问方式多有亲和力，有些人就是不想跳舞。[22]然而，当我们开始把辩论当作一场舞会，而不再是战斗时，交流的姿势、语气和目的往往会随之发生变化。

你想自我表白还是想改变对方？

针对现代对抗性辩论哲学所带来的人际成本，领导力作家兼牧师安迪·斯坦利的总结最具代表性。他建议："在任何人际关系中，如果其中一方成为胜利者，那么，他就已经输掉了这份关系。"富勒清洁品公司的创始人阿尔弗雷德·富勒（Alfred Fuller）对此深有体会，他曾说过这样一句名言："永远不要争论。赢得争论就是失去销售。"[23]

当试图说服他人考虑我们的想法和意见时，我们的首要目标决不能是胜利。对此，18 世纪法国散文家约瑟夫·儒贝尔（Joseph Joubert）的一句话很有启发性："争论的目的不应是胜利，而应该是进步。"

这种放弃输赢观念的重要性在于，尽管我们可能会在某个时段暂时取得领先或驳倒对方的论点，但如果我们的胜利以牺牲亲和力为代价，那么，我们最终的结局就是失败。当然，我们真正说服对方的可能性也变得微乎其微。正如美国作家兼专栏作家蒂姆·克雷德尔（Tim Kreider）所说的那样，在争论中让对方筋疲力尽、理屈词穷与说服他们完全是两回事。[24]

在这里，我们每个人都需要审慎地做出决定：我们最感兴趣的是阐明自己的观点，还是希望求同存异，解决双方分歧？我们可能赢得一场争论，但却会丧失影响他人的能力，归根到底，这取决于我们与他人的沟通方式。

把争论重新定义为一场舞蹈而非战斗，确实可以为我们开展建设性对话提供有益的开端，但心理学家也指出将身份与观点脱钩的重要性，当然，我们还要引导对手也这么做。[25]

人和意见并非不可分割

一旦我们把自己或他人的身份与观点视为一体，我们也就失去了进行建设性对话的能力。正如保罗·格雷厄姆建议的那样："任何人都不可能毫无偏见地看待自己，更不可能对自己身份的某些方面进行富有成效的讨论。从理论上说，这种讨论必定有失公允。"[26]

我们在用自己的观点定义自己时，必然会不惜一切代价地维护这个观点，拒不接受任何改变，因为重新思考我们的观点就等于放弃自己的身份。在我们的本能性思维中，任何针对我们观点的质疑，都会不自觉地被视为人身攻击。然而，如果我们能把自己的观点与身份区分开来，那么，在面对新的、不同的或不确定的想法时，我们就更有可能进行冷静而客观的思考，并对它们做出公正的评判。

任何人都不是他们所持观点的总和，换句话说，观点仅针对事而不针对人，这是我们始终需要牢记的基本原则。即使某个人持有我们无法理解或不合乎情理的观点，我们也不能因此贬低这个人。我们可以不尊重一个刻意对某些事实视而不见的人，但不能因此对他的人格失去最基本的尊重。

如果说建设性辩论更像是一场舞蹈而不是战斗，那么，我们参与这场舞会的方式至关重要。要营造出一种以成功说服为目标的亲和力，需要我们重新学习表达异议的技巧，既不能采取否定一切的态度，还要学会放弃多年来我们被教导的作战策略。

在理想的情况下，说服的成功取决于辩论或交流的双方。正如丹尼尔·H. 平克在其著作《全新销售》中提出的建议：在出现争论时，"当双方均把与对方的争论视为学习的机会时，击败对方的欲望便很难找到必要的生存空间"。[27]

■　■　■

在《如何在争论中成为胜利者》（*How to Argue and Win Every Time*）中，著名律师格里·斯彭斯（Gerry Spence）指出，在寻求改变对方观点时，我们必须把亲和力视为首要任务。他在书中发问："怎样才算赢得一场争论？当我们迫使对方放下情感和理智的武器宣布投降时，我们便成为胜利者了吗？当对方大喊'你赢了，我错了'时，我们便成功了吗？我们是否把对方高举白旗视为胜利？"

"如果是这样的话，在我的职业生涯中，我从未赢得过任何一场争论的胜利。我曾经也和大多数人一样，认为要赢得一场争论，就必须彻底打倒对手，让他们屈服于我们，并保持沉默。实际上，争论并不是我们试图摧毁他人的过程，而是我们实现目的、满足欲望并实现追求的工具。争论是我们揭开事实真相的过程。"[28]

当然，当我们无法控制他人的行动和行为时，我们完全可以放下武器，邀请他人开诚布公地与我们敞开心扉，求同存异。如果运气好的话，我们的"对手"也会登上舞台，和我们一同翩翩起舞，时进时退，甚至甘愿为我们让出前进的空间。

说服工具之四：专业提示

1. 尽管意见分歧可能不可避免，但分歧本身就是一种选择。在和我们强烈反对的人进行互动时，永远不要忘记，站在我们面前的对手未必是我们的敌人。

2. 在任何辩论中，我们都要牢记苏格拉底及其他同时代人所说的"无路可走"（aporia），也就是说，输掉一场辩论绝对不等于失败，更不会带来羞耻和尴尬，而是获得重新启蒙、自我认识并再次获得自由的时刻。永远把追求真理作为你的指导原则，即便这可能需要改变你自己的想法。

3. 掌握以不否定一切的方式表达异议的技巧。这就意味着，我们应避免进入分歧等级模型中的较低层次（标签、界定、对抗和歪曲），并把真诚的参与作为解决分歧的终极目标。

4. 当我们把争论当作舞蹈而不是战斗时，我们就有可能迎来奇迹发生的时刻。与其把辩论视为攻击和防御的练习，不如用精心策划的舞步来应对即将开始的紧张沟通。这可能需要我们学会妥协，偶尔以退为进，在时进时退中寻找共同点或一致点。

5. 记住，当其中一方成为胜利者时，他就已经输掉了这份关系。为了建立和维护亲和力，我们需要决定，在面对我们的说服对象时，我们是想阐明自己的观点，还是希望求同存异，解决双方分歧。任何建设性辩论的目的都应该是求得进步，而不是谋取胜利。

6. 尽管难以做到，但我们还是要尽可能地把观点与身份区别开来。任何人都不是他们所持观点的总和，因此，接受这个现实，不仅可以让我们学会尊重他人，还可以让我们在必要时改变自身观点。

说服工具之五：敢于展现自己最差的一面

在具有里程碑意义的代表作《信任因子》（*The Trust Factor*）一书中，美国心理学家保罗·J.扎克（Paul J. Zak）探究了在潜在说服对象心中建立亲和力所涉及的生物学过程。扎克花费数年时间，对导致个体之间形成融洽关系和自发信任的因素进行了研究，并据此得出了一系列貌似简单但意义非凡的结论。

扎克认为，获得信任或重建信任的首要因素就是提升我们的人格魅力。真实、脆弱甚至容易犯错，都会带来催产素的释放。我们此前已经讨论过，几个世纪以来，人类一直在不自觉地利用这个神经机制，从而确定哪些人足够安全，因而值得信任并与之合作。[29]

这种机制的重要性，无论怎样强调都不为过。为了获得尊重或被他人视为值得倾听的对象，我们会通过精心装扮自己，把最洁净、最完美的自己展现在他人面前。在专业领域，舆论导向专家和企业公共关系部都会竭尽全力打造正面形象，精心制作每一条信息，从而确保沟通结果可期、内容可靠、效果可见。然而，透明（transparency）、真实（authenticity）和脆弱（vulnerability）则是更有效的沟通策略。

丹尼尔·科伊尔（Daniel Coyle）在《极度成功》（*The Culture Code*）一书中也谈到了这个主题。对此，他建议，在与他人交往时，在他们面前展现出真实和脆弱的一面，或将带来奇迹。"你应该敞开心扉，表明自己也会犯错误，并以最简单的言语吸引听众，比如说：'这只是我的拙见。''当然，我可能错了。''我是不是忽略了什么？''您怎么看？'这些信号不只是承认自己并不完美，也是为建立更深层关系而向对方发出的邀请，因为这些语言会引发听众想要帮忙的反应"。[30]

展现脆弱的价值

昆提利安（Quintilian）是古罗马说服论的重要代表人物之一。他也认为，脆弱是我们尝试与被说服者建立亲密关系的首要因素。

昆提利安认为，在展示透明方面，最有效的元素就是对所有怀疑和不确定性持开放心态。这个观念被后人称为"dubitatio"（欲语还休），由此衍生出现代英语中的另一个单词"dubious"（不确定的）。

几个世纪以来，很多传奇领袖和思想家均把"欲语还休"这种策略发挥到极致。在英国女王伊丽莎白一世最著名的两次演讲中，她均巧妙地利用了这一点。

1588年，伊丽莎白一世在蒂尔伯里向英国军队发表了一次载入史册的演说。在演说中，她对女性无法胜任艰苦的战斗的顾虑毫不隐晦："我虽有纤弱的女儿身，但我有王者的雄心与气魄，因为我是英格兰的国王！"演讲取得了立竿见影的效果，与会者群情激奋，列队士兵发出震耳欲聋的欢呼声，并且这欢呼声经久不息，以至于军官们不得不要求士兵安静下来，以便让女王继续演讲。

13年后，在另一次极具深远影响和历史意义的演讲中，英国女王伊丽莎白一世再次巧妙运用了"欲语还休"手法。这场演讲后来被称为"黄金演讲"（Golden Speech）。面对心浮气躁的国会议员，女王在演讲中宣称："尽管你们曾经拥有而且或将还会迎来更强大、更聪明的国王，但你们从未且永远不会有谁像我一样爱你们。"根据史学家们的记载，女王的演讲让在场议员深受感动，在离开国会大厅时，"他们中的很多人眼含热泪，动容至深"。[31]

亚伯拉罕·林肯也是一位深谙"欲语还休"策略的大师，有些人甚至认为，这也是他在 1860 年当选美国总统的制胜法宝之一。在《说服的艺术》（*Thank You for Arguing*）一书中，杰伊·海因里希斯总结了林肯在总统竞选中的很多劣势，这些评价已近乎侮辱。"他既没有令人信服的背景，外表更令人难以启齿：一双近乎怪异的大手，沟壑遍布的脸颊，满嘴西部乡巴佬的口音。"[32]

然而，亚伯拉罕·林肯却把这些"缺点"发挥到极致，这也是他成功的秘诀。海因里希斯回忆道："当他向纽约精英阶层发表演说时，林肯不断发出他那特有的刺耳的呜呜声，而且还一再警告与会者，他们不会听到任何新的消息。"海因里希斯认为，这种方法的运用非常巧妙，堪称神来之笔。"这种欲语还休的开场白不仅告诫人们不要对他寄予厚望，也表达了一种毫无遮掩的诚意，让他的观众们心平气和，不至于有任何虚幻的梦想。可以说，这场演讲非常精彩，非常独到。为林肯的获胜奠定了基础。否则，林肯就不会在那年的 11 月获得竞选总统提名，更不用说当选总统了。"[33]

让目标引导我们敞开心扉

虽然透明和脆弱会让我们在外人眼里显得更平易近人或更有亲和力，但它们也是成功说服的有力工具。在《说服方法》（*Methods of Persuasion*）一书中，尼克·科伦达（Nick Kolenda）对相关研究进行了剖析。这项研究表明，"透露一点关于你的负面信息反而对你有利"。科伦达建议，与其绞尽脑汁地掩盖自身弱点，还不如利用它们抛砖引玉。面对这项弱点，承认自己并不完美。既然存在，就不避讳，敢于面对、敢于承认就是最大的诚意。但是按照传统观念，在与人交往时，我们应尽可能地为他人留下积极的第一印象。这与我们提倡勇于暴露自身缺陷的做法似乎背道而驰。

同样，罗伯特·西奥迪尼指出，数十年的研究表明，"一个敢于尽早指出自身弱点的沟通者，马上就会得到对方的积极响应，因为他给对方留下的第一印象是，这是一个诚实可信的人"。这一点很重要，因为一旦取得对方的信任，让对方展现出足够的亲和力，我们的想法或论点就更有可能被他人相信并接受。[34]

说到这个主题，沃顿商学院心理学家亚当·格兰特认为："对你的观点赋予某种不确定性，这不仅表明你的谦逊和自信，更容易让他人对你产生好奇感，从而引发更微妙、更深入的讨论。但是在大多数人的意识中，自然而然的出发点应该是强调自身优势，淡化弱点。但这未必有益于对话的进展。无论怎样，有分辨力的听众也会采取这种思维，想尽办法在我们身上发现漏洞。既然如此，莫不如坦诚相待，以谦逊的姿态主动暴露自身缺陷，然后坦然地自曝问题，让对方看到你的真诚。"[35]

除了承认自身缺点，尼克·科伦达还建议，不要试图掩盖可能破坏我们立场或观点的细节性信息。原因不难理解："如果一条信息只包含支持自己观点的有利因素，那么，人们会很自然地认为，这条信息刻意排除了负面因素，这只会引发他们产生更大的怀疑。此外，当一条消息包含少量不利于自己的负面因素时，人们反而会认为这条信息更真实且更完整。"[36]

这种方法的效力已经在很多场合得到了验证。社会心理学家基普·威廉姆斯（Kip Williams）通过研究发现，在被对方发现之前，如果律师事先披露委托人在案件中存在的弱点，那么，陪审员更有可能对律师及其代理案件持支持态度。在这个过程中，律师首先向外界展现出诚实可信的态度。事实上，从统计数据看，在法庭审判中，首先提出问题的一方更有可能得到有利的裁定。[37]

在另一项类似的研究中，杜克大学教授克里斯·贝尔发现，政治领导人在推特上发布的帖子，往往被证明为最具影响力和说服力的证据。他指出，那些愿意自我批评并勇于承认自身缺点的政治家，更有可能被视为有说服力的领导者。因此，贝尔得出的结论是："对所在党派持批评态度的政治家，更有可能说服人们打开必要的认知空间，倾听他们的声音，或者为不同观点达成妥协提供更大的可能性。"[38]简单地说，脆弱和开放也具有传染性，让他人同样对你以诚相待。

当观众已经认识到你的正直和缺陷时，这种坦诚和透明尤为重要。如果你能开诚布公地表达对方已经想到的事情，那么，对方就有可能放弃原本设想的抗议和驳斥，这就为双方达成一致提供了更大的空间。

说服自己是说服他人的前提

坦诚分享自身想法或论点的缺陷会让我们获得一种特殊的力量，那便是让听众心悦诚服地为我们辩护，甚至会不自觉地开始为我们寻找佐证。

伊利诺伊大学的丹尼尔·奥基夫（Daniel O Keefe）对这个原则的探究最为透彻。针对在说服对话中使用单向沟通和双向沟通的情况，他收集到 100 多项相关研究。这些研究的跨度超过 50 年，涉及 20000 多名实验对象。通过这次总结性分析得到的结论极具说服力，从统计角度说，成果是显著的。这些证据几乎无一例外地表明，与只提出有利于自己的论点或证据相比，兼顾双方论点显示出更强大的说服力。

对此，17世纪法国作家弗朗索瓦·德·拉罗什富科（Francois de La Rochefoucauld）的一句话颇具启发性："我们之所以承认自己的小错误，只是为了说服他人，我们没有大错误。"[39]虽然这句话听起来有自我纵容的意味，但它的确阐述了一个非常有效的原则，如果对这一原则视而不见，我们可能会遭遇无法想象的困境。

不过，这里还有一点需要提醒，仅仅承认反面观点或不利于自己的证据，还远远不足以达到最理想的效果——还需要注意场合，也就是说，将这个策略置于适当的背景中，以避免让对话失去焦点。因此，成功的关键在于提出相反的论点，然后便解决这些问题。这样，我们的可信度和诚信精神就会得到显著提升，进而，我们的说服力也会明显增强。[40]

在选择开诚布公的方式开启对话时，采取适当的过渡性陈述或语言至关重要。在暴露自己的弱点或缺陷之后，我们可以马上使用"然而""但是"或"仍然"等转折性词语，将对话及时转向相反的方向——有利于自己的优势。这样，我们既承认自己在特定工作的技能和经验方面有缺陷，也让对方认识到我们的"学习速度很快"，因此，缺陷只是暂时性的，而且是完全可解决的。[41]

不要隐瞒自己的疑虑

除展现自己的坦诚或谦逊之外，承认你可能存在的任何疑虑，也是建立亲和力的有效方式。因此，科研人员通常会在研究报告中做出警示：本次研究仅针对部分数据得出结论，因此，在提出观点时，并不否认个别数据可能给结论带来的差异性和不确定性。

　　这种情况在一系列实验中均有所体现：在这些实验中，心理学家与普通公众分享科学研究的成果，而后观察他们对这些研究做出的反应。在其中的一项研究中，研究人员让第一组实验对象阅读一份研究摘要，讲述饮食与衰老之间的联系，但他们故意在摘要中掩盖了部分细微差别和结论的不确定性。另外，他们为第二组实验对象提供了另一份关于这项研究的报告，并在报告中补充了一系列提示。有趣的是，第二组实验对象在阅读时显得更投入，而且对结论的认识也更为灵活，对细节性差异有更大的包容性。实际上，主动让人们意识到科学家们的研究不可能做到事无巨细，因此，他们并不能对结论做出百分之百的肯定，反倒会促使人们愿意接受已形成的结论。[42]

承认缺点也是一种庇佑

　　在产品营销领域，高度提倡透明始终是与潜在客户建立互信的有效手段。实践证明，在有可能存在缺点或缺陷时，通过营销信息提前做出清晰明确的提示，可以显著降低潜在买家的抵触情绪，并有效地改善销售情况。[43]

　　50 多年前，负责在北美市场推广大众"甲壳虫"汽车的营销人员发现，这款车型并不是市场上最具吸引力的汽车，但它的优势很明显，结实紧凑、价格低廉，而且使用成本很低。于是，大众汽车也采取了欲擒故纵的策略：不掩盖该款汽车在外观美感上的缺陷或只强调汽车的卖点，而是以"丑陋的只是外表"和"它还可以做得更丑"之类自我调侃的口号，充分表现出他们的坦诚和自信。这场广告宣传活动也让大众"甲壳虫"汽车一举成为狂热车迷心目中的偶像，而广告本身也被公认为很成功的广告之一。[44]

同样的方法也为无数其他品牌创造了奇迹。从事租车业务的安飞士（Avis）也采用了类似策略。他们并不是一味地宣传公司作为市场领导者的形象，而是承认"我们现在是亚军，但我们会更努力"。同样，全球第一大漱口水制造商李斯德林（Listerine）将其产品称为"让你每天不得不忍受三次的讨厌味道"。欧莱雅的广告词更是把这个原则体现得淋漓尽致："我们的产品很贵，但你值得拥有。"[45]

在人际关系层面，彻底的坦诚和透明都是创造亲和力的关键。

开诚布公的威力

2015 年，不列颠哥伦比亚大学的爱情研究专家曼迪·莱恩·卡特隆（Mandy Len Catron）为《纽约时报》撰写了一篇文章，这篇文章瞬间吸引了读者的注意力和兴趣，也成为《纽约时报》历史上被广泛分享的文章之一。需要提醒的是，这篇文章并不符合《纽约时报》的典型风格——以快餐式新闻博取大众眼球。相反，它被编辑安排在"时尚与潮流"版面。这篇文章的标题是《如何快速与陌生人相爱》（To Fall in Love with Anyone, Do This）。卡特隆在文中承诺，只需按照她推荐的方法，男女双方就可以 45 分钟内建立持久的真正恋爱纽带。

卡特隆的文章源于她自己的个人经历，而这些经历显然不乏理论基础，这就是心理学家亚瑟·阿伦（Arthur Aron）和伊莱恩·阿伦（Elaine Aron）之前进行的一项研究。阿伦夫妇历经多年时间，对恋爱关系的形成和发展进行了系统性研究。那么，针对如何创造持久稳定的爱情关系，这篇文章提出的建议是什么呢？很简单，敞开心扉，袒露自己的内心世界。阿伦夫妇的研究非常有趣，但研究的内容非常简单：找到一对陌生的男女，他们轮流向对方提出 36 个问题，并鼓励对方坦诚地回答这些问题。第一组问题非常轻松简单，比如："你想成名吗？""你心目中完美的一天应该是怎样的？""你想邀请谁为晚餐客人呢？"随着问答的进展，问题在内涵上也开始变得更有严肃性和哲理性，比如："你在双方友谊中最看重的是什么？""你最后一次哭是在什么时候？"

随着这个问题清单接近尾声，主题已非常深邃："在你的所有家人中，谁的离世会让你最难以忍受？"但是在问题展开的过程中，双方之间的关系在也不知不觉中更加紧密。尽管他们最初完全陌生，但是在作者承诺的 45 分钟内，他们确实已形成显而易见的亲密关系——迄今为止，这项试验已被重复了数百次，而且结果几乎没有例外。在现实中，在阿伦夫妇的这项实验中，很多参与者已走入婚姻殿堂。[46]

■　■　■

虽然说，只有人类才希望以最完美无瑕的方式展示自己和自己的想法，但这样做其实既没有成效，也缺乏说服力。要和我们试图影响的对象建立相互信赖的关系，亲和力、脆弱、自我贬低和自我揭露更有可能让我们取得事半功倍的效果。

说服工具之五：专业提示

1. 与其装扮自己，把精心策划的最完美的自己展现在他人面前，不如彻底放弃伪装，以最大限度的透明和开放开启对话。这不仅会加速相互信任的形成，也会鼓励其他人以开放和诚信的态度对待自己。

2. 采取"欲语还休"的策略，承认自己的疑虑和不足，让他人更愿意认真对待你和你的想法。

3. 在未被对方揭露之前，主动暴露自身观点的缺陷和不足。这恰恰说明你见多识广、客观坦率。

4. 不要畏惧分享信息或披露可能有害于自己身份的细节。坦然面对观点的两面性，恰恰表明了你对复杂性的深刻认识，这会让对方在很大程度上放弃怀疑，对你敞开心扉。

5. 在面对疑问时，开诚布公，不要避讳。敞开心扉，保持足够的透明度，不要担心承认自己的疑虑。有的时候，我们甚至可以取笑自己和那些"站在我们这边"的人。以这种方式让自己保持冷静、低调，会让你在不经意间看到奇迹。

说服工具之六：把握共性

几年前，蒂姆·费里斯（Tin Ferris）曾在自己的播客中采访化学工业大亨查尔斯·科赫（Charles Koch）。他的视角和洞察力让我印象深刻。科赫被公认为是鹰派和极端右翼势力的支持者，但他给人的印象绝非如此。在采访过程中，人们看到的科赫彬彬有礼、进退自如、宽宏大量，而且极为坦诚。

在采访中，费里斯与科赫谈论了很多话题，其中最引人注目的，无疑是他在刑事司法改革方面的工作。多年来，科赫在司法改革领域进行了尝试，但大多以失败而告终。对此，科赫承认，他最大的错误之一就是对"伙伴关系"的定义过于狭隘。为了做出切实有效的改变，他意识到他必须与之前自己定义的对手进行接触与合作。

　　科赫描述了他在这方面做出的改变：使定义好盟友的基础重新回归于共同愿景这个最基本的合作要素。与其他个人或团体是否持有相同的政治观点相比，能否围绕共同愿景团结起来并携手追求这个愿景，才是最重要的。共同的目标会修复一切伤痕，消弭所有分歧。随着时间的推移，科赫逐渐搭建起一个个原本不可能的联盟，其中包括美国有线电视新闻网的范·琼斯（Van Jones）和持有"左倾"政治倾向的投资家乔治·索罗斯（George Soros），长期以来，他们始终与科赫势不两立。尽管存在这样那样的差异，但他们对刑事司法改革都抱有极端的热忱，仅此而已，但这已经足够。迄今为止，他们的共同努力已取得令人瞩目的成效，阶段性成功带来的鼓舞让他们足以做到求同存异并继续合作。

以共性为出发点

　　从理论上讲，我们不难找到自己与他人之间的共同点。从基因角度讲，我们与地球上其他人共享99.8%的DNA。因此，仅仅从这些最基本的角度出发，人与人之间的共同点远远超过分歧。然而，正如屡获殊荣的广告主管贾森·哈里斯（Jason Harris）所说的那样："我们都喜欢投入大量的时间和精力去寻找和关注让我们与众不同的那0.2%。"[47]

　　奥斯卡获奖制片人艾米尔·谢尔曼（Emile Sherman）开始探索如何在意识形态对立的群体中找到有实质性的共同点。在推出《善意原则》播客栏目（*Principle of Charity*）时，谢尔曼设定了一个目标：在与持对立观点的群体交往时，尽可能采取"更慷慨"的方式。"如果我们尽可能地理解对立观点，并逐渐过渡到这种观点的极端版本，以寻找事件真相为目标，而不是为了夺取

'胜利'而战斗，会发生什么呢？"[48]

为此，在《善意原则》的每一期节目中，谢尔曼都会邀请持相反观点的专家，讨论当下的各种热点话题。但每期节目都会有一个亮点，即每位专家都需要以最宽容的原则阐述对方的观点。

比如，在其中的一期节目中，悉尼大学媒体教授凯瑟琳·兰比（Catherine Lumby）与伦理学教授克莱夫·汉密尔顿（Clive Hamilton）对话，共同探讨色情作品是否有可取之处，或者是否"在本质上有损于女性"。双方此前曾在这个问题上发生过公开冲突。兰比说，在参与这次对话之前，她觉得自己的观点遭到汉密尔顿的"误解和歪曲，我没有得到（汉密尔顿）应有的尊重"。但是她在对话中也提到，汉密尔顿曾形容自己"过于天真"，"过于迷恋色情所带来的性解放色彩，以至于她拒绝承认其黑暗面，所以说，（汉密尔顿的）这些观点是可以理解的"。兰比也承认："我曾把克莱夫描述成一个争强好胜、强词夺理、对妇女和儿童漠不关心的人。"

在通过这次播客节目的交流之后，兰比对此前这个对手的看法也发生了180度转变。"让我惊讶的是，我认为我们在基本原则上是完全一致的，"兰比说，"我们一致认为，色情作品确实令人憎恶，但问题是，我们该如何应对……现在，如果还有机会遇到克莱夫，我想会请他一起喝杯酒。"汉密尔顿对此也深有同感。[49]

"我同意"是实现求同存异的利器

在寻求共性时，如果说有哪句话最有力度且最重要，那么，"我同意您的看法"无疑就是这句话。

对此，说服性沟通策略师戴维·拉卡尼（Dave Lakhani）做出了如下总结："如果你希望有效地说服他人，那么，你首先要知道对方信以为真的观点是否与你的立场相互一致。"而后的关键，就是以共性为基础，努力帮助他人重构观点，并将你的观点融入其中，与此同时，你也要让他们重新审视自己的观念。可见，这个求同存异的过程并非不可接受。[50]

在古典修辞学的实践中，人们把这称为"共性点"（commonplace）——不同观点持有者共同接受的观点。它们既可以是共同的价值观，也可以是所有人都接受的经验法则。建立共性点的重要性在于，它可以削弱本能性思维盲目追求群体效应的冲动，并为开启建设性接触或对话提供起点。[51]

在一批英国理学家进行的实验中，这种行为模式成为他们的研究重点。研究人员招募了一群忠实的曼联队球迷，让他们完成一项简短的写作任务。按照研究人员的要求，一半实验对象需要书写几段他们热爱曼联队的内容，而另一半实验对象则记录他们与世界各地足球迷的共同点。

在两个小组完成写作练习后，突然发生一起紧急事件，一名经过的跑步者摔倒在地。需要提醒的是，这位跑步者恰好身穿一件印有曼联队主要对手名称的衬衫。此时，研究人员想知道，在跑步者躺在地上并抓住脚踝痛苦尖叫时，两组实验对象会做出怎样的反应。

结果不出所料，在刚刚完成一篇如何喜欢曼联队文章的实验对象中，只有30%的人希望帮助慢跑者；而在完成与世界各地球迷共同点写作任务的实验对象中，愿意提供帮助的比例则高达70%。[52]

高估差异的危害性

所有领域都存在这样一种假设，即你与你意见相左的人之间注定找不到任何共同点。比如，在不同宗教和种族群体中，每个群体的成员通常都会相信，其他群体的世界观肯定会有别于自己。耶鲁大学研究员佐伊·查斯指出："针对不同群体在枪支管制、种族主义和宗教等诸多社会热点话题上的观点，人们倾向于错误估计彼此之间的分歧，以至于认为这些分歧会形成不可逾越的鸿沟。我们自己的观点越激烈，就会把对方的观点想象得越极端。"[53]

针对这种社会心理倾向，美国国家选举研究所（American National Election Study）最近进行的一项研究表明，近40%的共和党人同意："美国拥有越来越多不同种族、宗教和国籍的人，这让这个国家变得越来越宜居。"此外，66.2%的被调查者认为，应对枪支购买者进行强制性的背景调查。针对这些数据，杜克大学的克里斯·贝尔是这样解释的，尽管两极分化已成为不可否认的社会现实，但"完全可以客观地认为，只要让他们在社交媒体上消耗一两个小时，大多数美国人都没有我们想象中的那么极端"[54]。

如果我们要寻找一个强化善意与共识的共性点，那么，最好的选择无疑是价值观。因为在价值观层面上，我们所有人都有很多共同点——即使是我们的对手也不例外。为此，哈佛大学卡尔人权中心（Carr Center for Human Rights）在2020年9月完成的一项研究表明，在每十个美国人当中，会有八个人认为"如果我们没有自由，那美国就一无是处"。在这些研究中，93%的人认为隐私权非常重要，92%的人认为接受高质量教育的权利至关重要，当然，种族平等也是很重要的价值观之一。即使在这个两极分化严重的时代，仍有70%的美国人在不知不觉中成为大同小异的共同体[55]。

社会心理学家朱莉安娜·施罗德（Juliana Schroeder）和尼克·埃普利（Nick Epley）建议，如果有人对我们的意见表示异议，我们只闻其声，但对他们的意见充耳不闻；其实，这些异议只是在提醒我们，他们在思考我们的观点，在感受我们的心绪，他们也是我们的人类同胞。[56]

在中间地带寻找合作点

在找到共性点之后，你就需要以双方达成一致的观点为基础，重新构建自己的论点。只要你提出的新观点不会让对方感到完全陌生，更不会给对方带来不安，那么，这个观点就不太可能马上遭到对方拒绝，相反，他们会给予充分的考虑。

正是基于这种思维，公众对同性婚姻问题的看法和态度才发生了巨大转变。虽然"同性恋婚姻运动"和《非异性恋婚姻法案》（LGBT Marriage Act）的出台确实可以为司法改革领域的努力正名，但品牌战略专家丹·格雷戈里与基兰·弗拉纳根认为，把它们和"婚姻平等"联系起来绝对是最精妙的选择。他们指出："在'婚姻平等'概念提出之前，无论你选择站队哪一边，你肯定都应该知道什么是真正的婚姻，而且你当然也希望能理解婚姻平等的重要性。借用 20 世纪六七十年代民权运动的某些话语和标志，这些非异性婚姻支持者把'婚姻平等'概念与种族平等概念等同起来。换句话说，他们向外界传递了这样一种观点：这并不是什么新鲜事，不过是不同意见之间的辩论而已，而这些辩论早已被盖棺定论。"[57]

相熟生相宜

通过上述婚姻平等这个例子，我们发现，在提出新观点时，创建一致性和共性点的任务并不困难，其实只需找到双方都能接受的概念、词语、名称和术语即可。如果对方认为这些熟悉的要素没有问题、原则正确，而且符合基本道德规范，那么，他们就有可能以同样的视角理解你的新观点。

针对这个原则对现实中的展现方式，沟通策略师戴维·拉卡尼为我们提供了宝贵的见解。"要有效地说服对方，你就需要找到被说服对象或群体所熟悉的要素。哪些共同的体验可以为你们提供求同存异的中间地带？然后，通过了解这些对方熟悉的要素，你就可以引导他们进入这个中间地带，在共享经验和建立共同愿望的基础上，分享各自的观点。"[58]

马丁·路德·金之所以成功扭转了美国南方地区的舆论潮流，在很大程度上源于他对共同价值观的大声疾呼。在《美国思想的密码》一书中，纽约大学商学院社会心理学者乔纳森·海特和格雷格·卢基亚诺夫通过研究发现："马丁·路德·金的天才之处在于，他使用了兼顾宗教和爱国主义的共性语言，号召美国人关注共同的道德与身份价值。此外，他还经常谈到爱和宽恕的必要性，倡导民众倾听耶稣的声音，并大力推广其他文化的古老智慧。"但马丁·路德·金的真正神来之笔莫过于对"公民宗教"的引用，这个词源于美国开国元勋的言辞。正是站在林肯纪念堂的台阶上，马丁·路德·金大声疾呼："当我们共和国的缔造者撰写《宪法》和《独立宣言》的辉煌篇章时，他们也就签署了一张每个美国人都将继承的期票。"[59]

充分利用相似性

好在这并不难做到，因为培养共性点的过程不需要多么复杂，甚至与意识形态无关。物以类聚，人以群分，同类相吸，这是自然规律，也是人之常情。我们都愿意接近熟悉的事物——尤其这些熟悉的事物恰好又是构成性格特征或个人身份的元素时，更会促进人与人的联系。这种秉性始于年轻时期，甚至在婴儿时期。相关研究显示，在接触面部表情与自己相匹配的成年人时，婴儿也会出现更多的笑容。

数十年研究表明，当我们的手势和肢体动作开始自发地与他人匹配时，我们实际上就已开始进入与他人相同的情绪，进而在不知不觉中形成一股强大的亲和力。

由于这种同步行为激活了负责创建社交纽带的激素催产素，因此，它通常会更快地引发信任感。在《道德博弈》（*The Moral Molecule*）一书中，保罗·J. 扎克探讨了这一原理，他认为，同步性会导致人们建立一种难以解释但却易于感知的纽带意识，而且这种意识非常强烈。[60]

为研究如何利用人类心理的这种怪癖推动积极变革，几位加拿大学者就同步性是否有助于减少种族偏见进行了研究。

作为实验的一部分内容，研究人员让白人实验对象观看 7 段黑人完成简单生活动作的短视频——拿起一杯水，喝一口，然后把杯子放在桌子上。在实验中，全部参与者分为两个小组，其中的一组只观看视频片段，而另一组则需要精确模仿视频片段中演员的动作。实验结束后，研究人员使用精确的医疗诊断技术对参与者进行测试，以了解种族偏见造成的行为差异。

结果非常显著。只观看视频片段的实验对象表现出明显的种族偏见意识，但是在观看后并同步模仿视频中演员动作的实验对象中，偏见意识几乎荡然无存。当然，这不等于说，只需让我们的行为与视频片段保持同步，即可解决数千年遗留下来的自发性种族主义，这样的想法显然太过于天真。但这项研究本身的结论确实意义重大。[61]

即便撇开学术研究不谈，仅仅从本能出发，我们也能想象到模仿和同步性会有多么强大。可以想想打哈欠的传染性，当然，当我们看到其他人微笑时，我们往往也会不自觉地露出笑容。这些发自本能的影响非常巨大，以至于长期生活在一起的人，最终都会在外貌上趋于接近，其实这背后的道理并不复杂，因为我们经常会不经意地模仿对方的面部表情。

而且这种趋同性不仅仅停留于表面。研究表明，随着时间的推移，外貌逐渐接近也成为亲密感加强的一个重要组成部分。与此，外貌越来越相近的夫妇，在生活中往往越幸福。[62]

美国杜克大学心理学教授塔尼尔·查特兰德（Tanya Chartrand）专门从事非意识影响领域的社会心理研究，尤其以研究身体在创造亲和力过程中的作用而闻名。

在查特兰德最著名的一项研究中，她让不知情的研究对象与一个"对话伙伴"配对，当然，后者是研究人员有意安排好的角色，旨在根据事先设计好的情节引导研究顺利进行。在谈话交流过程中，这些"对话伙伴"按事先计划的情节故意做出各种手势和动作，比如非常勉强的大笑、抖动双脚，还有一些"对话伙伴"在整个谈话过程中不断触摸自己的脸。

查特兰德和其他研究人员实时观察对话场面。他们很快就注意到，很多研究对象也开始不自觉地模仿"对话伙伴"：有20%的人开始模仿摸脸的动作，几乎一半的实验对象开始模仿对方抖脚的动作。

查特兰德想知道的是，这种模仿本能会如何影响到他们的对话。于是，查特兰德对一组新的研究对象进行观察，但这一次的安排完全相反。在与研究对象的谈话中，一半"对话伙伴"会有意模仿对方的动作，而另一半"对话伙伴"不会模仿对方。在对话结束时，研究人员让研究对象评价各自的"对话伙伴"。结果显示，对有意模仿自己的同伴，研究对象给予了高度评价，并称他们非常喜欢自己的"对话伙伴"。[63]

哥伦比亚大学社会学家亚当·加林斯基认为，这种"变色龙效应"（chameleon effect），在打造影响力和亲和力方面的价值不容低估。正如加林斯基解释的那样，这种力量源于我们这个物种的固有属性。人类天生而来的部落本能，导致我们更容易被与自己拥有相近长相和行为的人所吸引。从历史上看，这些微妙的归属特征可以帮助我们判断哪些人来自我们自己的群体，因而是值得信赖的安全伙伴。但是，随着社会变得愈加互联互通、日趋多样化和复杂化，我们的大脑开始难以招架，要识别这些体现可信赖性的熟悉线索也变得越来越困难。于是，我们只好依赖"与他人同步"这样的潜意识信号，通过寻找行为模式中的匹配者，满足自身微妙的归属感需求。

对此，加林斯基总结道："我们通过举止和发音模仿他人并与之保持同步，这样，我们就更有可能理解他人并被他人所理解，这就为我们与他人取得统一奠定了基础。"[64]

不可否认的是，如果没有敏锐的洞察力，仅仅试图以简单的模仿来培育亲和力，极有可能适得其反。模仿与信任之间存在着深层次关联，因此，一旦有迹象表明你只是试图使用这些方法操纵对方和对话，那么，可以预想，对方会把这种行为视为对信任的践踏。这不仅会带来无法弥补的伤害，也会让已有的亲和力瞬间丧失。但只有举止得体，而且是完全出于善意和真诚的模仿，才确实可以成为打造和谐、信任和开启说服之门的有力工具。

当然，如果模仿他人姿态或行为的想法会让你感觉不自然、不舒服，那么，我们还可以进一步简化这个步骤。其实，你只需找出说服对象的优点，然后告诉对方你欣赏而且喜欢这些优点，即可唤醒你们之间的亲和力。

近年来的一系列研究均表明，相似性在建立关系方面的影响可能远远超过我们的想象：[65]

> ➤ 在意识到拥有相同的生日、出生地或名字时，人们之间的好感会明显增加，进而会增强相互之间的合作和帮助。斯坦福大学心理学家格雷戈里·沃尔顿发现，当大学生发现自己和同学在同一天过生日时，与没有共同点的其他同学相比，他们更有动力与这个同学合作完成小组任务。[66]

> ➤ 如果让潜在客户知道，他们与提供健身指导的私人教练有相同的出生日期，那么，他们更愿意加入训练计划。更有趣的是，这项研究还发现，让研究对象在当场进行慢跑，而后心率加快，此时，如果告诉旁观者他们与慢跑者是在同一天出生的，那么，旁观者的心率也会增加。[67]

> ➤ 对于在脸书上建立联系的男性和女性交朋友，如果男士声称与对方拥有相同的生日，那么，年轻女性接受男性朋友要求的可能性会增加一倍。[68]

> ➤ 通过小额信贷网站向发展中国家的公民发放小企业贷款时，贷款提供者更有可能选择与自己姓名有相同首字母的借款人，并为他们提供贷款。[69]

> ➤ 对于名字或名称中与本人姓名有相同字母的人和产品，人们会给予更多的偏爱。[70]

格雷戈里·沃尔顿通过大量研究，对这些基于特质的共性因素进行了考察。针对这些因素的影响效力，他得出的结论是："即便是对关联性非常有限的其他人，只要存在某种相似度，人们就很容易接受对方的目标、动机、情绪甚至身体反应。"[71]

可见，关联的重要性与共同点似乎都不重要，这个结论似乎令人意外。事实上，这些研究无一例外地表明，共同点越不寻常，其重要性和影响力就越大。

不同寻常的共性

圣塔克拉拉大学（Santa Clara University）的心理学教授杰里·伯格（Jerry Burger）对共性的影响力进行了研究。他设计的一项研究尤其引人关注。在研究过程中，伯格让大学生与研究助理两两配对，而且研究助理会告诉对方，他们之所以成为一组，完全是因为他们拥有相似的指纹图案。作为研究中的一个重要变量，伯格告诉部分参与者，他们与研究助理共有的指纹特征比较常见，而其他参与者则被告知，他们共有的指纹特征极为罕见。随后，他们进行了一项有关占星术的模拟调查。

在研究结束时，研究对象离开房间，研究助理询问与他们拥有相似指纹特征的伙伴是否愿意帮忙他们校对英语作业，并撰写一页评语。

部分研究对象始终没有意识到他们与研究助理拥有相近的指纹特征，因此，可以把他们作为控制组。在这一组研究对象中，48%的人表示愿意接受研究助理的请求，并同意提供帮助。但是在事先被告知与研究助理有相近指纹特征的研究对象中，他们接受请求并同意提供帮助的比例则上升到55%。但值得注意的是，在那些被告知拥有极为罕见的共同指纹特征的研究对象中，82%的人非常乐意提供帮助。[72]

尽管共性的诱惑似乎在很大程度上植根于人类的从众本能，但不同民族文化特征也会影响到我们对这种观点及其重要性的认识。比如，在崇尚个人主义的社会中，人们更愿意接受有助于突出个人身份和自我意识的事物。但是在推崇集体主义观念的社会中，从家族身份或社区的相关性出发而构建的想法，在现实中更有说服力。在针对亚洲地区广告宣传活动进行的大量研究中，集体与个人概念的不同影响力已得到充分验证。在亚洲地区，西方社会对个体身份的强烈诉求会受到挑战，而那些与消费者社会身份相关的诉求更容易引发强烈共鸣。[73]

■ ■ ■

要想与我们的说服对象建立亲密关系，培养真实有效的共同感至关重要。无论是创造具有"共性点"的信仰和语言，还是利用相似性，关注共同点都将为我们加强影响力奠定坚实的基础。

说服工具之六：专业提示

1. 在创建亲和力这个话题上，最有力度而且最重要的一句话就是"我同意您的看法"。即使你不能认同某个人的全部观点或世界观，但不可否认的是，你们总会有共同的价值观。找到这些共同的价值观，并在双方一致认可的基础背景下，重新构建你的论据或观点。

2. 千万不要高估差异之处，并且把原本有限的分歧设想为不可逾越的鸿沟。我们习惯于假设其他人的观点非常极端，或者与我们的观点相去甚远，但现实往往并非如此。

3. 与完全依赖书面文字相比，在能闻其声见其人的情况下，我们更容易与他人产生共鸣。因此，尽可能地与他人进行三维式的人性化互动，避免简单化地描绘。

4. 在表达自己的观点时，尽可能使用对方易于理解且愿意接受的词语、符号、名称和术语。
5. 人们更容易倾听对自己有好感的人。因此，一定要尽可能地找到与对方的共同点，不管这些共同点看起来多么含混不清、微不足道，所有共同点的说服力都优于差异点。

有关亲和力的总结语

在改变思维的过程中，无论怎样强调亲和力的重要性都不为过。正如亚伯拉罕·林肯说过的一句名言："如果你想为你们的共同事业赢得他人的支持，那么，首先需要让对方相信你是他们真诚的朋友。"[74]

无论是利用相似性、脆弱性还是共同性，建立亲和力和信任都是打造影响力的重要前提。公元前492年，孔子曾对他的弟子子贡说过一句流传千古的名言："足食，足兵，民信之矣。……自古皆有死，民无信不立。"[75]这句话的大意是，粮食充足很重要，军备充足很重要，赢得民众的信任很重要。人终究难免一死，但没有百姓的信任就不能够立足了。

第五章
尊严

1502 年秋，在意大利的佛罗伦萨，米开朗琪罗已进入作品创作的收尾阶段。一天，佛罗伦萨市长皮耶罗·索德里尼（Piero Soderini）走进他的工作室。就在几个月之前，索德里尼得到一块巨型大理石，可惜的是，这块石头几乎已被一名业余雕塑家彻底破坏。于是，他恳求米开朗琪罗保住这块石头。米开朗琪罗接受委托，并制订了创作计划。

对于米开朗琪罗设计的方案，索德里尼非常赞赏，而且希望在新作品中留下自己的痕迹。当然，他认为自己也是一位有鉴赏力的业余雕塑家。因此，在第一次审视这件即将完成的作品时，索德里尼竟然大声质疑，雕像的鼻子是不是太大。米开朗琪罗并没有直接反驳，而是拿起凿子，顺手抓起一把大理石粉末，对着雕像巨大的脸部开始操作。其实，他只是在假装轻轻敲击凿子，一边"工作"一边往下撒粉末。索德里尼就站在雕像的下面，他确实看到大理石粉末从雕像的脸上飘落下来。

这场"闹剧"持续了大约一分钟之后，米开朗琪罗退后几步，指着雕像的脸部问："你现在觉得怎么样？"索德里尼高兴地回答："我现在更喜欢它了。你为这座雕塑赋予了真正的生命。"当然，雕像本身没有任何变化，但两个人都高高兴兴地回归自己的生活——他们都得到了自己希望得到的结果。[1]

设想一下，如果米开朗琪罗硬着头皮，拒绝索德里尼市长的请求，结果会怎样呢？尽管最终的结果可能不会有什么不同，但这两个当世强者之间的关系很可能因此陷入僵局，甚至就此分崩离析，无法弥补。米开朗琪罗可能会认为坚持自己的立场没有错误，但他未必能说服索德里尼，让他相信只有站在他面前的这位雕塑大师最清楚应如何处理。

谈到如何改变思维，这个故事为我们揭示了一个重要原则，这也是我们即将在本章探讨的话题。

赞美的影响力

尽管我们小时候就被告知"不会给你带来任何收获"，但事实远非如此。香港科技大学进行的一项研究表明，恭维对他人具有极大的说服效应。研究人员表示："即使我们知道别人只是在恭维自己，但还是会产生一种积极的感受，而且这种感受非常强烈而持久。"在与他人互动时，这种来自潜意识的积极印象，不仅会影响我们对互动对象的看法，也会给我们认识对方观点的意愿带来显著影响。[2]

用 19 世纪英国作家奥斯卡·王尔德（Oscar Wilde）的话说："任何不喜欢被别人讨好的人，都不会得到他人的讨好。"马克·吐温对此表达了同样的观点。他说："只要有一句赞美的话，就能让我快乐两个月。"[3]

在这个话题，我们不妨看看这家美发沙龙，其美发师试图刻意扰动一下客户的自尊心，即可看到它会带来什么影响。结果表明，如果美发师称赞顾客说"所有发型都适合您"，那么，顾客支付的小费会增加37%。我们再看看一位大学生的例子。服装零售店将预先打印好的小册子寄给他，上面写着："我们之所以联系到你，是因为你的外表非常时尚。"在收到这本小册子之后，学生马上会对这家服装店产生强烈的好感，而且更有可能来到这家服装店购物。实际上，这本小册子几乎没有提供任何有价值的信息。[4]

对此，政治心理学家布兰登·奈恩和杰森·雷夫勒指出，从肯定和验证起步，是规避第二章所述"逆火效应"的最佳方式。奈恩和雷夫勒建议，在我们试图说服他人考虑不同观点时，最不应该采取的方法就是让他们感到走投无路或羞愧难当。毕竟，这种负面情绪是引发边缘抵抗反应的最有效方法。反之，维护他人尊严，让他们获得被认可和被接受的感觉，显然更有可能得到他人的认可。

罗伯特·格林（Robert Greene）在《权力的 48 条法则》（*The 48 Laws of Power*）一书中谈到了这个话题。他认为，在说服他人时，切实考虑他人的自我和尊严非常重要。他说："每个人都相信自己是正确的，而且空洞的言语很少能说服他们，因此，辩论者的推理对他们而言毫无意义。在别无选择的情况下，他只能义无反顾地维护自身观点，对他人的观点置若罔闻。一旦让对方在对话中感到不安，他们的观点被你推翻，那么，苏格拉底式的诡辩将一无是处。"[5]

早在几个世纪之前，所罗门王就已经认识到这一点，他说："如果你想说服自己的领导者，看着他们在你面前改变主意，那么，唯一的办法就是展现你的耐心和善意。在温和的智慧面前，即便是最强大的抵抗也会灰飞烟灭。"[6]

在《事实与其他谎言》（*Facts and Other Lies*）一书中，艾德·库珀（Ed Coper）也为我们提出了相同的建议："我们必须找到尊重他人的方法，而不是强迫人们为接受自己的愚蠢而承认错误。"[7]

给别人留下享受尊严的空间

斯坦福大学社会心理学家利昂·费斯汀格（Leon Festinger）在 1954 年进行的研究为我们认识这个原则提供了有价值的信息。当时，一个名为"橡树公园研究组"（Oak Park Study Group）的世界末日教群体引发社会广泛关注。费斯汀格对这个组织的兴起产生了浓厚兴趣。这个邪教组织的成员曾预言，在那一年的 12 月 21 日，地球上将会发生一场大洪水，这场洪水将摧毁地球上的全部生命。教派组织者告诉他们的信徒，在大灾难的前夕，一个来自"克拉里昂"星球的外星人将来到地球，第二天，他将帮助真正的信徒逃过这场彻底摧毁人类的大浩劫。

时间转眼到了 12 月 21 日，在这让他们百般纠结的几天里，既没有外星人的到访，也没有发生毁灭性的全球大洪水。因此，费斯汀格认为，这些信徒或许会勉强接受自己的错误，并在短时间内放弃邪教。但是让他百思而不得其解的是，事实恰恰相反。他们笃信的事实并没有发生，这本该让他们尴尬不已，但这些信徒依旧执迷于邪教领袖的承诺，而且对世界末日即将到来的信念坚定不移。于是，他们更改了世界末日的日期，无非是为他们捍卫信仰提供了一个理由。很多人甚至因而相信，正是因为他们的执着和救赎，才让整个世界得到拯救。于是，他们对自己的信仰更加膜拜不已，而他们宣扬教义的动力更是有过之而无不及。[8]

这也让费斯汀格感到愈加迷惑不解。此时，他已经和一些同事冒充信徒潜入这个组织。在和邪教成员的对话中，他观察到一个共同现象：在这里，所有人都拥有一种非常强烈的心理需求，即在态度和行为上与其他人保持一致。[9]

为解释这个现象，费斯汀格提出"认知失调"（cognitive dissonance）的概念。他认为，这是一种令人痛苦的精神状态，在这种状态下，人们"发现自己的行为与其认知不相符，或者他们的观点与其所持有的其他观点相互矛盾"。[10]

对这些邪教成员而言，说服专家尼克·科伦达认为，维护尊严的愿望导致他们不愿彻底放弃以前的公开声明。科伦达发现，在 12 月 21 日之前，"邪教成员的变现行为与其对世界末日的观点是一致的（很多人已经辞职，变卖了个人财产）。12 月 21 日，邪教成员意识到，传说中的外星人没有到达，这让他们对自己的信仰产生怀疑。但接受世界不会灭亡的观点很显然不符合他们之前的行为。于是，为克服'认知失调'带来的不和谐与不适应，他们需要做点什么。既然无法改变以前的行为，他们只能改变可以改变的事情：他们的态度。当发现外星人没有如期而至时，大多数邪教信徒反而对世界末日产生了更强烈的信念，因为唯有这样，他们才可以为以前的行为做辩护"。[11]

正如我们在第三章里所看到的那样，一个人对自己的信念越执着——尤其是在这个承诺已被公之于众时，他就越难以放弃这个信念。面对压倒性的反面证据，人们很少会承认自己的信仰是错误的，于是，他们只能以新的视角去强化既有观点。[12]

正是基于这个逻辑，阴谋论者很难重新考虑此前他们公开且强烈支持的观点。对此，心理学家及阴谋论研究人员凯伦·道格拉斯（Karen Douglas）进行了研究。以唐纳德·特朗普在 2020 年 11 月选举失利后的美国社会为大背景，他对这种思潮如何影响"匿名者 Q"（QAnon）信徒的反应进行了剖析。"当阴谋论的大胆预测未能成真时，比如说，'匿名者 Q'就曾声称特朗普将赢得连任，这会让追随者们陷入无法解脱的悖论，于是，他们的唯一选择就是继续坚持原有的核心信仰。这些信仰对他们非常重要，而放弃这个信念就意味着他们需要放弃以前认识世界所依赖的基本前提。"[13]

在其代表作《风暴正在袭来》（*The Storm Is Upon Us*）中，作家兼阴谋论研究人员麦克·罗斯柴尔德（Mike Rothschild）指出，特朗普的竞选失败或许是阴谋论信徒无法面对的现实，但他们很快便完成了思维重组。"对他们来说，这种失败不可想象，大多数人绝不允许这种失败出现在他们的思维里，因此，面对眼前的失败，他们无力阻止，这显然让他们难以接受，无比煎熬。"罗斯柴尔德指出，为理解这些不可想象的事情，很多"匿名者Q"信徒选择了最简单的范式转换。他们转而声称，他们很久以来的真正救星是拜登，而非特朗普。这样，他们只需改变信仰中的某个要素而无须改变信仰的内涵。[14]

"匿名者Q"的信仰当然不足为信，但事实足以说明问题。截至2022年末，整整有70%的共和党人仍不愿承认乔·拜登是2020年美国大选的合法获胜者，尽管所有证据均表明事实不容更改。[15]然而，即便共和党主要领导人也公开澄清支持选举结果，但仍不足以撼动很多右翼选民的成见。他们发现，放弃现有意识形态信念几乎是不可能的。

一个不可否认的简单事实是，自我保护意识往往会阻止我们的本能性思维做出建设性、合乎情理的决策。

与自我合作，而不是与之对抗

人们往往会先入为主地坚持某种行动或想法，但却不需要合乎逻辑的原因。因此，自尊心在改变思想过程中的重要性显而易见。

对大多数人来说，赌马是一种在本质上就不需要逻辑的概率行为。但几位加拿大心理学家通过研究，却从这些赌马者身上看到了有趣的一面，而且这个方面甚至和理性毫无关系。他们发现，在对一匹赛马下注时，人们对这匹马获胜的信心会陡然大增。当然，下注行为本身既不可能改变天气和赛道条件，更不会影响到某一匹赛马获胜的真正概率——它唯一能改变的，就是投注者本人对概率的判断。

在研究为什么会出现这种现象时，研究人员认为，这与认知失调有关——这种认知偏差在很大程度上与邪教信徒没有区别。作为人类，我们希望信仰与我们已经做出的决定保持一致。而在赌马这个例子中，则是行为影响信仰。正如影响力专家罗伯特·西奥迪尼所说："在他们投下赌注之前的 30 秒，（一匹马是否更出色）还是一个问号，完全是未知数；但是投入赌资之后的 30 秒，他们明显会变得更乐观、更自信。因此，做出最终决定这个行为（在这个例子中是购买赌注）是关键因素。此时，他们只需说服自己——我已经做出了正确选择，而且毋庸置疑的是，这个决定让他们感觉良好。"[16]

选择支持性偏差

行为经济学家把这种现象称为"选择支持性偏差"（Choice Supportive Bia），也就是说，仅仅因为已经做出决定，就会促使人们高估这个决定的积极方面。阿尔·拉马丹（Al Ramadan）在《成为独角兽》（*Play Bigger*）一书中指出，这种心理偏差表明，"一旦选择了某种产品或服务，即使出现其他更好的替代品，但你依旧相信，最初的选择才是最好的"。[17]

我们会看到，这种现象存在于很多领域。奥里·布莱福曼和罗姆·布莱福曼认为，20 世纪 60 年代中期，约翰逊总统曾一意孤行地让美国投入到越南战争中，这个执拗的决定就是出于选择支持性偏差。事实上，战争在当时已处于失控状态，而且几乎所有人都意识到这一点，但约翰逊总统的决定绝不只是简单地否认现实，或是追求纯粹的血腥杀戮。唯有赌客的游戏心理才能解释他的行为。一旦我们的本能性思维做出承诺或决定，我们就会感觉到一种迫不得已的压力，唯有寻找必要的证据，让我们进一步确信这个承诺或决策是正确的。对此，丹尼尔·卡尼曼和阿莫斯·特沃斯基认为，在发生这种情况时，"即使成功的概率非常小，而且推迟不可避免的失败可能会带来巨大成本，但坚持既定方案依旧是最有吸引力的选项"。[18]

用最温柔的语言做最有力量的事情

著名经济学家约翰·梅纳德·凯恩斯（John Maynard Keynes）曾这样驳斥一位见风使舵的评论家："当事实发生变化时，我会改变观点——那么，请问这位先生，你是怎么做的？"

同样，18 世纪诗人亚历山大·波普（Alexander Pope）也曾说过："一个人永远不应为承认错误而感到羞耻，这只能说明今天的我比昨天的我更有智慧。"[19]

虽然这种"合理性"在理论上非常完美，但现实远没有这么宽容。在大多数情况下，我们都不愿让自己（或他人）反思以前的假设，因为一旦这样做，就有可能被视为软弱。

即使对方能从我们的论据或观点中找到合情合理之处，但如果尊严要求他们坚守既定立场，那么，即便是再完美无瑕的逻辑，也无法撼动他们。换句话说，虽然他们有可能在内心深处接受我们的观点，但是在无法做到改变观点的同时又不丢颜面，那么，他们就不会承认我们的观点。

20世纪美国著名田园诗人罗伯特·弗罗斯特（Robert Frost）曾说过："我们不是老师，都是觉醒者。"同样，在尝试说服他人的过程中，我们也都是觉醒者。至少在表面上，我们应该温柔小心地提醒他人。千万不能粗鲁暴躁，更不能一意孤行，在面对暴力时，任何醒着的人都有可能大发雷霆。

因此，在要求他人采取某种新的想法或行动时，我们尤其要谨小慎微，让他们在改变观点的同时不会尊严受损。在下文中，我们将探讨三种有助于实现这个目标的工具。

说服工具之七：及时减损

恐惧是阻止我们敞开心扉的头号敌人。实际上，当一个人固执己见、对他人观点不屑一顾甚至拒绝倾听时，恐惧和不安全感往往在控制他们。就像我们走在一匹马的后面时，马的第一反应是扬起后踢，人类也是如此。防御是人的第一本能。因此，一旦面对威胁的迹象，我们往往会大发雷霆。

因此，说服他人最关键的第一步，就是让他们放弃恐惧。在对方感到不安时，如果向他们施加压力，他们最有可能做出的反应，那就是加倍反抗。无论是在争论还是在对话中，如果你只想着"压倒对手"，让对方无路可走，结果只能适得其反。虽然你会暂时赢得一分，但是从最终目标看，你赢得最终比赛的机会微乎其微。受到威胁的人当然不愿改变自己——他们要么坚守阵地，要么退避三舍，要么干脆发起反击。

这背后的原因不难理解，如果有人要求我们重新考虑自己的想法或观点，这就意味着我们可能需要放弃某些自己的想法或观点，但是在面对损失时，我们往往会不惜一切代价地发起抵抗。通过对人类本能的研究，安德鲁·奥基夫为我们揭示出最深刻的一面：与传统观念相悖的是，在现实中，我们并不畏惧改变。因为我们最害怕的并不是改变，而是损失。[20]

因此，说服过程其实很简单。正如美国现实主义小说家和政治活动家厄普顿·辛克莱（Upton Sinclair）所说的那样："如果一个人可以凭借不理解某个事情而得到收入，那么，你就很难让他理解这件事。"[21]

有趣的是，我们害怕或避免损失的本能甚至会超过我们对收益的渴望——这种现象在心理学中被称为"损失厌恶"（Loss Aversion）。

损失厌恶描述了我们本能性思维的一种天然属性，即损失带来的痛苦程度远远超过获得同等数量收入带给我们的快乐。基于这种心理倾向，我们往往倾向于高估我们潜在（或现实）损失的价值，并据此采取行动。

在《非理性行为：行为经济学的形成》（*Misbehaving*）一书中，美国经济学家理查德·塞勒针对"损失厌恶"提供了一个绝佳示例。他在书中提到了一个名为斯坦的人。他在每个周末都要修剪自家的草坪，但这很容易让他患上难以忍受的花粉热，因此，他完全不喜欢做这件事。于是，塞勒问斯坦，为什么不花钱雇一个年轻人帮自己修剪草坪。斯坦回答，他不愿意把 10 美元给别人。塞勒又继续问斯坦，是否愿意为赚 20 美元而为邻居家修剪草坪，他回答说："不，当然不会。"对于这种行为，理查德·塞勒指出，无论在逻辑上还是在经济上，斯坦的行为都是非理性的。但这个例子却足以说明，与获得收益的动机相比，人类规避损失的本能要强烈得多。[22]

有趣的是，这种原始冲动并非人类所独有。当野生动物拼命搏斗时，它们往往是为了摆脱死亡威胁，而不是为了获得猎物。不妨设想这样一个场面：在领地遭到挑战者或侵入者入侵时，原有的动物们一定会奋力反击，并最终击退外来者。显然，胜利不仅仅源于主场优势，而是本能的大爆发，为维护已经拥有的领地，它们当然会不惜一切代价。正如一位著名生物学家曾说过的那样："当领地的所有者遭到对手挑战时，最终胜利者几乎永远是所有者——而且胜负往往在几秒钟内。"[23]

因此，要让他人感受到足够的安全，并促使其进行理性思考，而且愿意反思自己的观点，那么，我们首先就需要着力解决三个与损失相关的恐惧心理：

1. 荣誉感的损失
2. 能力的损失
3. 确定性的损失

荣誉感的损失

渴望尊严和尊重乃人之常情。因此，面对任何有可能带来羞辱或尴尬的要求，我们都会将其视为威胁，进而采取防御甚至拒绝的态度。

针对在说服过程中如何维护对方的自尊心，基于亲身体验，我认为最有效的一种技巧就是所谓的"感觉/体会/发现"（feel/felt/found）策略。这种方法的强大之处在于，它可以让我们按自己的节奏与方式实现目标。在面对和我们持有相反观点的对抗者的时候，这种方法尤其适用。

感觉

在这个模型中，第一步就是认同对方对某种想法或问题形成的感受。即使你的观点或想法与对方当前的看法大相径庭，但是在最初接触的时候，一定要肯定他们现有的观点。这就为对方创造了安全感，防止对方直接做出防御性边缘反射。它让对方知道，你不仅接受他们的观点，而且尊重他们，因此，他们并非孤立无援。

我们可以通过如下语言表达自己对他人观点的首肯和支持：

> ➢ 我理解您的感受……
> ➢ 我可以想象到，您会怎么想……
> ➢ 我完全能够想象到……
> ➢ 考虑到这样的事实，我认为您的这种观点完全合理……

在这个环节，最重要的就是绝不能把同理心或认同变成试探对方底线的智力竞赛。如果你想变得更有说服力，一定要设身处地地为他人着想，真正去体会他们的感受。

体会

第二个步骤就是接纳个人的立场或发挥移情效应。这里的关键在于，一定要向对方表明，你在某个阶段确实与对方深有同感或拥有相同的体会，或者说，你知道别人也在经历这样的体会。

在凯撒利亚劝说亚基帕国王（King Agrippa）的著名典故中，圣保罗就使用了这种技巧。按照《圣经》第 26 章记述的《使徒行传》，保罗向亚基帕国王阐述了他皈依基督教的理由，并恳求国王也考虑皈依基督教——毋庸置疑，这是一个胆大妄为的举动。

在开始陈述理由时，保罗是这样说的："我也曾一度相信……"

这句话不只是在声明自己的主张，也是为了有意地解除武装，让对方放下戒心，敞开心扉。通过这句话，保罗阐明了自己曾经持有的世界观——也正是这种世界观，导致他以前被监禁，让基督徒遭到迫害。保罗的语言运用能力超乎寻常，以至于在对话结束时，亚基帕国王回应道："在如此之快的时间里，你就让我深受感动，我已迫不及待要成为一名基督徒了。"[24]

某些语言有助于让对方意识到，你或你认识的其他人与对方深有同感，比如说：

➤ 这确实是很常见的想法……

➤ 与我共事的很多人都有同感……

➤ 我当然能理解这种观点……[25]

人质谈判代表早已深谙这个技巧在缓解紧张局势方面的关键作用。实际上，在联邦调查局著名的"五步行为改变阶梯模型"（Behavioral Change Stairway Model）中，前三步的目标就是探究他人的体会。在模型培训中，联邦调查局最为强调的是，在试图影响谈判对象的行为或观念之前，谈判人员首先要和对方建立融洽的关系，积极倾听对方的心声，并展开以移情为目的的沟通。

这种方法的基本原理在于，如果不能让对方感受到你正在倾听他们的心声，而且理解他们的观点，那么，推行解决方案的任何努力都是徒劳的。[26]

发现

最后一个步骤强调的是有助于改变我们自己及他人观点的若干要素。[27]指出他人已经实现的观念转变可带来事半功倍的效果，因为这表明了我们对他人的认可和赞赏，这不仅为双方奠定了进一步加深理解的氛围，也可以避免威胁性或敌对性语言出现。

可以用来解释你或他人已完成思维转变的语言包括：

➤ 很多年以来，我们就已经发现这一点……

➤ 事实已经证明……

➤ 通过近距离观察，我的朋友们马上就发现……

来自主教的铁证

汤姆斯·德克士·杰克斯（Thomas Dexter Jakes）主教的公开信，显然是体现"感觉/体会/发现"这种说服策略的绝佳示例，让我们认识到如何使用这种方法改变根深蒂固的观点。杰克斯主教是达拉斯著名"陶匠之家"教堂（The Potters House）的大主教。2021年2月25日，他在《华尔街日报》发表了一封公开信。为解决美国黑人对接种新冠疫苗的顾虑，杰克斯主教希望了解社会共识，并对这些观点产生共鸣，在此基础上引导人们接受不同观点。

如下是杰克斯主教发表的公开信的摘录。为便于说明问题，我对公开信进行了分拆，以说明"感觉/体会/发现"方法中的每个步骤在这封信中得到体现：

感觉

和很多非洲裔美国人一样，我也对新冠疫苗感到非常恐惧。但就在上周，我和妻子完成了疫苗的接种。作为黑人社区牧师以及宗教领袖的经历，让我坚信，这才是正确的做法……

体会

有人凭空制造谣言，称接种疫苗是为了清洗黑人社区，这种无端的谣言已在我们这个非洲裔美国人群中流传开来。对于公众对接种疫苗普遍采取的不信任态度，我当然可以理解。但我们不得不面对一个痛苦的事实，黑人比其他任何群体都更需要疫苗。美国疾病控制预防中心表示，在黑人社区，死于新冠的概率几乎已达到白人的三倍。

作为一名牧师，我曾目睹这些悲惨的死亡。我主持了很多朋友和教会信徒的葬礼。在疫情高峰期，我每天都会收到两三例死亡报告。我始终在安慰和劝告他们的家人。但令人悲痛的是，大多数人在临终之前甚至没有机会和家人做最后的道别。

发现

我既是一名牧师和社区领袖，更是一个父亲和祖父，因此，我深刻意识到了疫苗的重要性。这就意味着，我们需要尽早向专业科研人员和医生获得事情的真相。显然，我的长期私人医生为我提供了最宝贵的建议。她本人也是一位黑人女性，而且还是我的教会成员，当然，最有说服力的证据就是她本人也接种了疫苗。

归根到底，这就是我们需要接受的常识。我是一名63岁的黑人，身体有点超重，而且也有很多潜在的健康问题。事实已经证明，疫苗可以帮助我这样的人减少被病毒感染的机会。迄今为止，疫苗给我带来的副作用微乎其微，实事求是地说，我本人没有感觉到任何副作用。

我从未想过要成为一名接种疫苗的倡导者。这确实是我的个人决定。但是在没有依据或依据不充分的情况下，我们当然不应做出如此至关重要的个人决定。

正因为这样，我才会不请自来，以亲身经历为大家献计：自己体会，自己决定。充分利用一切可靠资源，积极征求各方意见：咨询您的私人医生，从美国疾病控制预防中心等联邦机构了解事实真相。只有对真相的执着追求，才能拯救你的生命，拯救你所爱之人。[28]

考虑到他在黑人社区的地位及其所享有的声誉，杰克斯主教的公开信显然不乏说服力。但关键在于，说服力不仅来自他的声誉。他分享自身的恐惧、担忧和顾虑的方式，再加上他通过个人研究所揭示的事实，使得他的话语更加掷地有声。

虽然"感觉/体会/发现"模型并不总能做到万无一失，但它绝对是避免对抗的有效方法。它能充分体现出你对他人的尊重，让他们在修改以前观点或意见的同时获得挽回面子的机会。

但更重要的是，他们会认识到，改变观点并不是因为他们在辩论中成为失败者，而是因为他们采取新的视角，考虑了不同的因素，因而才得出不同的结论。

能力的损失

五个多世纪之前，意大利政治思想家尼可罗·马基亚维利（Nicolo Machiavelli）就曾指出："没有什么比开创一种新的秩序更难执行、更难成功、更危险的，因为改革者的敌人恰恰就是那些依赖旧秩序获利的人。"

历史学家认为，正是这个规律，才导致米哈伊尔·戈尔巴乔夫（Mikhail Gorbachev）对苏联实施改革时遭遇失败。在戈尔巴乔夫下台后的几十年里，苏联并没有发生实质性变化。

在《科学革命的结构》（*The Structure of Scientific Revolutions*）一书中，著名科学哲学家和科学史学家托马斯·库恩指出，"保守派"对失去权力的恐惧，也成为阻碍科学发展的重要因素。科学思想的演变绝不是一个循序渐进、有板有眼、严格遵循逻辑的过程，相反，它往往是一个崎岖不平且充满未知数的过程。简单地说，即使出现明显可靠的新证据，那些掌握知识王国钥匙的人依旧不愿轻易放弃旧理论。[29]

诺贝尔奖获得者、物理学家马克斯·普朗克（Max Planck）曾以讽刺的口吻表达了同样观点。普朗克说过："新的科学真理并非通过说服对手并让他们看到光明而登上大雅之堂，而是因为抵制它的老一代人逐渐逝去，新的一代人慢慢成长，并最终熟悉它们。"著名企业家盖布瑞·温伯格（Gabriel Weinberg）和劳伦·麦肯（Lauren McCann）也有同样的表述："科学在每一次葬礼中前进一步。"[30]

即使我们可以让他人相信，我们的观点或想法是理智的或是有利的，但如果接受这些观点需要以牺牲他们个人权力为代价，那么，他们依旧不会轻易改变自己的观点或行为。

在具有学术开创意义的代表作《权力的48条法则》中，罗伯特·格林指出，我们可以通过一系列方法体现这种自然倾向。对此，他在书中提到："只需一个简单的标志，比如说，使用一个老的称呼，或是为某个群体保留一个习惯数字，就可以把你和过去联系起来，并赋予你历史的权威感。"[31]此外，他还进一步指出："激烈频繁的创新必然会带来痛苦，从而招致反抗。如果你是新的权力代表，或是一个试图建立新兴权力基础的局外人，那么，一定要尊重旧的行为方式。虽然变革不可避免，但还是要体现出对传统的继承和发展，让变革更像是对传统的温和改进。"[32]

在这一点上，18世纪发明家詹姆斯·瓦特（James Watt）的天赋毋庸置疑，他用"马力"来描述机械发动机的能力，这也是他最让我惊叹之处。因为瓦特很清楚，新的蒸汽轮机很可能被传统动力的支持者视为威胁，甚至会成为他们不共戴天的敌人。而瓦特不仅使用了当时人们容易理解的术语，也减轻了他们的担忧。

为解决力量损失带来的恐惧感，我们还可以采用另一种有效手段，即帮助对方在接受不同观点的过程中体会到"成功"感。比如，我们可以让他们在重新认识问题的基础上，更新原有想法或提出新观点。或者说，我们做出（真实或感觉上的）让步，这样，对方在接受你的新观点的同时便不会觉得因此失去阵地。

归根到底，不能让他们在感到无能为力的情况下改变观点，这一点至关重要。[33]

确定性的损失

人类之所以被称为习惯性生物，当然是有原因的。因为我们习惯于选择安全、可预测和已知的道路。

对于我们喜欢的旅游度假地、餐馆或开车上班的道路，我们始终会坚持以往选择，因为它们不会带来什么害处。但如果固执导致我们的本能性思维对新想法和新观点视而不见，甚至断然拒绝，那么，对传统的偏好就有可能带来危险。

即便是最有适应能力和最敢于冒险的人，在面对不确定性时，他们也会感到担忧，尽管在某些情况下，他们可能还没有意识到这种担忧。多年来，行为心理学家一直在研究这个现象，以及我们的本能性思维为什么更偏爱熟悉的事物。不过，这种偏好可能会导致我们拒绝利大于弊的东西。[34]

正如我们在第二章里所看到的那样，如果感觉自己的意识形态受到挑战，那么，即便是面对对自己最有利的想法，我们也很难接受。

企业家最清楚这个逻辑，任何顾客都难以摆脱维持现状的诱惑。一旦养成购买某个品牌或产品的习惯，其他品牌或产品就很难进入顾客的眼帘。正因为这样，银行才会投入大量时间和精力，通过银行账户、存钱罐或忠诚度计划等手段，去吸引更多的年轻客户。因为数据最能说明问题，在我们的周围，很多人都坚持在他们开立第一个账户的银行办理业务。

哈佛大学法学院卡斯·桑斯坦教授发现，习惯不仅会影响我们如何购买产品，还会影响我们使用这些产品的方式。他指出："我们拥有的所有产品，从手机到电视再到网络浏览器，其当前设置极有可能保持出厂时的默认状态。即使你曾经调整过设置，但很可能就是买到手之后的第一次调整，而且只有这一次，以后便顺其自然。"[35]

因此，在试图说服他人考虑新的想法或方法时，我们必须意识到，现状往往夹带着一种确定感和安全感。千万不要忽视这个现实。

满足感官的欲望

1943 年 1 月，美国政府不得不面对决定历史的重大挑战，当时的情景足以说明，消除对不确定性的恐惧有多么重要。在此一年多之前，美国刚刚进入第二次世界大战，而美国政府官员需要完成的一项任务就是说服民众改变饮食习惯。实际上，这不只是食材是否新鲜的问题，更重要的是，它触及了美国美食文化的核心。

他们希望的改变是怎样的呢？国内民众应减少肉类的消耗量，以便为前线部队提供充足的补给。在时任美国总统赫伯特·胡佛（Herbert Hoover）的最初提议中，一个核心就是把肉类比作军火。他敦促国民："在这场战争中，就像坦克和飞机一样，肉和脂肪也是军需。"除了需要为本国部队提供食物，农田和粮食供应因战争遭到破坏的盟军也请求美国提供食品支援。

虽然美国人已习惯于奶酪和黄油等食品，但是要让他们减少红肉的摄入量完全是另外一回事。在美国人的心目中，肉类被视为"合理膳食"的重要组成部分，尤其是在工人家庭中，肉类食品更是不可或缺。

这项计划旨在劝说美国人考虑士兵不会食用的劣质肉类——包括心脏、肝脏、舌头和其他内脏器官肉等，这样，可以把牛排、烤肉和排骨等传统红肉留给前线士兵。为此，政府通过广告、海报和手册等多种宣传工具，恳求美国民众把降低消费质量视为爱国主义行为，比如说："全体美国人！我们要把肉当作战争时期的必需品。我们少吃一点，前线官兵就有足够的补给。"此外，在一系列政府宣传活动中，美国政府甚至把内脏器官称为低成本和高营养价值的食品。但是，这些政策基本未能说服美国民众。

正如乔纳·伯杰在《催化》一书中所言："这并不是说，公众不关心海外作战的孩子们，也不是说，他们不知道内脏器官也有营养成分。和所有美国人一样，他们关心这些战士，也理解政府的良苦用心；但他们就是没有改变自己的行为。过错就在于行为惰性以及对新事物的神经质。在他们的消费预算中，他们从来就没有考虑过肝脏、舌头或甜面包。"

这甚至让那个时代最聪明的人都感到一筹莫展。毕竟，在此之前，人们还曾以为，要说服人们接受改变，只需教育引导和情感诱惑即可。人们普遍认为，只要以清晰、正确的方式传递事实，公众就会产生兴趣，受到感动，并接受说服。如果能与爱国主义等核心价值观联系到一起，那么，改变饮食习惯应该成为民众的唯一选择。但事实并非如此，美国人对内脏器官的消费丝毫不见起色。

作为回应，国防部专门聘请了一位名叫库尔特·勒温的心理学家，负责制定新的大众引导策略。勒温认为，政府必须改变说服方式，而不是在大选活动中以引导和诱导去说服人们改变饮食习惯。按照勒温的观点，宣传活动的关键应在于了解"人们最初为什么没有选择内脏器官"。一定有某种因素阻止他们食用内脏器官。而这些因素应该成为所有宣传活动的入手点。

在对消费者进行了数十次民意调查之后，勒温发现，人们对内脏器官的不确定性，是妨碍他们接受这类新食品源的主要障碍之一。毕竟，这些食物对他们来说太陌生了，以至于根本就无法接受。乔纳·伯杰也发现："家庭主妇们根本就不知道大脑的味道是什么，也不知道该如何烹制肾脏，没有这些熟悉的要素，她们当然不会冒险为家人烹制。"[36]

简而言之，公众对不确定性事物具有一种畏惧感。他们只是对自己不理解的事情感到担心，因此，他们担心由此给自己和家人造成尴尬。反过来，如大多数人所认为的，内脏器官是"其他人"才吃的东西，那么，这只会加剧他们对这些新食材的抵触。从传统意义上看，内脏器官被视为只有贫穷或农村家庭才会食用的食材。查尔斯·都希格（Charles Duhigg）在《习惯的力量》（The Power of Habit）一书中就曾提到："在 1940 年的时候，中产阶级家庭的女主人宁愿让家人挨饿，也不愿用牛舌或牛肚之类的东西充数。"[37]显然，要说服民众接受内脏器官，政府首要考虑的是自我和自尊，而不是教育或情感。

这些见解促使政府的宣传战略发生了巨大变化。在调整后的宣传活动中，说服核心不再是爱国主义或牺牲感，而是减少不确定性，把内脏器官重新打造成中产阶级餐桌上的美食。为减少这种不确定性，在所有出售内脏器官的地方，人们都会看到形形色色的食谱和烹饪技巧。

勒温也没有不加选择地到各地社区组织演说，宣传内脏器官的成本优势和营养价值；相反，他组织一系列的小规模专题论坛，譬如"像你这样的家庭主妇"，分享为适应战时食品供给所积累的经验。这就会让所有人看到他们并不孤单，面对现实，所有人都需要做出牺牲，即便是他们钦佩的邻居，也在默默地接受这一变化。在论坛结束之后，勒温对参与者进行了调查，询问他们是否愿意在活动后便考虑食用内脏器官。近 1/3 的女性表示她们会马上采取行动。[38]

除减少不确定性之外，勒温还建议政府采取措施，让民众有意识地尝试和熟悉这些新食材。就在美国士兵进入欧洲前线的几个月之前，新的食品供给战略顺利实施。1943 年初，当新鲜的卷心菜被送到前线时，士兵们还会断然拒绝。因为这些东西确实让他们感到陌生。于是，军队的厨师把卷心菜切碎煮熟，直到把它们变成与士兵餐盘中的其他蔬菜一模一样，士兵们才开始毫无怨言地接受卷心菜。同样的策略也适用于家庭主妇。对这个群体宣传的活动重点就是提高妻子和母亲的厨艺，让内脏类食物在外观、味道和气味上尽可能接近家人熟悉的食物。[39]很快，牛排、腰子饼和肝肉条便成为美国家庭餐桌上的常客。

这些组合策略取得了惊人效果。很快，动物肾脏便成为美国家庭晚餐中的主食，甚至开始被视为美味。[40]到战争结束时，内脏器官食材的消费量增长了 33%，而到 1955 年又进一步增加到

50%。[41]需要提醒的是，在改变饮食习惯的外部必要性消除后，这个国家的饮食习惯已发生了深刻变化，而且新的习惯一直延续至今。这场运动的成功在很大程度上归功于消除了不确定性带来的恐惧，否则，这场变革很难成为现实。

在我们的儿时教育中，最重要的告诫就是"在有疑问时，不要做什么"，而且我们大多数人都会在生活中谨记这条格言。在某种程度上，这个警示的实质就是我们在本能上对未知事物的恐惧，当然，人类的内在愿望就是规避不确定性的事物。这种不确定性会导致我们迷失方向或力不从心。在我们要求他人改变心态或行为时，如果能解决因失去确定性而给对方带来的恐惧，那么，我们的努力就更有可能取得成功。

■ ■ ■

无论是试图说服他人改变想法，还是考虑妨碍我们反思自身观点的绊脚石，都需要我们清晰地意识到，克服恐惧的影响至关重要。如果改变会带来自豪感、力量或确定性的损失，那么，维持现状永远是最优选择。

因此，充分考虑这些恐惧感，尽可能减少改变带来的认知损失是实现成功说服的基本前提。

说服工具之七：专业提示

1. 恐惧是阻止我们敞开心扉的头号敌人。但与传统观念相悖的是，我们最害怕的并不是改变，而是损失。因此，一定要审慎考虑我们的观点或建议，不要让它们成为对方心目中的损失。

2. 我们可以强调改变如何造福于他人，但需要提醒的是，我们的本能性思维更倾向于规避损失，而不是取得收益。因此，在过分强调潜在收益的同时，一定要尽可能减少让对方感受到的损失，这样，对话的天平才有可能向有利于你的方向倾斜。

3. 人类天生对自我意识和自豪感的追求，会导致我们抵制任何有损尊严的威胁。因此，在试图说服他人时，我们可以尝试使用"感觉/体会/发现"策略，以便于让对方在改变观点的过程中维护尊严。

4. 即使确信我们的观点或想法是明智的，或是有利于他们，但如果需要以他们牺牲力量或地位为代价，那么，就很难让他们真正接受这些观点或想法。因此，在尝试任何新事物时，我们应该让他们体会到这些变化只是对传统进行循序渐进的改良，并通过保留标题、语言和符号等形式，彰显对传统的继承和发扬。

5. 始终要让人们感觉到，新观点只是他们依据新现实得出的结论，或是在改变过程中萌发的新体会。在某些情况下，这或许需要我们做出在其他场合不会选择的让步或妥协，以退为进，换取对方接受你的新观点。

6. 记住，人类之所以被称为习惯性生物，当然是有原因的。我们喜欢可预测性和确定性，因此，我们需要尽可能地让他人意识到改变并不意味着陷入深渊。如果新的想法或可能性让人们感到更安全、更可靠，那么，他们当然愿意认真考虑你的建议。

说服工具之八：成为提问大师

曾为苹果公司工程师的迈克·贝尔（Mike Bell）提到，让史蒂夫·乔布斯体验到开发视频及音频流媒体技术的好处，绝对是一项艰巨任务。

之前，贝尔一直在 Mac 电脑上听音乐，但每次更换办公室时，他都不得不随身携带电脑，这让他有点尴尬。针对这个问题，贝尔考虑了很多解决方案，最终，他开始着手设计一款新的"盒子"，旨在把音频传输到苹果用户家中的各种设备。但这个创意的第一个障碍就是如何取得史蒂夫·乔布斯的首肯。

乔布斯本身就以自负和不妥协著称。当贝尔第一次提出这个方案时，得到的是乔布斯的不屑一顾。贝尔知道，唯一的办法就是让乔布斯亲身感受。于是，他在几周后再次提出这个想法时，使用了完全不同的方法。这一次，他漫不经心地对乔布斯说，即便是最忠诚的苹果用户，也不可能为家中的每个房间配备一台 Mac 电脑。随后，他开始发问，苹果怎样才能改善音乐与视频内容的互联性和用户体验。贝尔的目标很明确：就是让乔布斯站在自己的立场上，动用他富有传奇色彩的创造力。他的方法果然奏效了。

在会谈即将结束时，乔布斯的语气也发生了 180 度的转变。会谈结束后，他专门指示公司设计团队，要求全体成员为贝尔的流媒体"盒子"献计献策，提供支持——也正是这个项目，最终成就了"苹果电视"（Apple TV）。[42]

问题就是答案

不管你是想说服头脑冷静的首席执行官，还是性情多变、蹒跚学步的孩子，提出有效问题都是说服过程的重要组成部分。为什么这么说呢？通过问题，你可以让对方在增进理解的同时，又不会感觉他们的意愿或尊严受到伤害。正如我们在前面提到的那样，我们的本能性思维接受改变的先决条件之一，就是这个改变不会伤及我们的自我意识和自尊。

在《场景说服的艺术》一书中，凯文·霍根和詹姆斯·斯皮克曼对这个现象进行了深刻解读。他们指出："我们当然都喜欢根据自己的情况得出自己的结论。我们喜欢独立地对生活中的事物做出结论。我们喜欢掌控一切。我们尤其不喜欢别人告诉自己该怎么做。因此，要让对方达到你想看到的预期结果，最好的方法是提出与对方有关的问题。"[43] 对此，文学作家南希·威拉德（Nancy Willard）深有同感："有的时候，问题比答案更重要。"[44]

谈判专家尼尔·雷克汉姆和约翰·卡莱尔（John Carlisle）认为，所有谈判的成功率均与提出问题的数量直接相关。在一项研究中，他们对数百名参与过行动的谈判专家进行了分析，其目标就是找出普通谈判者和熟练谈判者之间的差异。在研究中，他们首先想到的变量就是提出问题的频率，这也是决定谈判成功的重要因素。他们在这次研究中得出的一个重要结论是，熟练谈判者提出问题的数量是新手的两倍多。[45] 此外，这些问题也是谈判专家在谈判中掌控"舞步"的关键要素，我们曾在第四章讨论过这个话题。

问题重要性的四个原因

问题不仅是改变他人想法过程中的重要因素，也是有效的方式，这主要可以归结为四个方面的原因：

1. 问题让对方有机会倾听自己的声音

好的问题总能得到对方的回应。实际上，人们更愿意相信他们的内心，而不是别人告诉自己该怎么做。向对方提出一个问题，让他们提出一个支持你的答案，即便他们没有明说，依旧会让你们的对话事半功倍。

在 1980 年的总统竞选中，罗纳德·里根（Ronald Reagan）和吉米·卡特（Jimmy Carter）展开了一场世纪大辩论。这场辩论也成为这个原则最有代表性的例证之一。罢免现任总统显然是一项异常艰巨的任务，而且里根很清楚，卡特的最大弱点就是缺乏经济管理能力。但里根并未引用持续上升的失业率和通货膨胀率，而是提出了一个问题。正是这个问题，转瞬间便扭转了局势。

在一场电视直播辩论中，他向观众提出了一个非常简单的问题："您今天的经济状况比四年前有好转吗？"由于当时正在进行电视直播，因此，这似乎是一个无足轻重的客套话。但这个问题却让选民在脑海中浮想联翩，正是他们想到的这些事情，让他们久久不能平静，并以深刻而持久的方式影响了他们的想法。后人普遍认为，正是这个问题，成为 1980 年大选的决定性时刻。[46]

提出一个好的问题，还会带来另一个好处。它会促使人们重新思考自己的假设。在代表作《重新思考：知所未知的力量》一书中，沃顿商学院心理学家亚当·格兰特解读了这个过程的重要性。他说："我们马上就能意识到其他人需要重新思考。每当我们对医学诊断征求其他医生的意见时，我们马上就会质疑第一位医生的判断。但是在涉及我们自己的知识和意见时，我们只喜欢感觉正确，而不是真正正确。因此，我们也需要养成重新审视和检讨自己观点的习惯。"[47]

提出好的问题，可以为我们重新思考提供有效的催化剂。

2. 问题有助于清除障碍或误解

提出问题，让人们敢于表白自己的顾虑和异议，实际上就是在消除对方的猜疑。但更重要的是，通过一个好的问题，我们有机会深入审视自己的观点是否准确。这很容易做到，比如说，与对方分享我们对某种情境或问题的看法，然后询问对方是否有同感。

此外，当对方因主观意愿过高而对你的观点横眉冷对时，你可以通过合理设计的问题舒缓矛盾，解决分歧。比如说，如果有人抱怨你的产品成本太高、税率太高或项目耗时太长，那么，你只需询问对方什么样的价格、税率或项目持续时间更合理，或者更适合对方。

当一个人开始认真思考自己的真正期望时，总有那么一刻，他们突然恍然大悟，明白这些先入为主的想法原本就不切实际；或许他们会意识到，他们本来就没有任何坚定的期望，而你的建议则合情合理、切实可行。

3. 以问题激发愿景和期待

提出问题是克服对外部影响、进行本能式抵抗的最佳方式。对此，沟通专家桑·博尔坎（San Bolkan）和彼得·安德森（Peter Andersen）曾进行过一项研究。在一家大型购物中心，随身携带剪贴板的研究人员随机对路人进行问卷调查。他们向路人提出是否可以抽出几分钟时间回答几个问题，不出所料，只有极少数人愿意接受调查。不过，在请求路人协助调查之前，仅仅因为他们先提出了一个问题，愿意接受调查者的比例就提高至77.3%。这个问题是什么呢？很简单，"您认为自己是愿意乐于助人的人吗？"

以激发他人积极预期的问题"先发制人"，是引导对方接受思维改变的有效方法。比如说，如果你想与某个人进行沟通或让其接受你的想法，首先可以这样说："您可能比我更了解这件事。所以，我想听听您会如何应对这种情况？"通过这些问题，真诚地向对方征求意见或建议，让对方成为专家，制定更高的积极预期。这种方法非常有效，因为这种近乎奉承的尊重会带来更高的积极性，因此，人们更容易实现自己或他人设定的预期。

当然，这种技巧的使用必须真诚，否则，对方有可能认为你只是在刻意操纵对话。但这种方法的优势也显而易见。赞美他人的能力，吸引他人积极参与，必定会带来巨大回报。[48]

4. 问题会带来投入而非教诲

直接说出你希望他人怎样做，往往会招致对方的抵制，但提问则是引导人们进行主动选择的有效方式。通过针对性问题，对方可以根据你预先设定的一系列选项做出决定。

这种方法在亲子关系中尤其有效，因为亲子关系更有可能爆发冲突。比如，直接规定孩子回家的时间可能会引发孩子的抵触情绪，但你可以采取提问的形式，譬如："你今晚打算几点回家？"你也可以使用预期更明确的问题，比如："我们需要等你归家一起吃晚饭吗？"这些更有可能带来你希望看到的结果。此外，在这种情况下，由于归家的具体时间由孩子自己决定，而不是由父母指定，因此，他们更有可能兑现承诺。

另一种引导对方做出承诺的方法就是使用"选择题"，让对方直接选择即将采取的行动或解决方案。比如，在双方已对各种选项进行讨论并提出想法之后，一个选择性问题往往是结束对话并达成一致的最佳方式。比如，你可以询问客户是否愿意使用信用卡付款，或者是否希望稍后给他们开发票；你也可以问他们是喜欢亲自提货还是送货上门；再比如，你可以问投资者是愿意以现金对企业进行投资，还是收购股份。

当然，选择性问题同样需要真诚，否则，对方很容易认为你只是在把自己的想法强加给他们。但只要让对方感到你在真心真意地为他们着想，这种方法就会成为促使他们履行承诺的强大工具。[49]

以询问代替要求

除了适用于与他人沟通，你也可以使用这种有助于引发承诺的问题说服自己。伊利诺伊大学心理学家易卜拉欣·赛内（Ibrahim Senay）通过研究发现，只需把问题的开头语从"我会……"改为"我是否该……"，就可以从根本上提高我们坚持到底并最终兑现承诺的可能性。

赛内探讨了这种方法对坚持体育锻炼的影响。在调查中，有些被调查者会这样说："我会坚持每周锻炼三次。"但有些被调查者则是给自己提出问题："我是否能坚持每周锻炼三次呢？"调查结果表明，与采取陈述方式的被调查者相比，使用提问方式的被调查者更有可能履行承诺。

这个现象看起来或许有悖于直觉，因为陈述似乎比提问更能表明当事人的意图。但赛内发现，在给自己提出问题后，他们会在内心深处做出回应"是的"，这就意味着被调查者更有可能兑现承诺，实现每周锻炼三次的目标。[50]

动机访谈

虽然提出有效问题的方法形形色色，但是从说服的角度说，一种被称为"动机访谈"（Motivational Interviewing）的方法最为可靠。

20 世纪 80 年代初，两位临床心理学家斯蒂芬·罗尔尼克（Stephen Rollnick）和威廉·R. 米勒（William R. Miller）针对说服吸毒者改变行为的治疗方法进行了研究。他们通过这项研究得到的一个重要成果，就是动机访谈的概念。

然而，对比此后针对数十年治疗成瘾行为得到的数据，人们看到，米勒和罗尔尼克的发现始终充满争议和质疑。因为他们的发现让大多数同行难以接受，毕竟，这些人已花费了数年时间进行研究，也尝试过无数种治疗药物成瘾的方法，在此基础上，他们已打造出成功的职业生涯和专业声誉，如今，这一切却因为米勒和罗尔尼克的成果显得黯淡无光。

米勒发现，在对成瘾者进行治疗时，既可以主动说服他们改变行为，也可以采取不以说服为主的间接方式。在两种方法之间，唯一真正有意义的区别就在于，人们关注的是负面后果，还是积极的收获。他发现，大量临床证据表明，按常规治疗方案，通过主动干预措施让成瘾患者远离和拒绝成瘾物质只会强化他们的成瘾行为，而且往往会让他们在成瘾的道路上越陷越深。[51]

基于这些认识，米勒开始尝试用其他方法引导成瘾患者改变行为，最终达到长期远离成瘾物质的效果。经过反复尝试，他发现，戒除成瘾行为的关键就是帮助患者找到他们最希望实现的愿望以及他们最关注的价值观。而明确愿景和价值观的最有效方法，就是提出非指令性的开放式问题。因此，成功的关键不是控制他人行为，或是把某种行为强加于对方，而是以同理心取代判断，以问题代替说教。[52]

迄今为止，学术界已针对动机访谈技术进行了 1000 多项随机对照试验，这些研究一致认为，动机访谈技术可以有效地实现行为变化。这种方法不仅降低了不安全行为的发生率，还有助于改善人们的营养习惯，甚至在解决投票偏差和解答气候变化分歧等方面也可以发挥积极作用。就总体情况而言，动机访谈技术已成为行为科学中可靠的方法之一。从统计数据分析，每四项研究当中就会有三项研究显示为检验成功。[53]

这种方法为什么会如此有效呢？

动机访谈与其他说服技巧的不同之处在于，它充分利用了个人的内在动机，而不是试图以承诺奖励或惩罚等外部因素改变成瘾患者。这种方法的核心前提在于，我们很难以胁迫方式促使他人改变行为，因此，更有效的方法就是帮助他们找到自我改变的内在动机。[54]

动机访谈关注的是内在动机

亚当·格兰特认为，我们使用这种技术的具体方法至关重要。"在进行动机访谈时，我们首先要保持谦逊和好奇的态度。我们或许不知道该如何激励别人改变行为，但我们确实想找到有效的方法。因此，我们的作用就是举起一面镜子，让他人更清楚地认识自己，然后，让他们对自己的信仰和行为进行全方位的深刻解析。"按照格兰特的说法，动机访谈的核心就是向对方"提出开放式问题，进行有效的倾听，并充分肯定一个人改变行为的意愿和能力"。[55]对此，耶鲁大学心理学家迈克尔·潘塔隆（Michael Pantalon）花费了数十年时间，潜心研究如何利用动机访谈说服他人，最终设计了一种被他称为"即时影响"（instant influence）的方法。

潘塔隆设计的这种方法的核心就是一系列非常具体的问题。潘塔隆表示："要感动他人并引导他们做出改变，并非所有问题的效力都是相同的。"作为一名心理学家和研究人员，迈克尔·

潘塔隆通过反复的科学研究证明，使用他的"即时影响"说服技术的人，只需 7 分钟甚至更短时间即可说服最顽固不化或因循守旧的人。[56]

如下两个问题是这种方法取得成功的关键：

1. "在 1 到 10 的范围内，你对_____的准备程度是多少？(体育锻炼、戒烟、完成作业、整理房间、提交季度报告、打电话给潜在客户、按时上班等。)" "1" 表示你 "完全还没有准备好"，"10" 表明你已经 "完全准备好"。

当然，你不必完全照搬上面的措辞或问题格式。

比如，你还可以采用其他格式的问题：

在 1 到 10 的范围内，选择一个能代表个人意愿程度的数字：

➢ 你对改变_____观点的可能性有多大？
➢ 你对完成_____的意愿性有多大？
➢ 你对_____的接受度有多大？

在对方给出了 1 到 10 之间的某个数字后，你就可以提出第二个问题。

2. "你为什么没有选一个相对较低的数字？"

这个后续问题才是迈克尔·潘塔隆方法的关键。它的重要性在于，如果我们只提出 "是/否" 或其他二选一类型的问题，那么，哪怕是丝毫的怀疑或顾虑，对方都有可能选择 "否"。

因此，通过询问对方为什么没有在第一个问题中选择更低的数字，我们就可以转移对方的注意力，让他们关注采取预期行动或被说服的潜在原因或动机，尽管这种动机当时可能非常微弱。换句话说，通过这个问题，我们正在鼓励对方阐明他们希望采取不同行为或采纳不同观点的某些原因。

潘塔隆认为，这种提问法可以让人们明确自己的内在动力，而不会觉得采取某种行为是出于外部压力。[57]更重要的是，个体在回答第一个问题时给出的具体数字其实并不重要。较低数字不代表他们采取某种行动的可能性不大，反之亦然。这个过程的关键在于，它会鼓励人们思考主动采取某种行为的内在动因。只有他们开始主动思考某种行为，那么，我们才有可能从外部说服他们采取这种行为。[58]

继续深入

在确定对方为什么没有选择某个更低的数字之后，下一步就是探究他为什么会被激励去改变行为。这个步骤的核心就在于激活他们的想象力，让他们在思维深处设想各种潜在的情境或环境，引导他们主动思考改变行为为什么会带来积极和有益的结果。[59]我们可以通过如下问题完成这个步骤：

> ➤ 达到_____可能带来的收获是什么？
> ➤ 你选择达到_____是否有原因？
> ➤ 如果你从理论上出发决定考虑_____，那么，你认为它会给你带来怎样的感觉？
> ➤ 设想一下，你已经实施行动（按照我的建议完成_____），那么，你认为这次改变会给你带来什么收获？
> ➤ 想象一下，我们可以在无须付出任何努力或成本的情况下神奇地使这种情况有所不同——那会带来什么好处？[60]
> ➤ 如果你拥有必要的时间和资金，你为什么会考虑_____？

所有这些问题的关键，就是要避免使用封闭式问题，转而通过开放式问题挖掘非意识性动机。顾名思义，开放式问题是指能引发一个人进行思考、做出表达并展开讨论的问题。要确保问题具有足够的开放性，最好的方法就是使用"什么""为什么""何时""请向我描述""在哪里""如何"或"请告诉我"之类的词语。相比之下，封闭式问题往往只会得到"是"或"否"这样的答案，这就会导致对话和思考无法继续深入。封闭式问题有助于确认或检验信息，但无法影响他人的观点。因此，要尽量避免采用形成封闭式问题的典型词汇，比如"难道""可否""是否""能否"和"如果"等。[61]

"可以"的强大力量

需要提醒的是：虽然"为什么"这样的问题可以有效启发开放式反思，但并非所有这种问题都会产生同样效果。比如，在提出"为什么"问题时，我们将关注点集中于负面因素。例如：

➤ 你为什么不……？
➤ 你为什么还没有……？
➤ 你为什么不打算……？
➤ 你为什么不能……？
➤ 你为什么不应该……？
➤ 你为什么不可以……？
➤ 你现在为什么不……？

相反，我们应选择另一种方式，在"为什么"问题中尽可能地强调"可能"这个词，以便于引导对方关注并选择更积极的结果。比如：

➤ 为什么说……可能对您更有好处？

> ➤ 为什么说……可能更适合你？

> ➤ 您为什么会想……？

> ➤ 您为什么会决定……？

> ➤ 您为什么会想到……？[62]

在这个过程中，强调收益和收获的重要性最为关键。数十年的研究表明，如果人们关注改变带来的好处，而不是坚持不变的坏处，那么，他们就更有可能做出改变。一项研究发现，与只关注吸烟的消极因素（如可导致癌症、衣服有异味或影响社交距离等）相比，通过强调不吸烟的好处（比如，感觉更健康、味觉改善、对家人的关心或衣服没有异味等）来说服人们戒烟，成功的可能性会高出 3 倍。[63]

不要因遭到反抗而气馁

有趣的是，如果你的想法或建议会加剧对方抵触，那么，动机访谈反倒更有效，这似乎有悖常理。事实上，这往往暗示着对方已开始考虑改变自己的行为。在发生这种情况时，如果对方流露出担忧甚至愤怒，不要驳斥对方，这一点非常关键。相反，你应该让对方充分表达自己的观点和内心的情绪，这对发挥动机访谈的积极作用至关重要。此外，沉默也是值得期待的信号，因为这表明对方正在考虑你的观点，思考即将采取的行为。因此，不要急于打断对方发泄。说服往往是思想斗争带来的潜移默化的结果。

按照同样的逻辑，如果对方开始为改变的不可能性或不公正性寻找借口，这也可能是个好兆头。因为这或许表明，对方正在认真考虑改变的想法。对此，迈克尔·潘塔隆建议，当对方为自己寻找借口时，最好的反应就是不要和他们发生正面冲突，而是用更多的问题指出改变行为的好处和可能性。因此，他建议提出进一步问题，比如问："既然这个原因根本就不存在，你为什么还要这么做呢？""既然你挥挥魔法棒就能让这些问题从眼前消失，你为什么还要这么做呢？"[64]

动机访谈发挥作用的一个基本前提，就是对方已拥有产生改变行为的动力，不管这种动力有多微弱，都将为我们引导他们做出改变提供空间。因此，一定要强调现有动机，而不要拘泥于阻力或坚持不变的原因。

这个观点最早可以追溯到社会心理学家利昂·费斯汀格的研究。他在 1957 年指出，即使我们觉得自己做不到，但如果能在内心深处描述自己想要做的事情，也会引发我们释放做出改变的欲望。[65]

被他人倾听的人更愿意倾听他人

在提出问题之后，如果我们不能或不愿接受对方的回应，那么，不管我们的问题多么完美无瑕，都无助于解决问题。因此，如果我们自己没有倾听他人的欲望，那我们的问题不过是向他人行使权力或施加控制的工具。有效的倾听不仅仅是保持沉默，而是对他人及其观点表现出真正兴趣和积极响应。《高效能人士的七个习惯》的作者、管理大师史蒂芬·柯维（Stephen Covey）建议，倾听的目的是理解他人，而不只是回应。今天，这依旧是颠扑不破的真理。

这里的关键在于，在试图吸引说服对象加入对话时，我们应该以好奇而不是观点作为先导。即使我们对自己的立场和观点信心百倍，但依旧需要开放的姿态，给对方充分表达的机会。

这就需要我们不要急于"纠正"他人，或是迫不及待地表达自己。相反，我们最好继续提问，让对方深入到你们的对话中，帮助他们倾听自己的心声和观点，从而让这个观点逐渐清晰。毕竟，即使说的是真话，人们也未必能做到言出必行。

正如记者凯特·墨菲（Kate Murphy）所说的那样，倾听的关键就是提出"真正好奇的问题，这些问题丝毫没有隐藏的修复、维护、建议、说服或纠正的意图。"更重要的是，墨菲把倾听描述为"促进他人清晰表达自己观点"的过程。[66]这个表述方式确实精妙绝伦。

在现实中，为有效打造开放式的倾听姿态，我们可以使用"多有趣""太迷人了""太不可思议"这样的语言来回应他人给予的帮助。这些屡试不爽的中性词汇会让对方意识到，你正在倾听他们，而且无须你接受他们或确认他们的观点。正如澳大利亚学者马克·斯蒂芬斯所言："倾听不代表肯定，理解也不构成认可。"[67]有时，你在倾听时的沉默会给对方带来巨大影响。空间和沉默会引发很多神奇的事情。19 世纪幽默作家乔希·比林斯（Josh Billings）认为："沉默是最难反驳的论点之一。"[68]

像做对事那样争论，像做错事那样倾听

虽然以开放的心态倾听对方是加深理解或澄清问题的有效方法，但它还能带来另一个重要收获：你可能会发现之前不知道的事情。女演员伊丽莎白·比贝斯科（Elizabeth Bibesco）曾以幽默的口吻说过："仅仅做对事情不会给我们带来任何成果。"

在说服他人的过程中，我们必须以开放的思维接受这样一种可能性：需要改变的，或许是我们自己。很可能存在某种不同的观点或新的证据，是我们以前从未考虑过的。

演员艾伦·艾尔达（Alan Alda）的总结非常精辟，他说：

"真正的倾听就是愿意让别人改变你。"我非常喜欢这句话。事实上，即使我们能说服另一个人彻底改变观点，但依旧可以针对我们的观点进行充分互动，让我们自己的观点更温和、更丰富。正如组织心理学家亚当·格兰特说的那样："就像自己正确那样去争论，像自己错了那样去倾听。"

真正的倾听不仅会让最好的观点成为最后的观点，也会充分考虑他人的尊严。如果让对方感觉到在辩论中胜你一筹，甚至让你的想法稍加改变，那么，他们肯定更愿意接受你的观点。感觉被倾听的人更有可能去倾听别人。

■ ■ ■

要在说服过程中维护他人的尊严，问题本身就是答案。不要一味地阐述自己的观点，询问往往是影响他人观点最有效的方法。

伏尔泰曾写过，我们应该"根据问题而非答案去判断一个人"。[69]同样，对于我们自身论点、说服力和影响力的质量，最好的判断标准是问题的质量，而不是答案的质量。

说服工具之八：专业提示

1. 切记，在某些情况下，问题最好的答案就是你从未听说过的答案。不要低估向别人提问的力量，他们可能只会在心中默默回答这些问题。毕竟，与别人告诉他们的事情相比，人们更有可能相信他们告诉自己的事情。

2. 在提出建议或要求之前，尝试提出一些能激发积极预期的问题。如果人们在内心中期望做到最好的自己，那么，他们就更有可能敞开心扉，充分考虑其他人对自己的期望。

3. 与其试图强迫或说服他人，不如采用动机访谈的提问技巧，挖掘他们内心已有的改变理由。

4. 要避免封闭式问题，确保问题具有足够的开放性，最好使用"什么""为什么""何时""请向我描述""在哪里""如何"或"请告诉我"之类的词语，尽量避免"难道""可否""是否""能否"或"如果"之类的词语。

5. 在提出"为什么"这样的问题时，千万不要忽视"可能"这个词的力量，它可以引导人们追求更积极的结果。

6. 感觉被倾听的人更有可能倾听别人。因此，有效的倾听不只是不说话，而是要对他人及其观点表现出真正的兴趣。

7. 要改善沟通并吸引他人参与对话，秘诀就在于沉默是金。为对方留下更多的思考时间和沉默时间。在对方进行深入思考的时候，你不必感到不舒服。

说服工具之九：为自主思考提供空间

在这方面，公民参与专家彼得·布洛克（Peter Block）的总结尤为到位，他认为，如果另一个人无法说"不"，那么，"是"也就失去了意义。布洛克说："如果一个人别无选择，那么，他就不会做出承诺。"[70]

同样，《纽约时报》畅销书《影响者》（*Influencers*）的几位作者也提出了类似的观点，自主性和选择权对激活人类动机至关重要。因为"强迫首先会取代动机，而后会让动机彻底泯灭。如果人们没有拒绝的权利，那么，你永远都不能指望他们会信守承诺。人类深层的动力之一，就是对维护自我意愿的追求"。此外，他们还进一步指出："人类文明的历史不止一次地表明，我们宁愿失去生命，也不愿放弃自由。哪怕我们的自主权只是稍受伤害，我们也会为此而战。"[71]

选择权在你

在自主权受到侵犯时，人们会作何反应呢？这里有一个真实的案例。在澳大利亚的维多利亚州，政府曾对建筑工人实施强制性新冠疫苗接种措施。

就在 2021 年 10 月宣布这个消息后不久，暴力抗议活动随即爆发。根据之前进行的民意调查，在这个行业中，超过 1/3 的工人不确定接种疫苗的后果，因而也不愿意接种疫苗。对此，社会评论员瓦利德·阿利（Waleed Aly）认为，这项政策必定会"惹火烧身"。阿利指出："告诉一个在内心深处畏惧接种疫苗的人，拒绝接种会让他失去生计，那么，即便这些恐惧源于严重的误导，但依旧是一件非常严重的事情。你不能命令这些恐惧自动离开。"[72]

但是相邻的新南威尔士州推行的战略与此形成鲜明对比。这个例子为我们提供了很多信息，也反映出维护自主权的重要性。新南威尔士州政府并未颁布建筑工人强制进行疫苗接种的法令，相反，他们采取了另一种方式，即规定所有建筑项目的参与工人的疫苗未接种比例不得超过 50%。这就改变了建筑工人们的决策内容：他们需要决定的不再是是否接种疫苗，而是以何种方式影响他们的朋友和同事。如果某个建筑工人拒绝接种疫苗，那么，他和周围其他同事就有可能丧失工作机会。最终结果可以想象，在新南威尔士州的建筑行业中，疫苗接种率大幅飙升。[73]

自治以独有的方式展现出我们最好的一面。当我们感到对结果拥有掌控权时，我们更愿意加倍努力，通过自我调整适应环境，并表现出高度的自我控制。实际上，早在数十年前，医疗专业人员就已经认识到这一点。比如，如果让患者自己决定静脉注射止痛药的剂量，那么，他们最终选择的剂量会远远低于由护士确定的剂量。如果一个人可以充分表达自身意愿，并享有高度的自主权，那么，在面对问题，他一定会"挺身而出"。但如果剥夺他的自我控制权，那么，他必定会与你针锋相对，寸土不让，甚至不惜以自我伤害来对抗你的威胁。[74]

选择会让我们感觉一切尽在掌控之中

基于这个规律，通过提供多个选项来维护人们的自主权至关重要。当我们的可选范围非常有限时，我们就会认为自由受到了侵犯。

简单地说：选项 = 自主，选择 = 控制。

在 2010 年出版的《选择的艺术》（*The Art of Choosing*）一书中，哥伦比亚大学商学院心理学家席娜·艾扬格（Sheena Iyengar）强调了这个原则。艾扬格以老鼠、猴子和鸽子为对象进行了大量研究。在试验中，他为实验对象提供了两种获取食物的路径：直通奖励（食物）的单一路径，以及可有多个选项或分支的路径。结果显示，这些动物的本能性偏好就是选择多分支路径获取食物。

艾扬格认为，这个结果同样适用于人类。为此，他以赌场为背景进行了试验。参与者既可以选择一张放置一个轮盘的桌子，也可以选择另一张放置两个轮盘的桌子。尽管轮盘完全相同，而且两个方案的奖励方式也没有区别，但实验对象均选择放置两个轮盘的桌子，而且无一例外。

艾扬格认为，即使这只是一种感觉而非现实，"我们还是会将选择等同于控制权。直觉告诉我们，可控制的环境意味着生存的可能性更大。我们希望有一切尽在掌控之中的感觉，而且希望拥有选择权。有趣的是，人们未必会选择最快捷的方式完成任务，而是会选择能给自己带来最大控制感的方式"。[75]

耶鲁大学研究人员佐伊·查斯指出，在向他人提问之前，你只需征得他们的许可，即可让对方体会到自主意识。此外，让对方选择对话方式，比如当面沟通、电话沟通或完全通过电子邮件，也会让他们体会到控制感。查斯承认："这似乎有点不可思议。实际上，并不是你把自主选择权交给对方的，他们本身就拥有自主选择权。你只是证明他们确实拥有这个权利而已。"[76]

但这并不是说我们必须提供毫无约束的自主选择权。事实上，过多的选择只会让人们无所适从。因此，在说服过程中，自主性和尊严确实需要以多种可选方案为出发点，但还是要对选择过程加以引导。为此，艾扬格建议，最理想的情况是提供三四个可选方案。[77]

在《催化》一书中，宾夕法尼亚大学教授乔纳·伯杰对这个主题进行了研究。伯杰认为，有效的说服就是对另一个人的选择和决定进行适当引导，为此，他以育儿经历说明这个问题。伯杰建议："让他们自己选择如何取得希望得到的东西。如果想打针，你只能去找医生；但你想打在右臂还是左臂呢？在睡觉之前，你肯定要做一些准备；但你想现在洗澡，还是在刷牙后洗澡呢？通过这些引导性的选择，既可以让孩子们获得自由和控制感，还能帮助父母获得预期结果。当然，聪明的老板也会采取这样的策略。"[78]

如果运用得当，这种方法非常有效。毕竟，如果你只是一味地说服一个人，那么，他们可能马上会找到证据，证明你的建议不公平、不合理甚至居心叵测。然而，如果你为他们提供一系列可选方案，那么，你们的互动马上会改变性质。伯杰说："此时，他们不会再想你提供的这些方案有什么问题，而是会想哪个方案会更好一些。因为他们一直在和你共同思考、共同交流，因此，他们更有可能支持其中的某个方案。"[79]

研究表明，面对我们的说服对象，我们能给出的最有说服力的一个选项，就是"什么都不做"，把选择权交给对方。这个结论或许让我们感到不可思议。

参与源于"放弃"的自由

除了为对方提供选择权，构建诉求或要求的方式同样至关重要。要做到这一点，有效的技巧之一就是在提出要求后补充这样一句话："即使你做不到，我也能理解。"然后，稍作停顿之后，你可以继续说："但如果你真的做到了，那我真的是万分感激。"[80]

当然，这种方法有很多变种，我们可以采用与这句话意义相近的其他说法，但基本原理保持不变。这句话之所以魔力无限，就是因为它把你的要求转化为自主权的实现。换句话说，它让你的说服对象拥有了选择的权利。此外，这句话还可以让对方意识到哪些选项对他们最有帮助且最易于接受（即接受或承诺）。换句话说，在感受到控制权的情况下，这也是他们更有可能做出的选择。

在这方面，耶鲁大学心理学家迈克尔·潘塔隆进行了分析，并总结了一些有助于确认对方自主性和选择权的日常用语：

➤ 千万不要觉得这是负担。
➤ 这是你自己选择的事情，选择权不在我手里。

➤ 这完全是你自己的决定。

➤ 你可以完全按自己的意愿选择。

➤ 我不能为你做这个选择——这是你自己的事情。

➤ 在这个问题上，如何决定完全取决于你自己。

➤ 选择，我关心的不是我的理由，而是你的理由。

➤ 每个人都会有自己的反应，但最终做出这个决定的人是你。

➤ 只有你自己才能决定如何选择。当然，你的任何选择都会带来后果。但毕竟这是你自己做出的选择。

➤ 我认为这个想法不错，但这毕竟是我的想法。

➤ 如果让我完全决定这件事的话，我更希望看到这样的结果。但关键在于，这不是我能决定的事。归根到底，这事还得由你自己来决定。[81]

　　长期以来，学者们已陆续进行了 42 项心理学研究，这些研究涉及 22000 人。针对这些研究的综述表明，在使用这种方法后，个人接受要求或建议的概率会增加一倍。这些研究充分揭示出这种对自主权的肯定有多重要。此外，这些研究还表明，无论是请求实验对象向慈善机构捐款、参加调查访谈还是接受新观点，在拥有自我力量和自我控制感的情况下，他们接受改变的意愿和能力均达到最大化。[82]

　　与其他所有事情一样，你必须以真诚友好的态度强化对方的自主权，这一点至关重要。一旦对方察觉到你是在逢场作戏，哪怕只是最微弱的感觉，也会引发对方进行全力以赴的反抗，抵制任何改变其观点的企图。正是出于这个原因，道听途说的事情往往会给我们的观点造成极大的影响。[83]

扔掉指挥棒

交流的语气是强化自主权的一个重要因素。我们在第二部分的开头曾提到过，使用恐惧、愤怒和厌恶等负面情绪确实有助于吸引他人的注意力，但这种影响很可能是短暂性的，甚至有可能适得其反。

2008 年进行的一项研究验证了这一点。该研究对过去 30 多年影响公众的各种方法进行了解析。结果表明，从长远看，以积极的方式构建的信息更有说服力，因而也更有影响力。[84]

作为这项研究的负责人，伊利诺伊大学心理学教授丹尼尔·奥基夫和雅克布·D. 简森（Jakob D. Jensen）发现，之所以会得出这个结论，是因为负面或存在潜在损失的信息会让我们感觉到遭到欺凌或胁迫。[85]针对当前社会诸多紧迫性问题的宣传——尤其是气候变化事务，这个现象为我们提供了很多重要启示。

虽然很多可持续发展及环保运动都强调避免行动带来的负面影响（灾难、环境破坏、经济成本的增加），但神经科学研究表明，这些方法没有任何效果。事实上，它们不仅不能促进或激励人们做出改变，反而更有可能引发民众的怨恨和抵制。事实上，只有让说服对象感到焦虑，采取负面框架或引发恐惧的信息才能奏效。相比之下，强调收益的积极信息在推动可持续变革方面始终有效。[86]

针对这个主题，澳大利亚行为科学家萨拉·A. 格莱尼斯特（Sarah A. Glenister）建议："关注健康、发展、道德和机会的信息很少会引发负面情绪反应。因此，重新构建你的宣传口号，使之传递的信息能唤醒希望，而不是引发恐惧。这可不是简单的改头换面，而是对事物本质的重新定义。"[87]

在为他人提供可选择方案的同时，让他们获得"出路"，并着力强调方案的积极性，这是维护对方自主权和控制权的有效方式。在说服过程中，另一种有效的策略就是共同维护个人尊严。

参与带来承诺

在你的家里，是不是也有一件宜家的家具，它的保存时间早已超过必要的保存期？这不只是你一个人的习惯。事实上，哈佛商学院教授迈克尔·诺顿（Michael Norton）表示，这种现象非常普遍，因此，他为此设计了一个术语来描述这个现象："宜家效应"。这种心理现象的核心在于，对于自己亲身参与创造的东西，人们往往会给予更多关注。

为了研究这种模式在现实中是如何形成的，诺顿招募了一批实验对象，并以每人 5 美元的价格邀请参加一项研究。在这些实验对象中，有一半成员被告知需要参与制造一个纯黑色的"Kassett"宜家储物箱，而另一半成员则直接拿到一个组装完好的储物箱，他们只需检查是否存在问题即可。

实验接近结束时，诺顿向两组实验对象提出如下两个问题：

1. 你准备为这个储物箱支付多少钱？

2. 评价一下你对这个储物箱的喜欢程度，选择 1 到 7 中的一个数字，其中，1 代表完全不喜欢，7 代表非常喜欢。

结果最能说明问题。在第一组实验对象中，由于他们亲自参与了储物箱的制作过程，因此，和第二组只验收成品的情况相比，他们愿意给出的价格更高（两组给出的平均价格分别为 0.78 美元和 0.48 美元）。此外，第一组实验对象的回答还表明，他们对储物箱的喜爱程度明显高于第二组（两组分别为 3.8 和 2.5）。[88]

认同（或接受）才能带来不同

在 2016 年出版的《先发影响力》（*Pre-suasion*）一书中，影响力专家罗伯特·西奥迪尼探讨了共同创作的影响。他表示："如果让管理者意识到他们在最终产品的开发中发挥了重要作用，那么，他们对产品给予的好评度会提高 50%。"因此，这个原则其实很简单：要想让你的上司接受你的想法，你就要想办法让他们感到自己也是产品开发过程中的关键成员。最简单的方法是什么呢？很简单，那就是主动征求他们的意见。正如西奥迪尼所看到的那样，征求上司的建议可以帮助他们感觉到自己也参与创意的形成或项目的开发，因此，产品的成功当然有他们的一份功劳。[89]

如果你想吸引他人参与一个项目或行动，这种方法或许给你带来奇迹。在这方面，与其邀请他人注册成为会员，或是请求他们提供后续资金支持，不如从更简单、更贴近当下的需求开始，请他们给予最现实但也是最直接的帮助。比如，你可以邀请某个人参加你的董事会会议，请他们到会上提出意见、发表建议。你也可以邀请他们在特定时间内加入志愿者委员会，或者对某个具体的小组提供支持。通常情况下，即便是以最微不足道的方式提供帮助，也会让人们体会到参与感，进而把这件事当成自己的事业。

这个原则也适用于吸引客户。西奥迪尼说："要消费者感受到他们与品牌的联系，这确实很难做到。"这里的关键绝对不是简单罗列产品的新功能和优点，甚至也不是征求客户意见。相反，"消费者的反馈应该被视为对公司提出的建议，而不是意见或期望"。西奥迪尼认为，向他人征求建议这个过程，会让人们把自己与他们的建议对象——个人或团体——联系起来。这种做法具有将你的问题转化为他人的问题的效果。

这个原则对筹款和慈善事业也有很大启发。为了争取到更多人对慈善事业的支持，最有效但也是最容易被忽视的一种策略，就是让潜在捐赠者产生主人翁意识。

我的同事亚当·费里尔曾接受全球援助慈善机构"拯救儿童"（Save the Children）协会委托，与澳大利亚迪肯大学（Deakin University）联合开展了一项研究，旨在了解所有权在发展慈善事业方面的作用。这项研究对吸引慈善捐款的不同策略进行了分析。

研究过程中，全体实验对象被划分为四个小组。其中，第1组实验对象收到一份传统的捐款邀请函，呼吁他们积极捐款。邀请函着重强调了全球最贫穷儿童的生活现状，并提供了相应的统计数据。第2组实验对象则收到了一条高度人文化式的信息，包括一组快乐微笑的孩子们的照片和一首感人的音乐曲目，试图以情绪感染来激励人们捐款。第3组实验对象的任务则是为一家慈善机构设计一场旨在吸引慈善捐款的广告活动。第4组实验对象的任务是充当对照组，只需要回答一些无关紧要的问题。

随后，研究人员要求4组实验对象为这项慈善事业捐款。最后，4组参与者的平均捐款金额为：

➢ 第1组：2.39美元。
➢ 第2组：3.69美元。
➢ 第3组：4.03美元。
➢ 第4组：2.58美元。

依据这些数据，研究人员得到的第一个"重大"但或许令人感到意外的结论是，传统的慈善征集方式的真实效果甚至还不如不发出任何呼吁。正如我们之前所看到的那样，可能是因为事实与统计数据激活了人们的探索性思维，以至于阻碍了他们的情感参与。

但更重要的发现是，如果让人们以合作伙伴或共同创造者的身份参与到项目当中，他们不仅更愿意亲身参与，而且会做出真正贡献。实际上，共同创造这种行为本身就能培养主人翁意识，而且会给人们带来自豪感的良好体会。[90]更值得期待的是，他们会觉得自己不仅是过程的参与者，而且对结果拥有高度的控制权，因此会产生更强烈的对结果负责的所有者意识——这无疑是为他们创造自主权意识的绝佳手段。

■　■　■

自我控制权和自主权是维护个人尊严的基本前提。即使要求我们做的事情恰恰就是我们自己想做的事情，或者说完全符合我们的自身利益，我们也会不自觉地产生抵触情绪，甚至拒绝要求。在感觉不能控制自己命运时，我们往往会选择退缩甚至抗拒。因此，不管是提供多种可选方案，为他人提供选择权，激发他人与自己的愿望和追求产生共鸣，或是以共同创造激发他人的参与，都可以为对方创造自主权，促使他们敞开心扉，展现包容。

说服工具之九：专业提示

1. 没有选择，就没有承诺。如果一个人无法说"不"，那么，"是"也就失去了意义。在恳求他人考虑改变之前，我们一定要让对方感受到他们是自己的主人，他们有权为自己的行为做出选择。

2. 切记，选项＝自主，选择＝控制。确保人们拥有自主权和选择权的一种有效方法，就是在吸引他们参与对话或开启沟通之前，一定要征得他们的许可。

3. 面对我们的说服对象，我们能给出的最有说服力的一个选项就是"什么都不做"，把选择权交给对方。只要为人们提供选择的机会，几乎就可以保证，他们一定会选择加入。因此，一定要让人们知道，他们没有任何义务按你的想法或建议采取行动。

4. 我们在提出请求之后，不妨尝试下面这句话："如果你做不到，我会完全理解的。"然后，稍作停顿或再继续说："如果可以，我真的很感激。"当然，你在说这句话的时候，一定要认真，不能有任何虚伪敷衍的意味，否则会被对方视为你在刻意操纵局面。

5. 以负面情绪构建的信息，往往会让人们有被欺负或被胁迫的感觉。因此，在你表达观点或论点时，最明智的做法就是采用一种既能引发希望但不会带来恐惧的方式。

6. 人们更愿意为亲身参与创造的事情积极投入。因此，鼓励人们提出建议、意见或做出贡献，让他们亲身参与到变化过程中，会让他们获得成为主人翁的成就感。

有关尊严的总结语

伊索寓言中有一个非常有名的故事，《北风与太阳》（*The North Wind and the Sun*）。这个故事在改变思想方面为了我们提供了宝贵的教训。

不妨回顾一下这个故事。有一天，太阳和风开始争论谁最强大。为了证明自己的强大，双方激烈争吵。于是，他们想出一个办法，谁能使行人脱下衣服，谁就是胜利者。一开始，北风便猛烈地刮，路上的行人紧紧裹住衣服，于是，北风刮得更猛烈。行人冷得发抖，便开始添加更多的衣服。风刮疲倦了，便让位给太阳。太阳最初把温和的阳光洒向行人，行人脱掉了添加的衣服，接着，太阳又将强光射向大地，行人开始汗流浃背，渐渐地无法忍受，只好脱光衣服，跳到河里。这个故事的寓意是什么？强迫很难像内在动机那么行之有效。从长远看，以命令方式让他人做出改变，很少能取得预期效果。相反，真正有威力的说服秘诀，就是让一个人基于自身愿望的驱动做出改变。精明的说服者都知道，改变他人的关键就是确保他们获得一切尽在自己掌控中的感觉。

在根本上说，尊严是一种自我认识，它是我们发自内心的一种感觉。因此，任何说服他人的尝试，都应该以说服对象为主导，从了解他们开始，以满足他们为终。能否说服他人，与我们的观点是否强大、我们的信念是否清晰或事实是否可靠无关。相反，说服的成功在于是否让对方感到安全，他们是否得到重视，是否得到你的倾听。

正如政治战略家弗兰克·伦茨所言，在说服过程中，最关键的一项任务就是"从听者的角度看待世界。重要的不是你说了什么，而是对方听到什么"。[91] 如果能消除对方的恐惧感，切实关心他人利益，解决他人关注的问题，为他们创造实现自立和自主的机会，从而让人们体会到自尊，那么，他们就更有可能倾听我们的述说。

第六章
一致性

1895 年，法国社会心理学家古斯塔夫·勒庞（Gustave Le Bon）出版了一本书，从根本上重新定义了我们对人类本质的理解。勒庞的这本书的书名为《乌合之众：大众心理研究》（*The Crowd：A Study of the Popular Mind*），它针对群体的集体思维与构成群体的个人的思维之间的区别进行了前无古人的开创式研究。

勒庞的研究不仅描述了群体的运行方式，还对他们采取这种运行方式的原因进行了解释。勒庞观察到："当完全理性的个人聚集在一起时，会变得与众不同。"随后，他又更进一步指出，当个体身处群体环境的时候，他们的思维"水平会下降几个级次"，这样，群体就会采取一种近乎愚蠢的思维。他认为，这种群体思维具有冲动性、易怒性且无法进行有效的逻辑推理。因此，作为一个集体，群体受情绪驱动、具有被动性且容易产生破坏性冲动——这相当于是集体的本能性思维。[1]

以勒庞的观点为基础，英国神经外科医生、社会心理学家威尔弗雷德·特罗特（Wilfred Trotter）开展了进一步研究。为此，特罗特创造了"群体本能"（herd instinct）一词，用以描述个人构成的群体在取得共同身份时发生的情况。[2]

有样学样

虽然群体动态会影响到我们的信仰、观点和感知，但它们也会以平凡和奇特的方式给我们带来潜移默化的影响。康奈尔大学的研究者进行的一项研究，为我们认识这个概念提供了一个绝佳示例。

研究人员为这项研究选择的背景是一家验光候诊室。一位毫无戒心的女士走进验光师的诊室并坐下，随手拿起一本杂志开始翻阅。她并不知道自己刚刚参与了一个实验，而房间中的其他人都是实验中的演员。

此时，不知道从什么地方传来一阵哗哗的蜂鸣器警报声。于是，除这位女士以外的所有人都立刻站起来，然后又坐下。随后，这个情景再次出现，直到第三次出现蜂鸣器的怪声且其他人站起又坐下之后，当警报声第四次响起时，这位迷惑不解的女士也和其他人一样站了起来，然后又坐下。在接下来的几分钟里，其他候诊的“患者”依次进入诊室。在这期间，蜂鸣器的怪声持续出现，诊室内的候诊“患者”和这位女士始终维持站立后坐下的节奏。

最终，候诊室里只剩下这位女士一个人。令人惊讶的是，每次蜂鸣器声响起时，她依旧会站起来，而后坐下。随后，新的患者陆续进入候诊室——当然，这些人确实是真正的患者，而不是实验中的演员。在此期间，蜂鸣器的声音依旧持续出现，随着时间的推移，新来的患者也逐渐进入这个节奏。随后，研究人员询问一名后期进入诊室的真正患者，在听到这个声音时为什么会站起来。这位女士回答说：“其他人都在这么做，所以，我觉得我也应该这么做。”[3]

归属感的脑科学机理

数十年来，学者们一直在研究导致服从意识的生理刺激，但直到最近，大脑扫描才揭示出它的实际运行机理。这些成果也导致心理学家不得不纠正长期信守的一些假设。

正如我们在第一章中所看到的，人们早就发现，杏仁核是负责识别威胁和危险的主要载体。但我们直到现在才知道，在社会关系的形成与发展过程中，本能性思维的这个强大元素起着重要作用。

在接收到表明归属感和接受感的"社交信号"时，杏仁核会被激活，但是和我们的身体在面对危险或威胁信号时做出的反应相比，这种激活方式截然相反。根据纽约大学心理学教授杰伊·范贝维尔（Jay Van Bavel）的说法："当你成为一个群体中的成员时，杏仁核会引导你慢慢地适应群体，并开始疯狂追踪这个群体的一举一动。"范贝维尔指出，这会迅速改变你的行为。"（这些人）以前是陌生人，但是现在，他们和你成为同一个群体的成员，这改变了你的世界。这是一次无比强大且不可阻挡的转变——而且是一次彻头彻尾的巨变，它会导致整个激励与决策系统出现全方位的变革。"[4] 这再次表明，本能性思维所固有的群体意识确实无比强大。

正如丹尼尔·科伊尔在《极度成功》一书中所描述的那样，我们大脑的天性就是不惜一切代价地去寻找和维护归属感。在感觉被他人接受时，我们的大脑会得出这样的结论："我们很亲密，我们很安全，我们共享未来。"[5]

针对这个话题，心理学家阿尔伯特·班杜拉（Albert Bandura）表示，在既定情况下，当我们需要决定该如何做以及如何思考时，服从群体的本能都会促使我们自发性地给自己提出问题，比如说："如果采取这样的行为，我会是什么样子?""针对这种行为的社会规范是什么?"

此外，班杜拉还认为，社会压力是人类行为强大的动力之一，其影响力甚至超过内在动机或外部激励。

习惯性动因

如果和我一样，你也会在某个月或一年的某个时候长期居住于酒店，那么，你就会对酒店浴室里摆在显眼位置的某个标志和卡片感到熟悉。有些标志表达了酒店对居住环境的承诺，恳请客人共同致力于减少水和肥皂的浪费。还有一些标志较为功利，比如客人将毛巾挂在浴室以提醒酒店可继续使用，那么，作为回报，餐厅将为客人提供打折餐饮、酒吧将为客人提供免费饮料等优惠。

我曾不止一次地想过，这些方法到底多有效呢？有多少人会真正重复使用挂在浴室中的毛巾呢？哪些留言最有效？直到几年之前，我才意识到，我并不是唯一对这些事情感到好奇的人。事实上，在过去十年里，学术界进行了大量研究，试图分析哪些方法是有效的，哪些方法是无效的。这些研究的结论让我们意识到，在说服固执己见者的过程中，从众心理扮演着极其重要的角色。

尽管酒店在预留提示上采用的措辞很重要，但展示方式同样至关重要。例如，一个研究小组对两种不同的预留方法进行了分析：

1. 让我们共同拯救环境吧——请重复使用这条毛巾。

2. 和所有客人一起拯救我们的环境吧——请重复使用这条毛巾。75%的客人已响应这个呼吁。

你或许也能猜到，与第一个标志相比，人们更有可能兑现第二个请求。实验结果显示，客人接受响应的比例分别为37%和

44％。至于为什么会出现差异，研究表明，最明显的原因就是从众心理。我们天生就喜欢根据别人的行为做出决定，尤其是在我们认为其他人与我们相似或者同属一个群体，这种从众心理会表现得更为明显。这往往是一个完全无意识的过程，我们永远都无法想象自己也会不假思索地成为牺牲品。毕竟，我们都喜欢认为自己是独立的个体，是与众不同的存在。[6]

这个现象也让研究人员感到好奇，他们更想知道这种心理的影响到底有多大，于是，他们在前人研究的基础上再进一步。他们对这个呼吁的第三种措辞进行了检验：

加入你的同伴，和他们一起拯救我们的环境吧——请重复使用这条毛巾。在入住这个房间的所有客人中，75％的人已响应这个呼吁。

当酒店把这条经个性化改造的信息发给入住同一个房间的客人时，得到的结果令人瞠目结舌，接受响应的比例跃升至49％。[7]因为这个请求兼具社会化属性（其他人都在这样做）和个性化属性（像你这样的其他人正在这么做）的双重特征，因此，它能说服33％的客人改变行为习惯，自然也就不足为奇了。但这里面揭示出一个重要观点。虽然我们的群体本能有时会以消极方式体现出来，但它们也可以成为推动积极变化的催化剂。在接下来的几个段落中，我们将深入探讨实现群体本能积极变化的三种工具。

说服工具之十：遵从"他们"的力量

在大学毕业后，我第一次从澳大利亚的边远地区来到悉尼，当时的艰辛至今难忘。那个时候，我经历了人生中最弯曲、最陡峭的学习曲线。从寻找上下班的最佳路径，到了解城市不同领域的竞争，所有这一切促使我完成了人生中的第一次蜕变。但我需要厘清的重要事情之一，就是晚上要选择哪个新闻频道。在家乡，我有自己熟悉的新闻频道，每天可以看到熟悉的主持人的面孔。但是在悉尼，我要面对完全不同的频道和主持人。

有一天，我身处悉尼 M4 高速公路上拥堵的车流中。抬起头，我看到一块巨大的广告牌横挂在六车道的路上方。广告牌上只有几个大字："谢谢来到第七频道晚间新闻。"仅此而已。既没有关于收视率增长的支持性数据，也没有鼓励人们切换频道的话语，只有一句近乎唐突、让人摸不着头脑的话。

那天晚上，在回到家之后，我拿起遥控器，准备收看新闻，你或许会猜到我会将电视切换到哪个频道。没错，是第七频道。毕竟，在我的新家乡，其他人可能都在这么做，我想我是不是也应该这么做？令人不可思议的是，在这么多年过去之后，今天，它仍然是我晚上收看新闻的固定频道。这真是天底下最有效的广告啊！

社会认同的微妙力量

在谈到以从众心理进行说服这个话题时，第一个关键点，同时也是最重要的一点，就是创造社会认同（social proof）。神奇的"他们"正在购买某种产品、支持某个政党或正在观看某个新闻频道，这种感觉的潜在威力无比巨大。当然，这些"他们"，其实只不过是我们认为与自己相似的周围群体。

有的时候，我们会受到身边其他人选择的影响，因为在我们看来"他们"必定掌握了我们没有掌握的信息。如果我们不确定或不清楚该做什么或想什么，那么，这种从众心理的影响会更大。正因如此，当我们造访一座陌生的城镇或地区时，拥挤的咖啡馆或餐厅会让我们流连忘返。如果它很繁忙，那一定有它的原因。如果很多人喜欢它，我们就会假设我们或许也没有理由不喜欢它。[8]

正是出于这个原因，产品制造商会将巧克力、啤酒或床垫标榜为"全球最受欢迎的"或"顶级消费者的选择"，高露洁会不厌其烦地告诉我们"90%的牙医"会推荐他们的牙膏[9]。难怪麦当劳数十年如一日地宣称"为无数消费者服务"。[10]

在试图改变人们的态度和行为时，这当然可以转化为威力无限的说服力。例如，在一家餐厅，如果我们看到小费盒里已经塞满钱，那么，我们就更有可能在离开时留下小费。如果我们看到小费盒里塞满了钞票而不是硬币，那么，我们更有可能留下面额较大的小费。[11]相关研究同样表明，当餐馆给某些菜品添加"最受欢迎"的标签时，顾客对这些菜品的需求会立即增加13%～20%。[12]

政客们当然最清楚这一点。这确实是一种诱惑无限的工具，它会让你感觉到你身边的其他人都在支持某个议题或政党。久而久之，这种策略往往就会成为具有自我实现性质的预言。[13]因此，在组织政治集会上，政党候选人在这方面会格外用心，他们会让最忠诚、最热情的支持者站在自己身后或视线范围内最显眼的位置。这些支持者的每一个微笑、每一次点头和每一次掌声都会给观众带去巨大的震撼力，其影响远非我们大多数人所能想到的。

商家当然不会忽视这种现象带来的巨大商机。于是，一家名为"民众需求"（Crowds on Demand）的公司应运而生，他们专门负责为竞选集会、抗议活动和企业营销活动提供"职业粉丝"。该公司在其官方网站上宣传，他们营造的支持性氛围已屡创奇迹。该公司甚至吹嘘："在联合国大会期间，一个外国政府曾聘请他们帮助新当选领袖提高声誉，打造备受民众欢迎的场面……通过他们的职业粉丝团队，又成功地吸引到更多不知情的支持者，为这位领导人在联合国大会期间造足声势，展现出巨大的影响力，甚至一度改善了美国民众对他的看法。"[14]

为什么会优先想到指定司机

针对社会认同在引发积极变革过程中的重要作用，这里有一个令人信服的示例。不妨考虑一下"指定司机"（designated driver）这个概念的起源。如今，我们已经习惯于这种想法，而且会自然而然地认为它只不过是"一件小事"而已。但实际上，"指定司机"这个概念和理论确实算得上新鲜事物。

"指定司机"一词最早流行于斯堪的纳维亚国家。20 世纪 80 年代末，哈佛大学公共卫生学教授杰伊·温斯滕（Jay Winsten）关注到这个概念，并决定让"指定司机"也成为美国人心目中的社会规范。温斯滕发现，广告行业中有一个原则，即反复接触某个想法或概念是改变公众认知的关键。于是，他联合了 160 多个黄金时段播出的电视节目的编剧和制片人。按照温斯滕的要求，他们需要巧妙地将"指定司机"这个概念融入当时各档热门电视节目的情节中，其中包括《干杯》（Cheers）、《考斯比秀》（Cosby Show）和《洛城法网》（L. A Law）等很多热播节目。

据时任美国广播公司副总裁的格兰特·廷克（Grant Tinker）说："不同于其他大多数有意义的活动，温斯滕倡导的这次活动其实很简单，我们只需随心所欲地在节目中做点什么即可。"比如，在《干杯》栏目中，我们在酒吧的墙壁上粘贴了一张"指定司机"的海报；在《洛城法网》的一集中，哈里·哈姆林（Harry Hamlin）扮演的角色让酒吧服务员给自己的指定司机打电话。于是，人们逐渐开始接受这个概念，并形成思维定式——找"指定司机"是"每个人都在做的事情"。

在为期三年的时间里，这次活动取得的成功显而易见。到1991年年底，90%的美国成年人已对"指定司机"这个概念习以为常，而且他们的行为也开始发生变化。37%的人表示，他们自己也在某个时间给别人做"指定司机"，54%的人在彻夜狂欢后会找到"指定司机"接自己回家。

但更有意义的是，"指定司机"还一度成为生命的拯救者。在1988年到1992年期间，与饮酒相关的道路死亡人数下降了28%。[15]

大家都在看什么？

多年以来，针对我们的行为和选择在多大程度上会受他人行为的影响，研究人员开展了大量研究。20世纪60年代末，研究人员进行的一项试验尤为引人关注。按照研究人员的要求，实验对象在纽约市随机找到的一条繁忙的人行道上抬起头，凝视天空60秒。最初，只有一名实验对象站在人行道上抬头凝视天空，路过的行人匆匆忙忙，几乎没有人注意到他在做什么。然后，研究人员让五名实验对象站在同一条繁忙的人行道上，同时举头仰望天空，于是，停下来抬头望天的行人数量增加了两倍。[16]

当研究人员将抬头望天的实验对象增加到15人时，居然有45%的行人也好奇地停下来，和他们抬头仰望天空。通过进一步增加实验对象的数量，研究人员无意间说服了整整80%的路人停下匆忙的脚步，抬头望天。[17]

在试图说服居民按时提交纳税申报表和纳税的时候，明尼苏达州的税务官员也发现了类似规律。为了解哪些措施能最有效地激励纳税人依法纳税，他们向纳税人发布了四条不同的信息：

1. 请依法纳税——通过纳税，您正在致力于本地区的重要社会服务，包括教育、治安和消防等。

2. 不依法纳税将导致巨额罚款及其他后果。

3. 如果您需要帮助，或对某些税务要求存在疑问，请随时联系我们获得帮助。

4. 在您的明尼苏达同胞中，已经有90%的人履行了税法规定的义务。

或许我们都能猜到，数据最能说明问题。通过阅读第四条信息带来的税收遵从率远远高于阅读其他三条信息的总和。[18]

关注我们期望的结果

纽约大都会交通管理局在几年前的一次经历表明，鼓励他人主动选择会带来不可估量的结果。随着乘客逃票带来的成本不断增加，交通管理局不得不着手研究解决问题的方案。

事实已经证明，以巨额罚款或起诉来威胁逃票者的传统做法根本没有效果。尽管网传已有数百名执法人员和警察参与执法，但公交车的逃票率几乎没有任何变化（勉强从24%下降到22%），而地铁乘客的逃票率甚至从3.9%上升到4.7%。由于每年逃票造成的损失超过3亿美元，因此，政府急需采取有效措施。

此时，交通管理局的官员将目光投向国外，试图借鉴其他国家和城市在这方面的成功经验。通过对墨尔本和都柏林等城市解决逃票问题的策略进行研究，交通管理局发现，以前对惩罚性措施的强调不仅未能有效地解决问题，反而就是造成问题不断恶化的部分原因。

哥伦比亚商学院行为科学客座教授史蒂夫·马丁（Steve Martin）在这方面经验丰富，他曾协助全球多个城市开展以解决这个问题为目的的研究。马丁建议，解决问题的关键在于要强调大多数人都做出了正确的选择，而不是只关注少数违法者。他说："在纽约，95%的人是诚实的，但交通管理局显然没有利用好这一点，这就让他们错过了一轮大趋势。"根据马丁的说法，无论你在沟通中强调什么，都会产生社会认同效应，这就会带来更多人的效仿。如果把宣传重点集中于没有购买车票的乘客，那么，公众就会逐渐认为，逃票现象比他们所看到的情况更普遍。正因如此，基于"如果其他人都在这么做，那我也应该这么做"的观点，逃票行为开始增多。澳大利亚交通官员采纳了马丁的建议，在宣传中始终强调打造积极的社会认同感，使墨尔本市的逃票率从9.5%下降到7.5%。

墨尔本莫纳什大学（Monash University）公共交通教授格拉汉姆·库里（Graham Currie）建议，在城市改变逃票者的行为时，了解他们的内心世界非常重要。根据库里的研究，重复逃票行为的人往往并不属于贫困人群，相反，他们来自社会各个阶层，他们的动机也不尽相同，既有喜欢冒险的好奇心，也可能是在意识形态上反对支付交通费。但无论出于何种动机，说服逃票者的最好方法就是让他们不要怀疑"和他们一样的人"都会支付车费。与惩罚性方法相比，提出积极正面的方法更有可能改变人们的行为和态度。[19]

这就意味着，如果你想阻止盗窃、酗酒、涂鸦或任何其他不受欢迎的公共行为，那么，最好的策略是强调大多数人都在做正确的选择，而不是只盯着你想阻止的行为。尼克·科伦达在《说服方法》一书中也探讨了这个原则。对此，他通过一个例子说明了如何减少大学校园里的酗酒行为。他认为，如果张贴"最近的民意调查显示，本校的学生酗酒现象极为猖獗。请大家安全饮酒"的标语警告学生，可能未必会取得好的效果。既然如此，学校还不如以善意的方式提醒学生照顾好自己："最新民意调查表明，本校大多数学生都能做到理性饮酒。因此，请大家继续保持良好的饮酒习惯。"[20]

最有吸引力的中间地带

虽然社会认同可以成为说服人们放弃不良行为的有效工具，但它在影响个体从一开始就采取有利于自己和他人的积极行为方面也非常有效。

加利福尼亚州立大学社会心理学家韦斯·舒尔茨（Wes Schultz）在这方面的研究尤为突出。在这项研究中，舒尔茨及其团队希望能找到合理的方式，说服加利福尼亚州的居民主动节约用电。在项目开始时，研究团队对 300 户参与研究的家庭进行了耗电量调查，具体做法就是以一周为一个周期，根据一周开始时点和结束时点的电表读数得到这些家庭一周耗电量的基本情况。一周之后，他们开始为每个家庭发放"记分卡"，根据家庭实际耗电量与社区平均耗电量的比较，对该用户进行打分。

仅仅凭借这个记分卡提供的信息，就促使耗电量超过平均水平的家庭随后减少用电量 5.7%。但同样值得关注的是，那些用电量低于社区平均水平的家庭的用电量反而增加了 8.6%。这也是负面的社会认同引发负面效应的又一个典型事例。

研究人员认为，这些初步实验结果恰恰验证了一个基本原则，也就是人们经常说的"中间地带吸引力"原则。按照这个原则，一旦意识到平均水平，人们就会不自觉、无意识地调整自身行为，使之趋近于这个平均水平。

为进一步探索影响人们改变行为的其他方法，而且尽可能不带来非预期的负面效应，研究团队决定改用表情符号取代评分系统。对用电量超过平均水平的家庭，在记分卡的分数旁边增加一个"皱眉脸"的标志。与只提供分数时相比，在增加表情符号之后，这些家庭的用电量也出现了下降。但对耗电量低于平均水平的家庭，在记分卡分数旁边增加"笑脸"之后，他们继续维持之前的低用电量趋势。

这一点尤其值得关注。在只提供记分卡的验证效应时，低能耗家庭的用电量大幅增加，但"笑脸"的增加却抵消了这种趋势。[21]

对希望以社会认同效应推行积极行为的领导者来说，这个规律尤为重要。在全球畅销书《说服：如何赢得他人的信任与认同》（*Yes: 60 Secrets from the Science of Persuasion*）中，诺瓦·J.戈尔茨坦（Noah J. Goldstein）、史蒂夫·马丁和罗伯特·西奥迪尼发现，与其单纯地承认个人或群体的表现优于平均水平，还不如对这种行为给予明确的赞扬和欣赏，这会让结果大不一样。正如我们在第五章中所谈到的，自尊心和自豪感是推动人们改变行为的巨大推力。所有人都希望得到理解和赞美，而且甘愿为取得群体认可而加倍努力。

来自商业广告的启发

几年前，我出版了一本名为《记忆》（*Memento*）的书，这本书让我走出了舒适区。不同于以前的非小说类商业书籍，《记忆》面向的是一个全新市场，因而需要完全不同的创作方法。这是一本生活日记题材的赠阅类书籍。我在书中提出了一系列问题，旨在鼓励父母随时记录生活中的点点滴滴，并最终成为他们送给孩子的纪念品。在与旧金山纪事图书公司（Chronicle Books）签订了一份大型出版协议的十个月后，我和家人收拾好行囊，前往美国开展公关活动，为这本书的发行做准备。

不出意料，媒体采访依旧是最常见的广播电视与书面访谈，但是在我的这次公关日程中，还是有一次不期而遇的曝光点燃了我的兴趣。当时，我为一个家庭购物网络平台录制了一份商业广告。拍摄当天的早晨，我搭乘一趟前往佛罗里达州劳德代尔堡的航班。在机场，一位司机专门迎接我，他把我直接带到该平台的工作室，整理发型，为录制广告化妆。但可以肯定的是，我确实没有想到，这个广告竟然成就了我最美好的一次经历。

老实说，我之前从来没有太关注过电视广告，甚至经常觉得这种方式有点滑稽可笑。每次在电视中看到那些做作、浓妆艳抹的模特时，我永远都不会认真考虑他们推销的产品，更不用说相信他们的承诺。比如，你只需花 29.95 美元外加邮费，即可收到一台分五期付款的滚轮式健身器材。尽管我丝毫不怀疑这些商业广告的作用，但是在我的心目中，这始终是一种令人费解且不高明的产品销售方式。

但是在制作片场，我目睹主持人为新书广告一遍遍地排练，并在制片人通过耳机进行的指导下反复进行推广口号的拍摄任务。此时此刻，我对电视商业突然有了一种全新认识。当销售热线开通后，销售的火爆程度显然让我难以置信。与我之前略带偏见的假设恰好相反，在现实中，家庭购物行业不仅非常复杂，而且需要极高的策略性。

科琳·左特（Colleen Szot）是电视广告业的传奇人物之一，她为电视直播活动编写的剧本生动有趣，总是切中要害。当然，她的成功代表作无疑是为"Nordic Track"健身机设计的广告活动，这次宣传一举打破家庭购物网络行业已保持 20 年的销售记录。左特认为，她的成功可以归结为简单的一句话。

左特没有采用常见的宣传口号"经销商正在等着您，马上拨打电话吧"，相反，她把脚本改编为"如果经销商没有接听您的电话，请您稍后重拨"。从文字上看，两句话之间确实存在明显差异，甚至完全有可能适得其反。毕竟，从表面上理解，这暗示着客户可能要等待或在订购中遇到麻烦，这难道不是说尽量不要打电话订购吗？

但事实恰恰证明，这个措辞造就了一种社会认同感。这表明，其他人都在购买这款商品，如果你不买，那绝对是不合情理的。但这种方法不只是利用了我们在第二章里提到的部落冲动，还激活了另一种强大的动力——稀缺性。[22]

饥饿营销

我至今还记得几年前在新西兰奥克兰机场附近开车时，亲眼看到这个原则在我们的生活实践中起作用。就在汽车准备进入高速公路时，我抬起头看到一块雷克萨斯 SUV 的新车发布广告。但广告牌上没有任何吹捧新车性能、优点和卖点的华丽辞藻，只有一句再简单不过的话："你肯定不会随时见到它，但这正是我们喜欢它的原因。"这个口号显然会唤起一种精英主义的自豪感和商品的稀缺感。但这就足够了，没有什么语言比这更有内涵。

在日常生活中，每个人都受到过这个原则的影响。比如，我们到酒品商店准备买一瓶葡萄酒，但却不理解酒瓶标签上的含义。于是，我们大多会选择货架上所剩无几的一款产品，而不会选择还满满摆放 15 瓶的另一款葡萄酒。[23]这个现象说明，在现实生活中，我们有足够动力去做其他人都在做的事情，而且还要迅速行动，唯恐失去机会。

■　■　■

尽管我们总是口口声声地说，我们是独立的思想者，而且是拥有行动自由权的自立者，但我们的本能性思维在进行决策和判断时，往往会不自觉地去关注他人。正如社会与人类行为学家马克·伊尔斯（Mark Earls）在《从众效应：如何影响大众行为》（*Herd：How to Change Mass Behavior by Harnessing Our True Nature*）一书中所写到的："我们是在使用别人的大脑驾驭自己的世界。"[24]

社会认同感对改变他人思维和行动的影响的确不同凡响。本能让我们不想错过任何依附群体的机会，更担心被群体排除在外，因此，只要知道"他们"在做什么，"我们"就知道自己该如何决定了。

说服工具之十：专业提示

1. 对他人的想法或行为的清晰认识会给我们个人带来巨大影响。因此，强调数据和证据有助于表明其他人支持我们的行为或论点——尤其这些人明显代表"沉默的大多数"时。

2. 如果餐馆给某些菜品贴上"最受欢迎"的标签，那么，食客对它们的需求就会增强。因此，一定要把自己的想法和信息包装成广受欢迎或普遍被接受的样子。

3. 在使用社会认同效应支持自己的立场时，一定确保我们关注的目标恰恰就是我们希望培养的事物。要发挥社会认同的积极作用，需要强调人们正在采取的积极改变，而不是只盯着我们不想看到的负面行为。

4. 人类不仅生来就喜欢随波逐流、趋同避异，而且不甘落后。
   因此，选择合理的参照对象，可以帮助人们看清自己相对他
   人的位置。与单纯依赖数字相比，尝试多种多样的符号、图
   形指示器或表情符号，会给我们带来意外的惊喜。
5. 人类始终无法摆脱群体意识的强烈影响——任何错过机会、
   被群体抛弃的可能性，都会给我们带来恐惧。因此，我们要
   善于利用稀缺性和紧迫性去影响他人的观点和决策。

说服工具之十一：充分利用人们的从众心理

正如本章开始时所提到的，20世纪心理学最有意义的发现之
一并不是个体行为会如何变化，而是我们身在群体中会发生怎样
的行为变化。

在直觉上，我们都知道这是不可否认的现实。毕竟，坐在体
育场里，谁不会被周围观众的热情所感染呢？在拥挤的舞池里，
谁不会因为朋友之间的聚会而放松呢？但是在群体环境中，变化
的不只有行为。我们的信仰和思维方式也受到群体动态的影响。
造成这些变化的，也不只有前述社会认同效应带来的意识性影
响。自发性社会压力和群体意识的影响或许更大。

为此，在最近的一项研究中，研究人员请参与者回答一个问
题：当前社会面临的最重要的问题是什么？参与者有五个选项可
以选择：经济衰退、教育供给、颠覆活动、心理健康、犯罪和腐
败。在对参与者单独进行的调查时，只有12%的人选择"颠覆活
动"。随后，研究人员告诉参与者，选择这个答案的参与者人数最
多。于是，在下一轮调查中，高达48%的参与者选择了这个答案。[25]

这个现象的普遍性及其发生机制始终是诸多研究的关注点。在这方面，最早也可能是最严肃的研究，来自社会心理学创始人之一的所罗门·阿什（Solomon Asch）。早在 20 世纪 50 年代中期，阿什完成了这次具有开创性的研究。

在这次著名的研究中，他和来自宾夕法尼亚州斯沃斯莫尔学院（Swarthmore College）的研究团队招募了四名参与者。研究人员让他们坐在一张长桌旁，并让他们观看两张卡片：第一张卡片上有一条垂直的直线；第二张卡片上有三条垂直的直线，其中一条与第一张卡片上的直线长度相同。然后，研究人员让参与者回答：在第二张卡片的三条直线中，哪一条与第一张卡片上的直线长度相同。

这当然不是视觉错觉练习。即便是视力较弱的人，答案也是显而易见的。试验的关键在于，在桌边坐着的四个参与者当中，三个人均为研究人员事先安排好的演员——但第四个人并不知实情。按照要求，三个"演员"需要自信满满地给出错误答案。这样，研究人员就可以检验群体失误是否会影响唯一真正的实验对象。

在每一轮实验中，第四个人选择错误答案的概率均高达70%，也就是说，在大多数情况下，他会遵循群体的选择——尽管这并不是他看到的现实。[26]（值得一提的是，阿什研究中的个体完全是陌生人，所以不存在关系或情感上的理由来顺从他人。）[27]

源于群体的认知

即使看到这些结论，我们依旧会感到迷惑不解，怎么会发生这样的事情呢？既然如此，我们不妨把自己想象成阿什研究中的那个"第四人"。此时，你的脑海中或许会出现这样的情景：研究人员问你卡片 B 中的直线与卡片 A 中的哪条直线长度相同。此时，你当然不会被群体共识所迷惑。但是根据过去数十年的研究，你"固执己见"的概率微乎其微。这并不是因为你意志薄弱，或者易受外界影响，而是因为你是个人，是一个身处群体中的个体。在《助推》一书中，理查德·塞勒和卡斯·桑斯坦指出："这就像人们怂恿你把照片中的狗说成猫，其实没有特殊原因，只是因为之前的人都这么认为。"[28]

正如一位行为学家所言，阿什的研究"显示出我们与群体相融的强烈意愿，即便我们很清楚群体的决策或行为是错误的。因此，无论是社会时尚潮流、街头骚乱还是 20 世纪 30 年代的德国纳粹党成员，种种怪异的社会现象都可以从这种同样怪异的心理癖好中找到答案。"[29]

阿什本人也对这种从众心理发出警告："我们发现，社会中的从众倾向非常强烈，以至于丝毫不乏智慧和善意的年轻人也会把白色说成黑色。"[30]

如果用阿什的研究看待今天的网络世界，结果或许会让我们不寒而栗——我们坐在一个更大的"房间"里，周围有更多的人在影响我们的观点。无论是主流媒体，还是非正式的社交媒体，我们都会不加思考地认为，多数人的观点必定是正确的观点。已经有研究者通过在线环境复制了阿什的研究，这也为群体思维和从众心理提供了生根发芽的沃土。

在另一项影响巨大但却具有颠覆性的研究中，阿什居然真的发现，在一个群体中，即便是最轻微的异议，也会彻底"推翻"服从的魔咒。在前述研究的基础上，阿什又陆续进行了一系列改进版研究。在其中的一次研究中，他要求三位假扮者中的一人给出正确答案。然而，就是这唯一正确的声音，便让不知情的"第四人"打破群体意识的围攻，果断坚持他所看到的事实。[31]

被抛弃感的恐惧无法抗拒

我们在决策时之所以容易坠入从众陷阱，很重要的一个原因就是我们会本能地担心落后或被群体抛弃。如果我们感觉其他人正在做出某种选择，或者正在向着特定方向前进，那么，本能会告诉我们，跟随是最好的选择。当然，还有一部分原因或许源自人类游牧的过去。[32]

当然，这种从众强迫症还可以解释我们为什么会心甘情愿地遵守社会规范。模仿和复制他人的行为和习俗，可以确保我们能为部落所接受。而打破社会规范或与大多数人意见相悖则是危险的，因为这可能会让我们被群体驱逐，至少会让我们在群体中感到羞耻和尴尬。[33]

在代表作《我们的问题是什么?》中，蒂姆·厄班对这种心理倾向的现实呈现方式进行了思考。他指出："挑战（部落）最高理想的人不仅会被视为犯错者，还可能被定义为恶人。因此，群体秩序的违背者可能会遭受身份贬低、名誉受损、等同于监禁的社会排斥甚至是被永久性逐出群体的惩罚。"[34]

从众心理的复合效应

群体本能最重要同时也是最具说服性的一个特征，就是群体意识的扩散机制。一旦某个想法被群体接受，那么，它在群体中的传播速度就会呈现出指数型增长模式。此外，大多数人持有的信念，很快就会成为群体的一致性认识。比如，有相关研究表明，在群体中，如果75%的成员持有某种信念，那么，剩下的25%的成员自动受到影响，在不加判断的情况下全盘接受这个观念。这意味着，在现实中，完全不必说服所有人接受你的想法或观点——只需说服其中75%的人就足矣。

同样有意义的结论是，反向逻辑也成立：当趋势开始与你的信息或观点相悖时，那么，一旦支持你的人不到75%，从众趋势很快就会让你成为被抛弃者。[35]因此，只要一个观点、想法或新闻故事能吸引到足够多的人，它就有可能成为趋势。此外，即使出现与既定观点或描述相矛盾的新事实或新依据，但只要既定观点或描述还足够强劲，新证据就不会得到应有的关注，更谈不上产生影响。

对此，马克·罗德（Mark Roeder）在《大动量：什么控制了我们的世界？》（*The Big Mo：Why Momentum Now Rules Our World*）一书中写道："这就可以解释，很多新闻报道，尤其是重大新闻，似乎总有一种似曾相识的感觉，它会把观众带入预设的氛围。因此，即便事态突然发生逆转，我们也很少会感到意外。毕竟，故事情节早已深入人心，即便是虚假的，也很难被推翻。政客们最清楚这一点，只要能把他们宣传的事业变成趋势，而后继续推动，并持续提供支持性'信息'，于是，它就会转化为可自我延续的趋势。在趋势面前，任何对手都无法阻挡。"[36]一旦群体接受某个观念并开始沿着这个方向前进，那么，几乎没有什么力量能阻挡它。

时机决定一切

大规模变革的这种群体属性，可以帮助我们理解公众舆论的转变方式，以及这种转变为什么会这么迅速。因此，对任何事物，只要把握其现有趋势，我们就能大展手脚。换句话说，要发挥影响力，最有效的方式不是创造一波浪潮，而是吸引人们搭上一波已形成的浪潮。

冲浪者最有感触，乘风破浪的关键是把握时机——变革的浪潮尤其如此。时机决定了新思想或新行为能否成为潮流，并获得广泛关注。

雅典的古代修辞学家把这个概念称为"Kairos"（契机），或者说，这是一门抓住完美瞬间进行说服的艺术。杰伊·海因里希斯在《说服的艺术》一书中指出，"契机"的含义就是把握个人或群体最可能接受你观点的时机，而后抓住这个决定性的"说服时刻"。[37]海因里希斯认为，马丁·路德·金是把握"契机"的当代最杰出的代表人物。在被囚禁时期，金就已经本能地认为，很大一部分美国白人已准备把监狱里的这个黑人视为殉道者——在几年之前，他们或许还不会这么认为。[38]

除了确定引导群体转变观念的时机并充分利用趋势，有意义的说服还需挖掘人对群体所固有的责任感。

践行义务

"瑞士"这个词很容易让人联想起郁郁葱葱的绿色牧场、雄伟的雪峰、清澈的溪流和古朴的小木屋。或许没有人会想到核废料，但事实也许就该如此。

几十年前，瑞士向核能开发方向迈出了决定性一步，目前，整个国家已有40%的地区使用核能。核电或许是保护环境的重要措施，但多年以来产生的废弃物也不容小觑。1993年，瑞士政府开始认真对待核废料处理问题。最终，他们确定了两个最合理的城镇作为核废料集中存放地。但最大的障碍就是如何说服当地居民接受该计划。

由于不确定当地居民的反应，瑞士官员聘请苏黎世大学研究人员对他们开展调查。在市政厅召开的会议上，研究人员召集一批当地居民作为调查样本，并直截了当地问他们："假设国家放射性废物储存合作社（NAGRA）在完成勘探后提议在您所在的城市建设中低放射性废物储存库，您接受这个提议的可能性有多大？"

可以料想的是，这个方案会让很多当地居民感到紧张。但即便如此，仍有超过一半的居民（50.8%）支持该项计划。研究人员认为，这个结果或许可以解释为居民对民族自豪感以及对国家共同利益的思考，即每个城市都应该"以集体利益为重"。对政府官员来说，这确实是一个难以置信的有利信号，但问题依旧严峻，他们此时面对的最大挑战就是如何说服49.2%持反对意见的居民。

为探索如何争取更多支持的方案，研究人员召集另一组居民作为新的研究对象，与他们分享了之前提供给第一组研究对象的方案。但新一轮研究做出了一项关键调整，即提前告知这些居民，如果他们所在的城镇成为中低放射性废物储存库建设地，作为补偿，居民每人每年将获得5000瑞士法郎。

如果从纯粹的经济角度看，这种方法争取到的支持率理应超过第一组调查对象，当然，研究人员肯定会有这样的预期。但令人不可思议的是，调查结果表明，只有24.5%的人赞成提议，支持率仅相当于无经济补偿情况下的一半。更让他们费解的是，随后，当研究人员将经济补偿金增加一倍时，支持率没有任何变化。这确实有悖于直觉——经济补偿反而成为抑制因素。[39]

这确实与常识和惯例背道而驰。因为我们大多数人都会这样认为，如果想激励他人接受可能带来负面效果的事情，最好的方法就是为他们提供某种形式的补偿。但越来越多的研究表明，财务性激励措施不仅在效果上不及以社会责任为目标的激励措施，甚至有可能适得其反。

动机和利他主义：我们必须做出选择

美国国立卫生研究院（NIH）的研究人员认为，造成这种反差的原因在于，处理经济激励和社会责任属于大脑不同部分的功能。

美国国立卫生研究院通过大脑功能扫描发现，在面对现金支付之类的传统激励时，负责处理相关刺激的部位是我们大脑中的伏隔核（Nucleus Accumbens）。大脑中的这一部位通常被称为"快乐中心"，在接收外界刺激时，它们会释放出具有高度奖励性的多巴胺激素。可以设想，现金激励会让人产生满足感、活力和喜悦。

相比之下，在面对帮助、贡献或对他人负责之类的请求时，被激活的部位则是大脑中的后部颞下沟（Posterior Superior Temporal Sulcus）。这里是大脑中负责社会交际的部位，并对建立联系、形成人际关系以及感知他人的方式有重大影响。它对利他主义意识以及与群体建立联系的社交信号非常敏感。[40]

因此，问题的关键就在这里。不同于我们大脑中可发挥类似作用的其他部分（如控制语音和运动的部位），负责"社交"和"奖励"的这两个部分相互排斥，永远不能同时发挥作用。也就是说，在任一时刻，在两者之中，只能有一个在支配我们的思维和决策。

在这些研究成果的基础上思考瑞士核废料事件的处理过程，组织文化专家奥里·布莱福曼（Ori Brafman）指出："在这次研究的前半部分，由于未提供资金刺激，人们的大脑受利他主义中心控制，在这种情况下，人们权衡的是建设核废料场带来的危险与维护国家利益的机会。在研究的后半段，由于引入资金激励，于是，人们处理事情的方式也发生了彻底变化。此时'快乐中心'接管了他们的思维和决策，因此，他们需要面对新的权衡：一方面是在附近倾倒核废料带来的危险，另一方面是'赚快钱'。但5000法郎的刺激显然不够强烈，还无法撼动他们的'快乐中心'。"[41]

随后，布莱福曼把大脑中的这两个部位比作两台不能同时运行的发动机。在任何情况下，我们只能听任其中一台发动机的指挥，也就是说，我们无法兼顾利他主义或利己主义，只能在两者之间选其一。

本能的召唤

在畅销书《怪诞行为学：可预测的非理性》（*Predictably Irrational*）中，麻省理工学院斯隆管理学院丹·艾瑞里探讨了这个现象的含义。在书中，他用一个典型事例说明，将利他主义与利己主义动机混为一谈，可能会带来适得其反的效果。在艾瑞里讲述的这个例子中，一家日托中心试图解决父母接孩子迟到的问题。为改善准时率，日托中心对迟到的父母处以罚款，但结果却发现，这反倒导致更多家长迟到。而且迟到父母的数量几乎增加了一倍。[42]

在研究为什么会出现这种适得其反的结果时，艾瑞里指出，在实施罚款政策之前，父母只需面对非意识性的社会压力，这种压力促使他们自发地按时接孩子。因为他们很清楚，如果迟到，就意味着孩子的老师不得不留下来等待家长，因此，迟到会让父母们感到内疚。但由于各种各样、可控不可控的原因，迟到的情况仍会不时发生，并且难以避免。但是在利他主义和同理心的驱动下，父母还是会尽可能地准时达到。

在实施罚款政策之后，是否按时接孩子的决定就变成了一个纯经济选项。父母在决定是否迟到时，会采取典型的成本效益分析。当然，如果迟到，他们会付出经济成本，但如果罚款成本低于他们在下午获得更多自由时间带来的好处，那么，迟到就变成一个合理的选择——基于同样的逻辑，更多的人会从自身利益出发做出这个选择。

几周之后，日托中心也意识到这个问题，于是，他们取消了罚款规定。正如艾瑞里在书中所述，这恰恰是故事变得更有趣的情节。"现在，激励中心的主导权再次回归社会规范。但父母的判断标准也会回归社会规范吗？内疚感和责任感是否会再次成为决策的标准呢？根本就不会了。在罚款被取消之后，父母的行为没有丝毫改变，他们继续迟到接孩子。事实上，在罚款政策取消后，迟到接孩子的人数反倒略有增加（毕竟，在他们的思维中，社会规范和罚款都已不复存在）。"[43] 在思考这些变化带来的影响时，艾瑞里认为，利他主义动机被利己主义所取代，这是一种不可恢复的变化，利他主义就不会再有登堂入室的机会。[44]

针对这个原则在不同情景中的应用情况，几年之前，两名瑞典研究人员开始研究资金激励措施对人们献血意愿的影响。两个人来到哥德堡的一家献血中心，并招募了一批有献血愿望的女性志愿者。

在同意参与研究后，他们把这些女性志愿者分为三组。首先，他们对第一组志愿者献血表示感谢，但告诉她们，义务献血不会获得任何经济补偿。第二组献血志愿者将获得50瑞典克朗（约7美元）的现金补偿。最后，他们告诉第三组志愿者，在每个人献血之后，他们将把50瑞典克朗捐献给癌症儿童慈善机构。

到这里，我们或许可以猜到结果。在第一组志愿者中，52%的人同意继续献血。相比之下，在第二组志愿者中，只有30%的人决定献血。但最引人注目的是，献血率最高的是第三组志愿者，53%的人同意献血。正如丹尼尔·H.平克在其著作《驱动力》中所言，这种物质激励"不仅玷污了利他主义行为，还'排挤'了我们做好事的内在欲望"。[45]

归根到底，与群体相关的社会规范和经济激励因素并不兼容，一旦混淆起来，就会带来问题。

因荣誉而承担义务

重要的是，我们对集体的责任感不仅受利他主义的驱使，还会受到我们的荣誉感所驱动。

美国五角大楼聘请的研究人员对这一点深有感触。几年前，五角大楼曾试图说服现役军人及其家属到军事疫苗局接种天花疫苗。当时，五角大楼担心恐怖分子可能会把这种传染病用作生物武器，因此，接种由军事疫苗局提供的疫苗事关国家安全。

尽管这个要求合情合理，但仍遭到服役军人的强烈抵制。原因并不是存在某种反对疫苗接种的社会思潮，而是接种会导致三头肌上留下永久性疤痕。对很多年轻的男性士兵来说，这里恰恰是他们最喜欢文身的部位；很多女性军人则担心，这会影响到她们穿无袖连衣裙的美感。尽管疫苗接种负责人完全可以下放接种疫苗的军令，但他们还是希望通过这次研究，找到能说服士兵自愿接种的方法。

为此，他们找到说服专家杰伊·海因里希斯，希望他牵头开展此次研究，探索最有效的说服方法。经过大规模的采访和研究，海因里希斯认为，最可取的策略就是不回避疤痕问题，而是把疤痕视为荣誉的象征。在一个焦点小组中，调查对象也指出，在外人眼里，军人在从军经历中留下的伤疤往往会被视为力量、勇气和牺牲的象征。正如一名军人在讨论中所说的那样，这是代表高尚和勇气的伤疤，你可以把它解读为文字上的"荣誉徽章"。

这场思想讨论和启蒙活动最终引发了一场社交媒体运动，在媒体上，人们可以看到现役军人挥舞手臂展示伤疤的视频。在视频里，他们自豪地告诉大家自己的疤痕由何而来。有些人说疤痕是"为国家"而来，还有人说疤痕是为他们的孩子或他们的爱犬而来。总之，他们想到的事情形形色色、五花八门，但归根到底，他们都把疤痕视为荣誉和幸福。几乎在一夜之间，美国军人对军事疫苗局免疫接种的认识发生了翻天覆地的变化。疤痕不再是损失或代价的象征，而是荣誉和自豪的标记。[46]

尽在眼中

虽然利他主义和荣誉是人类行为的强大动机，但从众本能的内涵在于，我们不仅要做被社会所接受的事情，而且还要让人们看到我们正在做这些事情。令人费解的是，即使我们的行为并没有被周围人关注，哪怕只是有人可能正在关注我们的微妙暗示，也会说服我们采取对社会负责的行为。多项研究表明，仅仅被他人看到，就足以激励我们做出改变行为——完全不需要照片这样的证据。

在说服大学生不要在自助餐厅乱扔垃圾时，研究人员发现了这个现象。这项研究包括两项相互独立的试验。研究人员在自助餐厅的墙壁上粘贴了一张有很多花朵的照片，然后，再用一张印有眼睛的海报取代这张照片。在墙壁上出现第二张海报时，研究人员发现，仅仅是印有眼睛的图片，就导致学生乱扔垃圾的数量迅速减少了一半。有趣的是，研究人员在后续试验中对"眼睛图像"的影响进行了检验，他们发现，随着自助餐厅里人数的增加，效果更明显。[47]

那么，在试图劝说人们采取某种行为（积极引导，而不是乱扔垃圾这种需要禁止的消极行为）时，同样的现象是否会出现呢？2006年，心理学家梅丽莎·贝特森（Melissa Bateson）、丹尼尔·内特（Daniel Nettle）和吉尔伯特·罗伯茨（Gilbert Roberts）对此进行了研究。这次试验的背景是英国纽卡斯尔大学的一个办公餐厅。研究人员把类似的图片粘贴在墙壁上靠近诚实箱的位置，按照规定，就餐者在取走食物和茶后需要自觉地把钱币投入这个箱子，由于无人看守，因此，是否投币完全取决于使用者是否诚信。在对比花朵照片与眼睛图片的影响时，研究人员发现，在诚实箱附近放置眼睛图片的投币数量相当于使用花朵图片的三倍。在随后数周内，三位研究者又进行了多次测试以排除图片以外因素的干扰。[48]

这些发现与弗吉尼亚大学研究人员进行的一项研究不谋而合。研究人员在儿童博物馆的捐赠箱上方粘贴了一张眼睛图片。仅仅因为看到这张图片，游客的捐赠额便惊人地增加了80%，研究人员称之为"眼睛注视效应"。弗吉尼亚大学心理学教授阿姆丽莎·瓦依什（Amrisha Vaish）认为，这一切与我们对群体所拥有的内在责任感有关。简单地说，我们天生乐于助人、慷慨大方、光彩照人，而且希望别人也这么看待自己。

除激发社会责任感之外，另一种工具也可以帮助我们利用群体本能启发思维变革，这就是同步性（synchronicity）。

人以群分效应

与他人在行动上保持一致具有独特的说服效应。大量研究表明，在群体环境中，如果我们的行动与群体保持同步，那么，我们就会认为我们与群体中的其他个体有更大的融合性。更重要的是，我们会以更积极的方式评价群体中的其他个体。

在这一点上，有大量证据表明，音乐和唱歌都是极具说服力的独特因素。说服专家罗伯特·西奥迪尼认为，音乐始终是人类文明的基本特征，这是有充分理由的。节奏、韵律、强度和音调的有机结合，使得音乐"拥有难得一见的同步性"。

作为证据，不妨看看德国学者针对4岁儿童开展的一项特殊研究。在实验中，研究人员引导第一组孩子绕圈行走，在一名引导员的陪伴下，孩子们边走边唱，步伐与播放的音乐节拍保持一致。第二组孩子则两两分组，绕圈行走，但没有音乐伴奏。

经过一段时间的练习后，研究人员要求孩子们做一些对引导员有帮助的事情。而提供帮助的代价，就是孩子需要牺牲自己的游戏时间——这对4岁孩子来说并不容易做到。这时，研究者看到一个有趣的现象，那些踏着音乐节拍绕圈行走的孩子们更有可能为引导员提供帮助。他们中主动帮忙的比例相当于没有音乐伴奏的孩子们的3倍。

西奥迪尼对这项研究结果的结论进行了分析。他说："孩子们之所以愿意做出个人牺牲，并不是因为他们对提供帮助或拒绝帮助进行过理性权衡。愿意帮忙的根源完全不在于理性。相反，这种动机完全是自发的，源于他们的本能，归根到底，是因为音乐伴奏背景让他们在本能层面上产生更强烈的情感关联。"[49]音乐本身所固有的协调性和同步性，似乎以某种方式激活了我们的本能性思维，因此，从说服角度看，音乐的作用不可小视。

但音乐对情绪的影响也会让我们迷失方向，并导致我们不加思考地接受不良思维。尤其是音乐让我们感觉自身行为与群体同步时，我们的判断力会受到严重削弱。针对这个话题，伏尔泰的一句名言可谓一语中的："任何愚蠢到无法用正常语言表述的事物，都可以用歌声唱出来。"广告业的一句俗话也表达了类似观点："如果你不能用事实向人们证明自己的观点，那就唱给他们听。"[50]

为此，斯考特·维尔特姆斯（Scott Wiltermuth）和奇普·希思进行了一系列试验，通过让实验对象参与各种同步活动，解读同步行为对成年人说服力的影响。在试验中，有些人练习齐步行走，而另一些人则进行舞蹈、瑜伽拍手或集体唱歌等活动。

在维尔特姆斯和希思的研究中，一个最引人关注的发现就是同步性与合作性的联系。研究结果说明了一切：与仅仅参与集体活动但完全不考虑同步的实验对象相比，参与同步行为的人在事后会展现出更多的合作性。值得注意的是，他们还发现，即使人们对群体中的其他成员没有特殊情感纽带，情况依旧如此。也就是说，即使没有合唱、齐步行进、及时鼓掌或大家在听到笑话时一起大笑这么简单的经历，只要能达到某种同步性，就会自发地带来合作性。[51]

■ ■ ■

群体本能在塑造行为、态度和观点方面确实功能强大。我们生来就有一种服从群体的心理倾向，因此，如果能有效利用这一点，就会成为改变个人和群体思维的有效方式。更重要的是，我们对社会认同感的依赖性表明，责任、荣誉和利他主义的吸引力是利己主义无法企及的，因而可以为改变行为提供更强大的激励。

说服工具之十一：专业提示

1. 要改变他人或群体，我们首先要把握趋势，并与趋势保持一致。值得庆幸的是，我们不需要让所有人都接受新的想法或观点。其实，只要能赢得 75% 以上的选票，那么，群体本能就会帮助你顺水推舟地赢得剩余选票。

2. 要做到利用群体趋势，时机最重要。因此，我们需要认真解读趋势的细节，而后选择最佳时机。更重要的是，最有效的方式不是创造一波新趋势，而是吸引人们跟随已形成的趋势。

3. 群体本能意味着，如果从集体利益出发，人们会采取从个人利益出发而不会采取的行为。虽然传统的激励措施也会激励改变，但更明智的做法是启发他人以利他主义意识和群体责任为重。需要提醒的是，在我们的大脑中，负责"社交"和"奖励"的两个部分相互排斥，永远不会同步工作。但还是要当心，不要误入利他主义和利己主义的陷阱，因为这有可能适得其反。

4. 体会荣誉并享受他人给予荣誉的欲望会给我们带来强大的动力。因此，在制定变革议程时，我们要充分发挥人们的集体责任感以及集体意识所崇尚的价值观。

5. 物以类聚，人以群分。鼓励人们采取与群体同步的行动和体验，这样，他们更有可能感受到与群体的关联性，并甘愿接受群体的影响。其实这很容易做到，比如让人们一起做动作、一起鼓掌或一起大笑。

说服工具之十二：以互惠为本

从很小的时候起，我们就被灌输礼尚往来的思想。但事实并非如此。无论是否有人教导我们应该以德报德、以善报善，从人类的本能出发，这似乎是我们颠扑不破的为人准则。美国社会学家阿尔文·古尔德纳（Alvin Gouldner）认为，在有据可查的人类社会历史中，互惠互利永远是社会规范的基本准则。英国古人类学家、肯尼亚博物馆馆长理查德·利基（Richard Leakey）对此表示赞同。他认为，如果没有相互承担义务的基本要旨，人类社会就不会发展。他说："因为我们的祖先早就认识到，生存需要一种崇尚义务的基本秩序，所有个体要自发地分享食物和技能，正因如此，我们才成为人。"[52]

互惠原则的逻辑简单：如果有人造福于你，但你未回馈于人，就会产生福利真空——在大自然中，一切真空都无法存在。从财务角度看，如果我们拖欠于他人，就必须平账，否则，在复利效应作用下，债务日积月累，账务会愈加地失衡。归根到底，无论是基于原始的自然规律，还是高深的复利效应，我们需要偿还的一定多于我们最初收到的。

当然，这里所说的是一种社会性债务，它可以是一个微笑、一句赞美、一次帮助或一份礼物，但互惠法则告诉我们，不管这份债务源于我们的主动请求，还是对方不请自来的资助，偿还永远是天经地义的责任。[53]正如流传于日本的一句谚语："人世间最珍贵、最无价的礼物，莫过于免费的赠送。"[54]

以回报答复收获的社会性冲动，是指导人们决策和行为的一种重要力量。但如果作为说服工具使用，则需要谨慎选择，千万不要让它成为道德绑架的工具。只要坚持相互理解、开诚布公的基本原则，互惠和大方足以让顽固不化的人因感而变。

激励机制的效力

在思考互惠效应的感染力时，影响力专家罗伯特·西奥迪尼以最简单的语言阐述了最深奥的道理："有愧于人难说'不'，亏欠于人加倍还。"其实，在日常交往中，我们时常会有这样的体验。比如，针对糖果店购物者的统计研究表明，当购物者在进入店面时收到一块免费的小巧克力作为礼物，那么，42%的人最终会兑现购买行为。

针对这个话题，西奥迪尼特别提到了一项研究。这项研究的内涵与本章开头所述重复使用酒店毛巾的示例非常相似。当不知情的实验对象进入酒店房间时，他们马上会看到放置在显眼位置的一张卡片，提醒他们要尽可能地重复使用毛巾以保护环境和节约能源。但这张卡片又继续提醒客人，酒店以全体入住客人的名义，向一家关注可持续发展事业的慈善机构捐赠资金。此前入住的客人已收到通知，由于他们已采取重复使用酒店毛巾的做法，因此，在他们结账离开后，酒店已从其收入中扣除一定比例作为慈善捐赠。调查结果证明，在实施这项举措之后，客人主动选择重复使用酒店毛巾的比例提高到47%。[55]尽管这种策略确实行之有效，但西奥迪尼还是提出警告，利用互惠法则确实会带来风险。"有些接受者或许不喜欢不请自来的回报——因为他们并无此需求，还有一些人则无法判断回报是否对自己有益。"[56]

实现互惠的秘诀

为检验接受者所感受到的回报价值，蒙莫斯大学（Monmouth University）行为科学家大卫·B.斯特罗梅茨（David B. Strohmetz）进行了一项试验：餐厅向客人免费赠送一块巧克力，看看这种行为是否会影响客人送给服务员的小费金额。

试验分次进行。在第一轮试验中，按照研究人员设计的方案，服务员在结账时为每位用餐客人赠送一块糖果。和不提供免费巧克力的情景相比，这个举措导致客人赠送的小费金额稍微增加了3.3%。在第二轮试验中，服务员为每位用餐客人赠送两块巧克力，小费金额增加14.1%。

按表面价值看，这一增长幅度在情感和经济上都合情合理。毕竟，别人给予我们的越多，我们就越有可能以实物回报。但斯特罗梅茨这项研究最神奇的时刻由此出现。在第三轮试验中，服务员从手中的篮子里给每位用餐者拿出一块巧克力，随后准备转身离开，但是在貌似思考之后又停了下来，转过身，走回餐桌边，向每位客人赠送了第二块巧克力——整套动作既像是经过深思熟虑的考虑，又像是完全发自内心的举动。然而，就是通过这个貌似简单实则深刻的"表演"，客人赠送的小费金额再次增加21.3%。研究人员在多家餐厅进行了检验，客人居然无一例外地增加了小费金额。

根据这些实验的结果，斯特罗梅茨总结出，三个因素会影响到互惠原则的说服力和说服效果。礼物和举止必须具有如下特征：

➤ 重要性
➤ 非预期性
➤ 个性化

以餐厅向客人赠送免费巧克力这个案例为背景，看看这三个要素是如何起作用的。首先。赠送第二块巧克力的行为完全出乎客人的意料，而且非常重要，因为在客人的心目中，赠送一块巧克力是司空见惯的做法。同样值得注意的是，"重要"是一种感觉，并不一定意味着在数量上的"大"。毕竟，对餐厅来说，多赠送一块巧克力绝对算不上一笔巨大的财务支出，但客人在心目中所感受到的价值明显高于一块巧克力。而小费的金额从 3.3% 增加到 14.1%，就是对这种价值观最有利的证明。

但第三个元素个性化才是这个试验中最神奇的要素。在整个过程中，最关键、最有意义的并不是礼物本身的数量或价值，而是赠送这种方式。服务员原本准备离开，但是在貌似三思而行之后，再次转过身，走回他们的餐桌边，再次向他们赠送第二块巧克力，这一系列行为向旁观者传达的信息是：这并不是所有客人都会收到的礼物。这一系列行为的意义尤为重要，因为它表明服务员对那张餐桌的客人表现出特别的关爱，反过来，客人也会以小费作为回应。这就从礼物和金钱的角度体现出，在所有人的心目中，人与人之间的亲和力都是最珍贵的。

同样，这种方法必须具有的真实性，必须展现出足够的诚意。如果频繁使用这个策略，对所有客人重复相同的做法，这无疑就把策略变成表演，只会得到唾弃，遭到个人的厌烦，结果只会适得其反。但斯特罗梅茨设计的这些试验的确意义重大。在我们试图改变或激励他人采取某种行为时，要充分发挥互惠的力量，就必须保证你的每个动作和每次回馈对接受者确有帮助，必须能给他们带来意料之外的惊喜，而且对他们来说又恰如其分。显而易见，这需要一定程度的思考、创造和研究，但效果肯定值得期待。[57]

回馈的新鲜感

虽然数十年的研究均表明，举止与礼物的重要性、非预期性

和个性化至关重要，但我依旧认为，互惠因素还需要具备第四个
要素：及时性。

斯坦福大学商学院的心理学家弗朗西斯·弗林（Francis
Flynn）通过试验发现，接受者对礼物与回馈所感受到的价值会随
着时间的推移而变化。根据弗林的研究，在给予恩惠后的短时间
内，接受者对恩惠的重视程度明显高于施予者。但随着时间的推
移，情况会发生逆转。总体而言，施予者会逐渐高估施予的价
值，而接受者则会逐渐降低恩惠的价值。

弗林认为，这个现象的发生有诸多原因，但最重要的是，我
们的感知和记忆往往会随着时间的推移发生扭曲。大多数人会从
向善的角度看待自己，提升自己在道德平台上的高度，于是，在
回忆我们昔日做出的每一个善举时，会不自觉地认为这个举动越
来越伟大、越来越高尚。反过来，接受者则会采取相反的逻辑。
也就是说，对于昔日接受的帮助和恩惠，随着时间的推移，他们
会越来越低估其重要性；相应地，他们对这些帮助和恩惠所给予
的感恩度也会不断降低。

弗林的研究具有重要意义。首先，如果你施惠的目的就是让
他人对你感恩戴德，那就尽快促使他们采取行动，或者把回馈转
化为对方未来不能回避的义务，以至于你甚至直言不讳地说：
"我相信如果情况反过来，你也会为我做同样的事。"当然，这需
要谨慎行事，千万不要让对方误解你的善意，以至于让对方认为
你貌似无私的帮助是一种对彼此之间关系的操控，你的帮助不仅
不足为惜，甚至还不及赤裸裸的银行信贷。[58]

回馈的特殊感

由此可见，帮助和恩惠在激励互惠行为中的作用不可估量，

但需要强调的是，还有一种方法是没有任何成本的：开诚布公。

让对方感受到你对他们充分信任，以至于你可以开诚布公地与之分享秘密，共享某些私密信息，这就会让对方在无意间建立一种强大的责任感。每个人都想知道自己到底有哪些与众不同之处。这些细节越具有私人性，就会让他们越发感到自己的特殊之处。这是"好警察"在审讯过程中常用的方法。他们会说"哦，没问题，这不属于笔录范畴，但我觉得你应该知道……"，或者说"我本来不应该告诉你这些，但是……"，通过这种貌似轻描淡写的关心式语言，可能会让你在瞬间与对方形成一种默契，让对方觉得自己很重要，而且正在得到你的关心；反过来，这也激励他们以正面思维看待你，甚至可以做到以诚相待、互通有无，进而向你分享某些重要信息。[59]

尽管开诚布公是实现互惠的强大工具，但它必须以足够的理解和不偏不倚的态度为基础。如果让对方觉得自己被玩弄了，那么，无论你怎样努力，说服都不会有任何效果。可以说，这是让有关说服的一切努力功亏一篑的最佳方式。

罗杰·杜利（Roger Dooley）在其代表作《大脑的影响》（*Brainfluence*）中，概况了一系列争取他人信任并借此创建信任的做法，其中包括：

➤ 在几乎毫无限制条件的情况下，为对方提供贷款或试用品。

➤ 在创建信贷关系的过程中，放弃貌似冗长的表格和烦琐的筛选过程。

➤ 在不让客户签署保密协议的情况下共享机密信息。[60]

正如杜利所言，使用这些方法建立互信，有助于激发强大的社会责任意识，因为"一个认为你信任他的客户，更有可能投桃报李，以相同的信任回报于你"。[61]

行为心理学家苏珊·威辛克对此表示赞同："如果人们信任你，那么，他们就更有可能去做你希望他们做的事情。"为了培养这种有助于实现互惠的信任感，威辛克提出了一系列建议：

> ➤ 请他们完成通常由你自己独立完成的重要任务，而且不要对他们的工作指手画脚、评头论足。
>
> ➤ 把你本人公寓的钥匙交给别人，这样，在你度假时，请他们帮忙照顾你的宠物，或是为你养的植物浇水。
>
> ➤ 主动让他人借用你自己的汽车或其他贵重物品。
>
> ➤ 邀请他们在重要会议上做报告。

威辛克认为，采取这些方法的意义在于，它们可以触发对方大脑释放出更多引发社交关联性的激素。正如我们之前看到的那样，这种强大的激素是信任、亲和力，以及由此产生的互惠互利中不可缺少的重要成分。[62]

赠送礼物、给予帮助或特权可以带来对方的回馈，这种互惠效应不难理解，但义务对等原则或许可以带来意想不到的回报。

好感具有相互性

在竞选连任宾夕法尼亚州议会议员时，本杰明·富兰克林曾饱受争议。其中，一位尖刻的反对者发表了一篇措辞严厉的演讲，对富兰克林本人及其性格进行了猛烈抨击，实际上，两人之前从未真正谋面。尽管这场演说让富兰克林感到难以忍受，但他的反应却出乎意料。他并没有采取针锋相对的措施，以同样刻薄的斥责作为回应。相反，他给这位反对者手写了一封信，请求对方把当时难得一见的一本书借给自己。可以想象，在收到这封信时，这位对手对富兰克林的请求一脸茫然，但还是欣然应允。不久之后，富兰克林归还了这本书，并捎带附上了一封感谢信。

两人最终得以谋面，当时，他们进行了一次对话，在自传中，富兰克林将这次会面称为"难以置信的和谐"，两人最终成为挚友。富兰克林很清楚，如果你想让别人支持自己或对自己产生好感，那么，只需请他们为自己帮忙。因为向我们求助的人，必定是信赖我们的人，因此，帮助别人不仅可以为自己带来自信和崇高感，也会让我们对求助者产生好感。[63]

在富兰克林借书求友这个故事发生的一个世纪之后，两位分别叫琼·杰克（Jon Jecker）和戴维·兰迪（David Landy）的研究人员重新考察了这个现象以检验伟人的故事是否可信，或者说，仅凭好感本身，是否真能改变相互关系。他们把实验设计为一次以金钱输赢为内容的游戏，赢者收钱，输家掏腰包。在实验中，实验对象首先从研究人员手里赢得一笔钱。研究人员首先明确告诉实验对象，他们确实在游戏中赢到了钱。随后，他们又联系到部分实验对象，并告诉对方，由于研究人员在游戏中自掏腰包，因此，他们现在手头有点紧张，并询问对方是否愿意退还他们赢到的现金。几乎所有被联系到的实验对象均同意自愿归还现金。但其余获奖者在拿到奖金后，并没有收到研究人员的请求。

事后，研究人员对全体实验对象进行匿名调查，要求参与者评价对研究人员的感觉。结果充分印证了富兰克林借书求友的故事，与没有收到还款请求的实验对象相比，所有接到请求并退还奖金的实验对象均对研究人员给予了更高评价。

这个原则几乎适用于我们能想象到的所有场合。华盛顿特区乔治城大学商学院的研究人员发现，互惠原则是确保谈判取得成功最有效的策略之一。先行示弱并提出援助请求，更有可能带来成功的结果或交易。

为验证这个原则，乔治城大学的研究人员进行了一项实验，他们组织了一批供应商和买家。按实验要求，在参与研究的全部供应商中，一半供应商立即为买家提供价格折扣，但随后要求买家为自己写一篇积极的评价，或是把供应商推荐给其他买家。相比之下，另一半供应商也需要提供价格折扣，但并未收到新买家提出推荐的请求。在仅提供价格折扣的情况下，40%的买家与供应商达成交易；但令人费解的是，在提供价格优惠并同时请求买家给予好评时，62%的买家不仅会接受请求，最终还与供应商完成交易。[64]

对此，屡获殊荣的广告主管亚当·费里尔深有同感，他指出，这种互惠原则会给组织领导者和企业带来重大影响。费里尔说："在你请求别人帮助自己时，他们会更喜欢你。因此，不要再担心你能为顾客做什么，可以问问顾客，他们能为你做什么？"此外，费里尔也对消费者提出建议："如果你是消费者，请谨慎为品牌做好事——提供帮助只会让你更喜欢它们。"[65]

■ ■ ■

相互承担责任在创造激励方面有着不可思议的推动力。在强调重要性、非预期性、个性化和及时性的前提下，与他人互通有无、充分分享，就可以充分利用互惠原则，为真正改变他人的思想和行为奠定基础。在回顾 TED 取得的非凡成功时，TED 首席执行官克里斯·安德森（Chris Anderson）指出，乐于助人是最简单但也是最强大的沟通工具。有人曾请安德森为领导者和企业所有者出谋划策，他的建议确实非常简单，那就是永远不要觉得自己太慷慨。安德森说："多想想，看看在你的能力范围内，还能为别人做点什么——尽管这或许不能保证给你带来回报，但肯定不会让你一无所获。"以这种姿态面对挑战，无疑会让我们自己以及我们的愿景更有吸引力，进而得到更多人的支持和参与。

　　尽管互惠原则确实是一种强大的说服工具，但同样需要谨慎使用。但是在帮助我们克服阻力、施加影响方面，它有可能带来意想不到的效果。

说服工具之十二：专业提示

1. 礼尚往来，在得到他人帮助时，我们会产生一种由衷而来的感恩之情。尽管我们不能以帮忙或馈赠方式操纵他人，给对方造成人为的歉疚感，但是在提出任何形式的求助之前，我们可以先行示弱或先给予恩惠，而后再求助于对方，这样就会让对方自发地产生知恩图报的意愿。

2. 要充分发挥互惠原则的作用，首先要保证你给予或提供给他人的恩惠具有重要性、非预期性和个性化。这就意味着，了解他人及其所关注的事情至关重要。

3. 切记，行善就在当下。如果你的帮助在接受者的脑海中记忆犹新，那么，这种帮助带来的影响不仅更有力度，而且更有持续性。

4. 让他人相信你，表达你对他们的信任，或是让他们拥有真正的权利，可以让他们体会到自己的与众不同之处。

5. 向他人寻求支持和帮助，是让他人对你产生好感的有效方式。因此，帮助他人会帮你建立信任，让他们愿意给予更多的参与和支持。

有关一致性的总结语

在改变他人思想和行为的过程中，社会因素的重要性不可小觑。我们的本能就是合作、服从和贡献于群体，因此，从本能出发可以为克服思维固化创造一种与众不同、效果不凡的方式。

无论是利用群体势力、群体本能还是发挥互惠原则，社交影响力都是改变他人行为和信仰的强大武器。更重要的是，不管我们试图激发思维变化的对象是群体还是个体，一致性原则都会带来奇效。

第七章
同理心

在维多利亚时代的英国，贫穷是一件非常可怕的事情。除了持续的饥饿感以及对人身安全的担忧，那些认为自己穷困潦倒的人——有时也被称为"下层阶级"，还会体验到一股强烈的羞耻感。

对孤儿来说尤其如此，他们不仅不会得到同情，而且会被视为亟待解决的威胁或社会问题——不仅需要处理，而且往往是无情的打击。

此时，一位名叫查尔斯·狄更斯（Charles Dickens）的新锐作家出现在大众面前。狄更斯对苦难和创伤绝不陌生。在幼年时期，他的父亲便因无法偿还债务而入狱；到 12 岁时，狄更斯就不得不到制鞋厂工作。

英国文学专家安杰伊·迪聂杰克（Andrzej Diniejko）博士表示，尽管狄更斯并不是第一位直面时代社会弊病的小说家，但他显然是 19 世纪"重要的社会评论家之一"。迪聂杰克认为："在狄更斯的成功引导下，维多利亚时代的公众开始更关注穷人的状况。他以令人信服的语言描绘了现代工业城市的混乱、肮脏、衰败、腐朽以及人类的种种苦难。"[1]

这一点在他的《雾都孤儿》（*Oliver Twist*）一书中体现得淋

漓尽致。这本书对社会看待贫困和孤儿困境的方式产生了深远而持久的影响。通过把低阶级重塑为社会不公正待遇的弱势受害群体，公众情绪发生了巨大变化。人们开始形成了一种新的同情，而这种同情进而又激发出强烈的仁爱与慷慨。

当然，狄更斯的说服力不仅体现在他的文笔中。他的作品还有一种更伟大的力量，即它让公众敢于甚至不得不面对自己不愿意面对的现实和复杂性。但最重要的是，这些作品迫使他们与之前几乎完全不了解的群体产生共情。这就是情绪诉诸的力量在发挥作用。

一扇通向他人世界的窗户

正如狄更斯向我们展示的那样，无论是从书籍到歌曲，还是从艺术作品到电影和电视，娱乐作品在改变思想方面扮演了关键角色。不管是否虚构，这些娱乐作品确实可以让我们通过他人的眼睛观察这个世界，并唤醒我们对世界产生不同的看法。正如法国小说家马塞尔·普鲁斯特（Marcel Proust）所言："真正的发现之旅并不在于发现新的风景，而是在于拥有一双新的眼睛。"

2011 年，史蒂文·索德伯格（Steven Soderbergh）拍摄了影片《传染病》（Contagion）。影片讲述的故事是一只蝙蝠携带的新型病毒引发了一场席卷世界的传染病。巧合的是，这部电影仿佛成为 10 年后新冠疫情的脚本，而它对英国推出新冠疫苗带来的影响也为我们带来了很多启示。在整个疫情期间，随着更多的人开始探索新冠疫情的传播模式，这部大片在流媒体排行榜上的排名也迅速攀升。根据华纳兄弟公司提供的数据，这部电影从 2019 年 12 月的收视率排名第 270 位，上升到 2020 年 3 月的收视率排名第 2 位。

2020 年收看《传染病》的无数影迷中就有当时的英国卫生大臣马特·汉考克（Matt Hancock）。在影片一系列逼真生动的情节中，让汉考克震撼最大的无疑是对社会因疫情而遭到"肢解"的记述，人们为获得稀缺的疫苗而在绝望中挣扎。在其中的一个片段中，一名医生遭到绑架，而绑匪的要求就是用医生换取 100 支疫苗。在另一个片段中，由于疫苗需求太大，以至于人们不得不通过基于出生日期的抽签来确定接种者。

这些情节让汉考克感到震撼，也给他带来启发。随后，他立即指示卫生部官员，必须确保 1 亿支疫苗的供给，而官方推荐的采购数量仅有 3000 万支。事后看来，这一决定成为英国疫苗接种计划取得成功的关键因素。[2]

近几十年来，娱乐作品在社会事务方面发挥影响力的例子已屡见不鲜。如下几个示例极富代表性：

➤ 电影《费城故事》（*Philadelphia*），改变了人们对同性恋群体和艾滋病根源的认识。

➤ 电影《血钻》（*Blood Diamond*），引发人们对钻石开采和销售行业社会阴暗面的深刻认识。

➤ 戈尔参与的《难以忽视的真相》（*An Inconvenient Truth*），从根本上改变了公众对气候变化的认识和看法。

尤其是最后一个例子，我们无论怎样强调它的社会价值都不为过。从 2005 年左右开始，人们对人类发展引发气候变化的认识和关注持续升温，但问题始终未能取得有突破性进展。尽管联合国政府间气候变化专门委员会（IPCC）在 2007 年发布的报告就已经表明，到 2010 年，全球气温极有可能上升 6%；到 2050 年，将有 18%~35% 的动植物物种或将灭绝。但这份报告似乎早已被人们遗忘。

但真正引起人们关注气候变化的，确实是艾尔·戈尔参与的这部纪录片，它所揭露的真相引发人们产生共鸣。随着这部纪录片在全球各地影院上映，坊间的话题也开始发生转移。在这部几乎相当于电影长度的纪录片中，艾尔·戈尔向人们传递的信息几乎就是 IPCC 报告所描述的事实和研究成果，但戈尔在纪录片中采取了完全不同的记述手法。制片人采取了一种近乎残酷的拍摄记述，描绘了气候变化给人类和动物带来的真实代价。它不仅让观众感受到震撼，更让他们展开思考。[3] 与波澜不惊的续集形成鲜明对比的是，《难以忽视的真相》绝对是一部历史上具有变革意义的作品，它印证了本书第二部分开始时所探讨的话题。

显然，在任何以改变思维为目的的尝试中，同理心都是不可或缺的关键要素。因此，我们必须深刻理解影响对象的观点和背景，只有这样，我们才能在符合对方基本利益的前提下构建我们的诉求。正如文森特·梵高所言："你首先要感受到你想要表达的东西。"[4]

在《变革之心》（*The Heart of Change*）一书中，哈佛商学院管理行为学专家约翰·科特和丹·科恩也反思了同理心在改变思维过程中的重要性。他们认为，要成功改变他人的信仰和行为，永远都不可能依赖于"分析 – 思考 – 改变"的冲突思维序列。相反，他们认为，"看见 – 感受 – 改变"反倒会带来更持久的影响。

同理心来之不易

同理心拥有的独特力量在于，它能充分运用明暗、颜色、纹理及细微差别等要素重新勾勒人的思维世界，这显然是二维模式所无法比拟的。人类本来就是复杂的，体现为三维世界的存在，只有从这个现实出发，我们才能以开放的心态全身心地与人交往，理解并感化所有与我们截然不同的其他个体。

在这个话题上，我更喜欢亚伯拉罕·林肯经常引用的一句话："就算我不太喜欢那个人，但我还是要好好地了解他。"[5] 因此，这里的关键在于，从天然秉性出发，我们很难设身处地站在被影响对象的视角去看待世界。多伦多大学研究人员马修·费恩伯格（Matthew Feinberg）和斯坦福大学社会学家罗伯·韦勒（Robb Willer）最近进行的一项研究证明了这一点。

费恩伯格和韦勒招募了一批实验对象，他们的任务就是针对争议性社会热点问题构建论点，并赢得反对者的支持。比如，持保守思想的参与者需要论证将英语指定为美国官方语言的必要性，但他们提出的观点需得到自由派参与者的支持。而对自由派实验对象而言，他们需要论证的是，在与保守主义价值观产生共鸣的前提下，支持同性婚姻。

费恩伯格和韦勒认为，这项任务应该不会非常困难。毕竟，自由派人士在为同性婚姻构建论点时，可以从保守派所奉行的忠诚及民族主义价值观出发。同样，保守主义者也可以把统一语言定义为实现公平和消除歧视的关键步骤。

但实验结果表明，双方似乎都缺乏设身处地为对方着想的能力。他们要么不知道该如何从相反的视角看待问题，要么根本就不愿意这么做。最终，只有8%的保守派参与者构建出被自由派参与者所接受的论点，而自由派参与者争取到的对手比例也大致相同。但如果关注到我们在第三章讨论的"道德基础"框架，这些研究对象或许会发现，其实这并不难做到。

在《说服的灵魂艺术》（*The Soulful Art of Persuasion*）中，广告大师贾森·哈里斯对这项研究的结论进行了解读。他说："这些持不同政见的人所缺乏的，就是通过反对者视角看待社会热点话题的能力。归根到底，他们缺乏同理心。因此，他们只能成为绝望的说服者。"[6]

沃顿商学院心理学家亚当·格兰特也认为，尽管换位思考这样的常规策略很有价值，但说起来容易做起来难。针对这个主题进行的二十多项研究无一例外地表明，如果一味地试图从他人的视角看待问题，反而会给对方带来更大的敌意。至于造成这种情况的原因，格兰特认为，在设想这些意见分歧者的兴趣和意图时，在对方的思维中，"我们往往会变成可怕的读心者"。

格兰特认为，解决这个问题的方法之一，就是建立亲密和熟悉的感觉。

要真正理解他人及其观点，首先需要真正地了解他们。但如果不承认他人的观点也和我们的观点一样复杂，那么，我们就很难与对方产生深度共情。根据迄今为止的民意调查结果，大多数民主党人均严重低估与其同样担心种族主义和性别歧视的共和党人数量，而共和党人甚至根本就不知道到底有多少民主党人和他们一样反对边境开放政策。[7]

同理心未必代表同意

在《战争与和平》（*War and Peace*）中，列夫·托尔斯泰（Leo Tolstoy）引用了一句法国谚语："了解一切，就是宽容一切。"这一点千真万确。一旦以更全面的视角看待他人和世界，我们就会在待人接物中展现出更多的同情心和宽容。这也是同理心最强大的要素，它能让我们看到本能性思维无法识别的细微差别。

我们曾在第二章指出，妨碍建设性对话和阻碍参与的障碍之一，就是所谓的二维陷阱。在这个陷阱中，我们往往把世界过度简化，以非此即彼、黑白分明的两极视角看待一切事物。于是，我们习惯于对陌生人不屑一顾、讨厌甚至是憎恶。但如此简单肤浅的判断很难经得起近距离考验。

社会学家克里斯托弗·贝尔（Christopher Bail）在发表于《纽约时报》的文章中也提到这一主题。"长期以来，社会心理学家一直认为，即便是观点对立的群体，其成员之间也可通过长期主动、密切的接触而产生妥协。"[8] 如果我们拉近距离去了解另一个人，或是站在对方的角度看待问题，那么，主观判断和傲慢的偏见往往会让位于理性判断和公正的评价。正如作家和社会和平活动家吉恩·克努森·霍夫曼（Gene Knudsen Hoffman）经常说的那样："敌人就是我们没有听说过的人。"[9]

针对多种情境进行的研究表明，仅仅倾听他人分享其观点，就可以在潜移默化之间影响到对方的观点。比如，针对政府和私营部门组织的大量研究发现，如果让人们置身于"朋友圈"当中，让每个人都有机会分享自己的观点或意见，那么，个别成员的态度就会趋于复杂化、中性化而不再极端。[10]

社会评论员娜塔莎·莫尔博士认为，这对我们讨论问题以及进行意识形态交流有着重要意义。莫尔说，与不同意或不理解我们的人产生同理心，"未必会让我们同意其观点，但几乎可以肯定的是，这会促使我们更宽容地评判他人，并且使我们以更谦逊、更温和的方式维护自身观点。"

在莫尔看来，同理心的好处在于，它不仅有助于我们从细节上丰富对其他人、其他观点或不同环境的认识，还可以让我们对现实的看法不那么极端。此外，同理心往往会促使我们采取开放的姿态——它会迫使我们去尝试和理解，而不是急于做出判断。

通过这种深层次的理解，我们"可以不再对农村人和妇女视有偏见。这会鼓励我们进行开诚布公的讨论，而不是一味地打压对立观点"。[11]因此，同理心不仅会让我们更开放、更有好奇心，还能确保我们的观点和信息不偏离主题。

先影响，后认同

如果我们只想改变一个人的观点，但却不想理解他们看待世界的思维视角，这样的交流注定毫无意义，因为我们和对方没有任何共同语言，甚至没有交流所需的平台。这样的交流注定是徒劳的，结果可以想象，必定一无所获。可以理解，双方都会觉得对方盲目、偏执或难以理解。因此，要想把自己的信息传递给他人，或是希望对方站在你的角度看待事情，那么，你首先要考虑对方的立场和观点。

在《说话的力量》（*Words that Work*）一书中，传奇说服大师弗兰克·伦茨博士也谈到了这个原则的重要性。"即便你能得到世界上最好的信息，但接收者还是会按自己的情绪、既定思维、偏见或先入为主的观点去理解它。因此，仅仅正确、合理甚至精彩绝伦还不足以说服他人。成功沟通的关键在于，要采取有想象力的跳跃式思维，设身处地为对方着想，充分了解他们内心深处的观点和感受。在实际生活中，不管我们怎么说，旁观者的认识至少比自己的认识更真实。"[12]

针对如何利用同理心让我们的论据或观点更鲜明、更有针对性，而且更有说服力，在接下来的段落中，我们将着重考虑三种方法。更重要的是，我们将探讨如何以同理心抵消妨碍成功说服的固有思维。

说服工具之十三：把原则个性化

2015 年 4 月 24 日，有人把一台天蓝色的自动售货机放置在柏林一个市场的中央。路人纷纷被一块写着"T 恤衫仅售 2 欧元"的牌子吸引。

这似乎是一个几乎无法拒绝的好机会。但有些顾客感到困惑，他们想到的是，这样的价格是否意味着陷阱——事实确实如此。在支付 2 欧元之后，这台售货机并没有马上处理订单，而是让顾客先观看一段短视频，视频展现了工人在工厂的工作状况，正是因为他们遭受了剥削，才会有如此廉价的服装。

人们后来才知道，这是为在孟加拉国拉纳广场制衣厂厂房倒塌两周年之际进行的一次实验。这次事故导致 1133 名工人死亡。研究人员想知道，这段视频是否会引发人们对这场灾难的追忆，进而影响到他们的购买决策。它确实做到了。

在 150 名停下来以 2 欧元订购廉价 T 恤衫的路人中，90% 的人在观看视频后放弃继续订购，相反，他们选择把这 2 欧元捐献给一家旨在降低服装供应链剥削程度的慈善机构。[13]

重要的是，在停下来购买廉价服装的这 90% 的路人中，每个人可能都很清楚，如此便宜的 T 恤衫不可能有公平的采购价格。那么，到底是什么促使他们改变了想法呢？在那一瞬间，血汗工厂的情景对他们来说已不再模糊不清，血淋淋的事实似乎就呈现在眼前。这段视频让德国购物者敏锐地意识到，视频中的工人和他们一样，都是真实的人，有着真实的故事，但却在承受真真切切的痛苦。当问题和真实的人结合在一起时，事实会变得更鲜活，更让人难以忘怀。

在下面的论述中，我们将探讨应用同理心的方法，让我们的论据或观点更加突出、更有针对性且不容忽视。更重要的是，我们将研究同理心是如何克服妨碍说服成功的传统观念的。

将问题赋予身份

20 世纪 80 年代，反对暴力侵害妇女联盟（The End Violence Against Women Coalition）发起了一场具有历史意义的运动，以类似策略引起人们对妇女安全和家庭暴力问题的关注。从本质上说，这几乎是一个完全不为外人所知的社会阴暗面。人们很容易视而不见，或者认为它不会发生在我们的街道、社区或城市中。在运动中，他们打出一张白底黑字的横幅，上面赫然写着一排大字："1/4 的女性在一生中会遭到强奸。这个人是你的母亲、姐姐、女儿或妻子吗？"

我的朋友，品牌战略专家丹·格雷戈里（Dan Gregory）认为，正是这场运动，激发了他对广告威力的认识，也改变了他作为一个男人所奉行的世界观。他说："20 年以来，这篇非同寻常的报道似乎始终出现在我的眼前，不只是因为它为女性安全发起呼吁，更重要的是，它让女性安全成为男性的问题……也让女性安全成为我自己的问题。"[14]

将问题予以个性化的巨大威力，在德里克·布莱克（Derek Black）的案例中彰显无疑。正如普利策奖获奖作家伊莱·萨斯洛（Eli Saslow）在《走出仇恨》（*Rising Out of Hatred*）一书中所记述的那样，他的彻底蜕变具有代表性。从很小的时候起，德里克的父亲唐纳德就开始向德里克灌输白人至上的思想。唐纳德不仅是白人民族主义宣传网站 Stormfront 的创建者，还曾因试图推翻多米尼克政府并打算在那里建立白人民族国家而入狱。另一方面，德里克的教父、路易斯安那州众议员大卫·杜克（David

Duke）也对他产生了重大影响。这使德里克小时候就被视为白人民族主义运动的未来领袖，并在 Stormfront 网站上创建了一个儿童专区，目的就是招募"全球的白人儿童"。

　　然而，在德里克·布莱克成为佛罗里达州新学院的大学生时，他偶然结识了一位与他在世界观上完全对立的人。这个叫马修的同学是一位善于察言观色的犹太人，他邀请德里克参加安息日的晚宴。在这里，德里克经常会遇到一些信奉正统派的犹太人和移民。然而，就是在这些聚会中，德里克偶遇到那个彻底改变他人生的人。这位名叫艾莉森的女士，无疑是对他人生影响最大的人。

　　随着与艾莉森的恋爱持续升温，德里克也不得不重新考虑生而俱来的价值观。艾莉森始终反对德里克的极端观点，这也让他的立场不断软化。萨斯洛在书中写道："多年来，德里克始终在听取关于种族主义罪恶的种种传闻，而且他始终认为，自由左翼势力的敌人满嘴空话。"

　　但艾莉森"让德里克开始怀疑自己是否真的错了"。她的主要策略，就是把社会问题变成个人问题。一天下午，德里克和艾莉森谈到白人民族主义者针对驱逐少数民族和移民向政府发起请愿的事情。艾莉森告诉德里克，这将威胁到他在安息日晚宴上通过马修认识的那些朋友。艾莉森问德里克，如果"大驱逐"成为现实，他是否会闯入这些朋友的家，强迫他们背井离乡？即使德里克不愿意，并选择袖手旁观，但是，他会看着父亲和其他成员替他去做这件事吗？

　　随后，当德里克向父亲提出同样的问题时，父亲的回答让德里克彻底醒悟。唐纳德·布莱克承认，白人民族主义者所倡导的策略，就是看到"移民、犹太人和黑人只能背井离乡"。就这么简单，不需要什么理由。

德里克必须自己做出决定。因为此时此刻，他多年来信奉的教义已转化为与切身利益休戚相关的事情——这需要他身边的朋友和爱人付出惨痛的代价，他必须直面这些充满仇恨的口号和言论。最终，德里克做出了一个重要决定，放弃家庭和童年时代所信守的意识形态。他告诉艾莉森："我已经做到了。我不再相信那些东西，也不会参与其中。"[15]

以人为本

无论是斯大林（Stalin），还是特蕾莎修女（Mother Teresa），所有富于说服力的领袖都深谙这种将观点予以人性化和个性化的重要性。特蕾莎修女曾说过："如果我看到的是芸芸众生，我永远不会采取行动。但如果我看到的是一个人，我会的。"[16]斯大林则说过："一个人的死亡是悲剧；一百万的死亡只是个统计数字。"[17]

在俄勒冈大学，专门从事决策研究的保罗·斯洛维奇（Paul Slovic）研究了这个主题，并针对人们在收到慈善机构捐款请求时做出的反应，解读了这个要素带来的影响。在斯洛维奇的一项研究中，研究人员让实验对象观看一张照片，照片中的人物是一名来自非洲贫穷国家马里的饥饿儿童，而另一组实验对象则观看一张有两名贫困儿童的照片。随后，研究人员告诉他们两张照片中孩子的姓名，并请求他们进行慈善捐款。

最后的研究结果显示，和观看只有一个孩子照片的实验对象相比，在面对两个孩子的照片时，实验对象的捐赠金额多出了15%。为了检验这个现象是否具有普遍性，研究人员进行了后续研究，他们向潜在捐赠者展示了有八名饥饿儿童的照片，但没有告知他们这些孩子的姓名，最终的捐赠金额仅为观看一名儿童照片时的一半。

对此，斯洛维奇得出的结论是："这种趋势很可能已根深蒂固。我们更容易被一个人陷入危机的故事所吸引，但是对于大规模饥饿或肆虐的疾病，我们往往会觉得那是遥不可及的事情。"[18]

问题越大，我们越不关心

卡耐基梅隆大学在 2004 年进行的研究也得到了类似结果。研究人员向每一名参与者发放 5 美元，请他们针对某种技术的使用情况参与一次调查。调查结果与研究无关，只需完成，即可保证每个参与者得到 5 张 1 美元面额的钞票。

在得到现金的同时，参与者都会收到一个信封，上面写有向拯救儿童基金会捐款的请求。在发给第一组参与者的信封上，研究人员列示了一系列有关全球最贫穷地区儿童状况的统计数据，例如：

> ➤ 马拉维的粮食短缺已影响到 300 多万名儿童。
> ➤ 在赞比亚，降雨量严重不足导致过去 4 年的玉米产量下降 42%，这意味着 300 万名赞比亚人正在面临饥饿。
> ➤ 400 万名安哥拉人（占全国总人口的 1/3）被迫逃离家园。
> ➤ 在埃塞俄比亚，有 1100 多万人急需粮食援助。

第二组参与者也收到了一个信封，上面讲述了来自马里共和国的一个七岁女孩洛基亚的故事。信中称，洛基亚"家境极度贫困，正在面临严重饥荒，其本人甚至有被饿死的危险。但如果有了您的捐赠，她的生活会变得更好。在您及其他爱心人士的资助下，拯救儿童基金会将与洛基亚的家人及社区其他成员共同努力，为洛基亚提供基础营养和教育以及必要的医疗卫生条件。"

在收到信封之后，参与者需要做出选择：是捐出全部 5 张 1 美元钞票，还是只捐助一部分。他们可以把捐赠的钞票放进信封，密封后交给研究人员。

捐赠结果显示，两种募捐方式差异巨大。只阅读总体统计数据的参与者人均捐款 1.14 美元。相比之下，了解到洛基亚困境的参与者人均捐赠 2.38 美元，足足多出了一倍。

接下来，卡耐基梅隆大学的研究人员向第三组参与者发放了写有呼吁内容的信封，上面不仅有统计数据，还讲述了洛基亚的遭遇。现在，我们看看这组参与者的捐款会怎样。结果有点意外，在第三组参与者中，人均捐款金额比第二组参与者（只阅读了洛基亚的故事）少了近 1 美元（1.43 美元）。

在解读这些结果时，研究团队将捐赠金额的差异总结为"杯水车薪"。为此，他们得出的结论是，在只得到总体性统计数据时，巨大的危机让参与者无法想象，以至于让他们认为这点微不足道的捐款完全无济于事。换句话说，仅仅了解非洲贫困儿童总体状况的普遍性和严重性，并不能让人们获得设身处地的感受，反而不如让他们去踏踏实实地去帮助某个人。在面对鲜活生动的个体时，人会变得更慷慨，更有善心。[19]

除此之外，研究人员还指出："对统计数据的思考，会促使人们采取更理性的思维。在进行逻辑分析时，他们可能会摆脱情绪的影响——研究人员认为，正是因为对洛基亚的困境做出了情绪反应，才促使他们采取行动。"这也是我们在第一章里所提到的现象。这表明，此时，我们的探索性思维被统计数据、证据或"理性分析"激活。如果我们从一开始就深思熟虑，以近乎完美的逻辑分析问题，就会妨碍我们在情绪上产生共鸣。

　　谈到培养同理心，关键点就是要尽量缩小问题的覆盖面。特蕾莎修女和斯大林都深谙这个原则：覆盖面越大，信息的针对性就越差，影响力会越弱。简而言之，问题越大，我们就越不在乎。或者就像克里斯托弗·格雷夫斯（Christopher Graves）所说的那样："人类的同理心缺乏可扩展性。我们可能非常关心某个陌生人，但这种同理心会随着受害者群体的增长而迅速被摊薄。最终，在覆盖面足够大时，我们的关心就会近乎零。"[20]

疼痛是一种真实的感受

　　近年来，人们已采用很多方法呼吁广大公众关注气候变化问题。至于哪种方法最有效，坊间显然还存在规范争议，但是以性爱传递这个信息或许可以给科学家带来新的启示。

　　最近流传的一篇文章尤其吸引眼球，文章的题目更是标新立异："停止气候变化；多睡一会。"而文章内容更是让人瞠目结舌——它把气候变化与性爱频率联系起来。虽然这种街头小报式的报道更像是为了哗众取宠，而不是讲求科学，但大量新证据表明，在炎热的天气里，进行房事的概率确实相对较小。此外，在温度较高的天气，精液质量和排卵都会受到影响，并导致受孕概率大大降低。

　　在验证这个结论时，一组研究人员对过去近一个世纪的数据进行了分析，他们发现，温度峰值与生育率下降之间确实存在对应关系。事实上，在任何一个月份，只要超过 27 摄氏度（80 华氏度）的天数略有增加，就会导致 8～10 个月后的出生率明显下降。

　　尽管扭转气候变化与更频繁、更有可能带来生育的性行为联系起来确有博眼球的嫌疑，但这种逻辑确实让这个问题更人性

化，在其他尝试不能奏效的情况下，它或许会成为不是办法中的
办法。[21]

野生动物的呼唤

针对如何将抽象原则个性化，我们还可以看一个更严肃的示
例。不妨听听大卫·爱登堡（David Attenborough）在 2020 年纪
录片《我们星球上的生命》（*A Life on Our Planet*）中发出的肺腑
之言。在这部电影的结尾处，爱登堡深情地说："这不是为了拯
救我们的星球，而是为了拯救我们自己。"正是通过这些远见卓
识的哲理，大卫·爱登堡告诉我们，保护问题不仅仅是政治或哲
学问题，它关乎每个人的命运，从而将普遍问题转化为个性化
问题。

事实上，这种把气候变化问题予以个人化和人性化的方法，
贯穿于整部纪录片。在影片中，爱登堡向人们娓娓道来，从 20
世纪 70 年代初开始，公众就已经关注鲸鱼保护问题，并在认知
和行为上做出了根本性转变，这就强调了深度同理心在引导人们
改变行动方面的重要性。在使用水下麦克风首次捕捉到鲸鱼的叫
声时，动物保护人士深受启发，并采取了意想不到的措施。他们
把录音放在提供给美国国会的证词中。在呼吁人类加强保护鲸鱼
时，他们现场播放了这段录音，并以最平铺直叙的语言说："我
们相信，如果听过它们的歌，你就能想象它们在遭受杀戮的尖叫
声会怎样。"[22]

正是在这种时刻，人们才意识到，捕鲸问题不仅仅是经济或文
化问题，也不只是一场仅限于鱼油和鲸肉产量的辩论。在立法者和
公众的心目中，鲸鱼已成为一种复杂而美丽的个体，也是有血、
有肉、有灵魂的生物。因此，对鲸鱼的大规模屠杀不可忽视。

在马萨诸塞州的剑桥市，研究人员也开展了一项类似研究，他们让实验对象通过安装在树叶上的传感器，聆听树木发出的声音。这些传感器可以测量因水分运动而在叶片表面产生的微弱电压变化。这样，利用树叶电压变动控制声音就可以发出不同的音符，因此，他们为每棵树创作"一首与众不同且不断变化的乐曲"。该项目由著名歌手斯库比·拉波斯基（Skooby Laposky）和剑桥公共工程城市林业部（Cambridge Department of Public Works Urban Forestry）合作完成，旨在引导人们关心城市树木的健康问题。

拉波斯基说："大多数人可能只是喜欢树，但（仍然）不会把它们放在心里。在城市里，树木随处可见，但如果它们不能提供阴凉，也不会给我们提供摘苹果的机会，我们甚至不会感到树木的存在，更不用说考虑树木的健康和重要性。"通过这个项目，人们可以听到各类树木在各种天气或季节发出的明显不同的声音。因此，拉波斯基希望借助于"把问题人性化"的做法，让人们对自然环境有更多的了解，并亲自投入到环境保护的事业中。[23]

角色背后的人

早在20世纪50年代初，具有传奇色彩的美国广告创意大师罗瑟·李维斯（Rosser Reeves）就曾明确指出，这种把想法或问题拟人化的做法意义非凡。在4月一个阳光明媚的下午，李维斯和同事在中央公园共进午餐后，一同返回位于麦迪逊大道的办公室。在他们沿着繁忙的街道行走时，遇到一个乞丐坐在人行道旁边，手中拿着一块纸板，上面写着"我是盲人"。

李维斯回忆说，在看到这名盲人男子面前的被子里只有几枚硬币时，他的心情非常低落。于是，李维斯转向他的同事说：

"我敢打赌，只要在他的纸板上加几个字，他筹集到的金钱就会成倍增加。"

同事既满心疑惑，又非常好奇，他欣然接受李维斯的赌注。随后，李维斯走到盲人面前，并告诉这个人，自己对广告略知一二。随后，他询问乞丐，是否可以稍微修改一下纸板上的文字，或许可以帮助他获得更多的捐款。盲人欣然接受。

李维斯拿出一个记号笔，在纸板上增加了几个词。然后，他和同事站在大街对面，看看会发生什么。修改带来的效果立竿见影。越来越多的路人把硬币和纸币扔进盲人的杯子，杯子很快就装满了钱币。

那么，李维斯在纸板上到底写了什么呢？"现在是春天……"当路人看到这几个单词时，他们会意识到，坐在自己面前的不只是一个乞丐，他们的思维会出现这样一个心碎的情境：在这样一个春光明媚的日子里，还有一个苦命的男人，他不仅无法感受大自然的美丽，还要面对生活的艰辛。[24]

问题在人而不在事

对于将问题个人化和人性化的重要性，无论怎样强调都不为过。以新西兰发起的一场道路安全活动为例。这项活动动旨在解决公路自行车骑行者的事故伤亡问题。从 2008 年到 2012 年期间，平均每年有 121 名自行车骑行者在汽车交通事故中受重伤，其中 9 人死亡。在 75% 的伤亡事故中，汽车司机是车祸的主要肇事者。

但多年以来的研究却表明，大多数司机都认为，自行车骑行者才是造成这些事故的罪魁祸首。人们普遍认为，自行车骑行者喜欢在公路上惹是生非。长此以往，汽车司机就会不知不觉地认为，他们的违章驾驶或无视自行车骑行者的行为合情合理。

因此，当时面对的主要挑战，就是如何改变公众对自行车骑行者的看法和态度。这促使交通管理部门意识到，他们必须把自行车骑行者重塑为道路上的普通人，而不是麻烦制造者。

这场公众启蒙运动内容简单，但效果斐然。在宣传活动中，宣传者大量使用带有"女儿""兄弟""阿姨"等标签的自行车骑行者照片。[25]似乎在一夜之间，骑自行车的人成为汽车司机能够产生共鸣的有血有肉的人，而不是道路上难以忍受的麻烦。针对自行车骑行者的对立行为便很快大幅减少。

研究表明，除了让问题更真实、更有感染力，帮助他人认同群体中的个人，也是打破偏见的有力方法。但是要获得对方的参与，你就必须以面对面的方式开展沟通。

学者对500个研究项目进行了综述性分析，通过对25万名参与者的行为进行分析表明，在94%的案例中，与"对方"进行面对面交流均有效地破除了偏见。对此，沃顿商学院心理学家亚当·格兰特指出："有的时候，只需放下成见，我们就会发现，即便是在原本嗤之以鼻的群体中，很多成员其实并不是我们想象得那么让人无法忍受。尤其是在与他们进行面对面互动后，很多先入为主的观点更有可能被彻底推翻。"[26]

身体接触的力量

将问题人性化是一个兼顾理性和感性的二维过程。心理学家早就意识到身体接触的说服价值。在潜意识中，身体接触会让我们感受到被他人欣赏和喜欢的感觉，并且会让他人更愿意接受我们的想法。

在针对这个现象进行的一项研究中，图书馆管理员尝试以两种方式将借书卡交给借书的学生。面对第一组实验对象，他们只是简单地将借书卡递给他们；面对第二组学生，图书馆管理员在递交借书卡时，会用手轻轻触碰到学生的手掌，由此形成最轻微的身体接触。在这个过程中，学生完全不知道图书馆管理员的行为是有意而为。随后，研究人员对离开图书馆的学生进行调查，要求他们对图书馆的服务质量进行评价。结果表明，和没有任何身体接触的情况相比，与学生有轻微接触的图书馆管理员会得到较高评分。

其他类似研究也发现，当询问顾客对用餐感受进行评价时，如果服务员以适度且热情的方式触碰客人的手臂，那么，他们往往可以得到更高的评价和更多的小费。针对零售业的研究发现，与没有身体接触时的情况相比，与销售人员有身体接触的顾客不仅会实施更多的购买行为，而且会对商店给予更高的评价。

在专门针对这个现象开展的一项研究中，雪城大学（Syracuse）的雅各布·霍尼克教授（Jacob Hornik）发现，在书店里，如果顾客与店员之间出现过友好善意的接触，那么，顾客不仅会在书店里逗留更长时间，而且会带来更多的消费。相关数据显示，当顾客与店员之间出现适当的身体接触时，顾客在商店内的平均购物时间为 22.11 分钟（没有身体接触时的购物时间仅为 13.56 分钟），平均消费金额为 15.03 美元（没有身体接触时的消费金额仅有 12.23 美元）。[27]

另一项研究也揭示出身体接触在说服过程的重要性。在组织签名请愿时，如果拉票人热情友好地触摸路人的上臂，那么，有 81% 的人会同意提供帮助，而在没有任何身体接触的情况下，这个比例仅为 55%。[28]

还有一项研究非常有趣。在航班飞行过程中，当机组乘务员轻微触及乘客的肩膀或前臂时，乘客不仅会对乘务员和航空公司产生更多的好感，而且会在飞行过程中体验到更高的安全性。[29]显然，适当的身体接触确实会影响到他人认识我们以及我们的观点的方式。

通过前面的讨论，我们可以看到，当问题处于抽象、含混或模糊状态时，很容易被人们视而不见。但是，如果让问题带有个性化和个体化特征时，我们往往会给予更多的思考和关注。这不仅有助于改变他人的行为，还会改变他们的观点。

■　■　■

说服工具之十三：专业提示

1. 如果有可能的话，一定要让我们的论点或想法拥有一幅真实的面孔。一旦问题具有真实可见的三维身份，那么，我们就很难对它视而不见。

2. 一定要牢记，人类的同理心并非始终有效，而且缺乏可拓展性。因此，在将原则进行个性化和个体化的时候，要尽可能地缩小覆盖范围。这就需要我们认真讲述一个人的故事，并突出这个人的观点。对此，特蕾莎修女曾说过："如果我看到的是芸芸众生，我永远不会采取行动。但如果我看到的是一个人，我会的。"

3. 在使用统计数据或数字沟通问题时，一定要小心。这往往会导致人们启动探索性思维，让他们的思考更理性、更深思熟虑。因此，在使用数字时，要确保这些数字源于真实的人和真实的事件。

4. 只要充分发挥感官的优势，即使是非人性化问题也可以拥有生动的人性化特征。这就需要让人们发自内心地去感受、倾听或观察你希望让他们理解的事物。

5. 人与人之间的身体接触有可能会彻底改变其他人对我们或我们的想法的认识。因此，适当利用身体接触可以有效突破沟通障碍，建立亲和力。

说服工具之十四：学会利用假设

利用假设引发深入思考，不仅有悠久的历史，而且不乏传奇佳话。最有代表性的莫过于罗马天主教会在 16 世纪启用的 "列圣审查官" 制度（devil's advocate）。

作为一种纠错和避免偏见的方法，列圣审查官最初的职责就是对即将被任命为圣徒的候选人进行审查。在某个人被封为圣徒之前，列圣审查官的任务就是对这个人提出相反的假设或反对意见——对调查期间有关被提名圣徒收集的全部证据进行批判性评价，而后，为否决提名提出各种可能的观点。其目的就是故意指出被提名者的缺点，促使审议者进行更审慎的讨论。[30]

实际上，我们现在也会在很多场合中用到假设。比如，假设可以是问题，通过提问，迫使他人重新思考自己的信仰或所见、所读和所想，并给出不同解释。实际上，我们可以简单地问："您对这件事还会有其他看法吗？"

有效的假设性问题可以引导人们考虑更多的可能性，而不是坚守固有思维，甚至进行防御或反抗。[31]在出现冲突或深度分歧的情况下，这种方式尤为有效。在情绪处于极端状态时，人很难客

观公正地去考虑其他观点，更谈不上说服他们接受更合理的
观点。

在《纽约时报》评选的畅销书《关键对话》（*Crucial Conversations*）中，几位作者提出，说服他人的第一个关键点就是承认他们给自己讲述的故事，在此基础上再去质疑这些故事。

对此，他们确定了三种常见的故事原型，即受害者故事、恶棍的故事和无助者的故事。

> **受害者的故事**：这是我们讲述给自己的故事，故事的核心就是错不在我们。

> **恶棍的故事**：故事的核心是应该受到谴责的人或环境。

> **无助者的故事**：打造一切都不能改变，而且永远不会改变的信念。

如果一个人已陷入这些故事的情节当中，那么，我们就很难说服或影响他。而假设性问题则有助于人们打破这些故事的封锁，让他们走出自我设定的环境，进而转变话题，改变思维。

改变"受害者的自述"的关键在于，通过问题引导他们思考自己是否可以在创造某种既定情境方面发挥作用。这当然不是指责，而是让"受害者"把自己看作有解决问题能力的参与者。

改变"恶棍的自述"的关键在于，通过问题引导人们理解多种可能性的存在，并为某种特定情境或个人行为给出其他解释。《关键对话》的作者推荐的问题是："一个理性、正直的人，为什么也会像这个人一样这么做？"[32] 为这个问题寻找合理答案的过程可以让对方获得设身处地的感受，从而把问题予以人性化。在试图以其他方式解释他人行为时，我们往往会以感性色彩的同理心取代理性色彩的判断。

要改变"无助者的自述"，第一步同样是提出问题，激励人们澄清对自己、他人或处境的真正要求。最有效的问题就是："如果你真想取得这样的结果，你现在该怎么做？"[33]

正如我们在第五章所看到的，提出合理的问题，可以让我们合理应对原本无法应对的固有信念。因此，与其和对方争论不休或激烈辩论，还不如想想办法，找到有针对性的问题，比如：

➤ "这个观点真实的可能性有多大呢？"这个问题的关键在于，它从概率角度出发，而不是以"对"和"错"或者"是"与"否"这样的二元论方式做出回答。

➤ "你的这个观点是在什么时候形成的，又是如何形成的，你始终持有这个观点吗？"事实上，大多数观点都是自发形成的，并没有经过深刻的思考和推理，甚至有可能没有任何证据。因此，鼓励人们考虑形成观点的基础，或是认识到自己的观点并没有基础，这就为他们进行自我反思创造了机会。

➤ "哪些证据会让你改变想法呢？""还有什么会让你相信这个事情可能会有更多的解释呢？"[34]如果对方认为，没有任何证据能说服他们改变观点，那么，这种回答就足以说明问题了。这表明，他们可能并未动用理性分析能力，他们的观点很可能还停留在身份和意识形态层面。

➤ "……有可能吗？"这里的关键是引导对方认真思考，他们相信的观点或许是对现实不准确、不完整的解读，哪怕只是在理论上存在这种可能性，也需要他们思考一下。这里的重点不是要求他们必须改变自己的观点，而是希望他们考虑其他可能合理的观点。

➤ "怎样做才能……?" 耶鲁大学研究人员佐伊·查斯将这个问题称为"魔法题",因为它完全放弃了对抗性,而且不会让对方陷入尴尬。比如说,如果你正在寻求加薪或晋升,那么,不妨给自己提出这个神奇的问题:"我怎样才能在职业阶梯上更进一步呢?"或者问:"我怎样才能在这个职位达到最高的工资级别呢?"[35]

如果你想加薪,也可以用类似方法向上司提问:"我怎样做才能得到加薪呢?"这就会改变对话的整体基调。通过这个问题,你可以让上司思考应采取怎样的加薪标准;另外,你还可以间接地向上司表明,只要你达到这些标准,他就应该给你加薪。[36]

澳大利亚心理治疗师杰基·福瑞(Jackie Furey)建议,除使用问题引发假设性思考之外,我们还可以通过其他方式帮助人们开拓视角。她最喜欢的一种方法叫作"两把椅子"。通过为长期不和的夫妇提供咨询,或是与矛盾重重的商业伙伴进行合作,福瑞发现,采用这种所谓的"两把椅子"方法,有助于鼓励当事人进行假设性思考,并激发他们产生同理心,从而为解决矛盾找到出路。

按照"两把椅子"的方法,矛盾双方首先面对面坐下,分别以自认为最有说服力的方式陈述自己的观点。然后,让他们交换位置,做到对方的椅子上。在交换椅子之后,双方把自己假设为对方,尽可能以最有说服力的方式阐述对方观点。按照约定的规则,发言者在每次想到一个能帮助对手在辩论中占优的观点时必须举手。此时,发言者不必告诉对方自己想到的是什么,只需举手就可以。随着辩论双方你来我往,在他们为对手的观点进行辩护中,举手的次数也逐渐开始增加。福瑞说:"双方的语气变化越来越快，最后的结果几乎无一例外，两个人捧腹大笑。"

这种假设技术之所以这么有效，是因为它让每个人都能毫无顾虑地承认，即便是不同于自己的观点，也可能是有效的观点，因而同样值得自己认真考虑。

发掘第三方故事

为实现假设性思考，沟通专家道格拉斯·斯通（Douglas Stone）、布鲁斯·佩顿（Bruce Patton）和希拉·汉（Sheila Heen）提出另一种同样有效的技术，他们把这种方法称为"第三方故事"（The Third Story）。在《高难度谈话》（Difficult Conversations）一书中，三位作者认为，所有沟通都包含三个方面，而不只有两个方面。前两个方面分别代表沟通双方的观点，而第三方故事则不代表任何一方的观点。相反，在双方辩论陷入僵局时，这个第三方旁观者会站在公正客观的立场上提出自己的意见。

因此，如果要求辩论双方考虑可能存在的"第三方故事"，那么，就可以鼓励固执己见的一方换位思考，站在这个第三方立场上思考对方的观点，并从中找出合理有效的元素。

不放弃个人观点的一方或许不情愿改换立场，但换位思考至少可以帮助他们认清现状——对大多数问题而言，答案并非只有对与错、黑与白，更有可能的情况是介于两者之间，是一种复杂而微妙的平衡。[37]

"最善意解释"的好处

在《超级思维》（Super Thinking）一书中，两位作者盖布瑞·温伯格和劳伦·麦肯提出了另一个功效巨大的假设思维工具，也就是他们所说的"最善意解释"（Most Respectful Interpretation，

MRI)。这种方法的目的，就是引导我们以最包容、最善意的心态解释他人的行为、信仰和选择。[38]因此，这种方法的实质就是对他人做出"无罪推定"，并始终维持所谓的"积极意图推定"（Presumption of Positive Inten）。

当我们开始改变他人假想的动机时，就有可能带来某些意想不到的事情。这种方法的关键，就是不要把他人塑造为敌人，而是把他们视为拥有多种可能性的三维个体——他们完全有可能利用自己的知识和技能做出更好的选择。

"最善意解释"技巧的关键在于，它不需要人们放弃或低估自己的观点。相反，它只要求人们考虑，面对既定问题，除本能性思维可以得出的结论之外，是否还有更多、更重要的观点。比如，是否可以按其他方式理解或解释他人的行为，而不是听从本能性思维的指示，不加思考地做出判断？

为进一步推广这种方法，温伯格和麦肯推荐所谓的"汉隆剃刀"（Hanlon's Razor）模型。和著名的"奥卡姆剃刀"（Occam's Razor）模型一样，它告诉我们，**最简单的解释往往就是正确的解释**。"汉隆剃刀"这个名称源于罗伯特·汉隆（Robert Hanlon），它告诉我们永远不要将粗心大意可以解释的事情归因于当事人的恶意。在大多数情况下，人的行为和选择并不出于恶意，而是疏于思考或思维懒惰的结果。[39]

无论是"两把椅子""第三方故事"还是"最善意解释"模型，这些假设策略的优势就在于它们能抵消我们通常所说的"基本归因错误"（Fundamental Attribution Error）的东西。

基本归因错误

人性中还有一个更有趣的怪癖，那就是在评价自己和他人的决定和行为时，我们会采用完全不同的标准。尽管我们习惯于根据背景或环境等外部因素判断自己，但是在评价他人的行为和选择时，我们会把结论归结于对方的个性，也就是说，只考虑内在动机，而不考虑外部因素。

比如，在孩子放学时，我们把汽车停在孩子学校前面的"禁止停车"区，但我们觉得自己完全有理，因为我们在上周刚刚扭伤脚踝，导致我们走路依旧有点困难。此外，天气看起来很快就要下雨，但上次使用雨伞的家庭成员没有把伞放回车里。但如果另一位家长也这么做，我们马上会报之以斥责。

专家认为，"基本归因错误"不只是虚伪或双重标准的典型事例，它的实质在于知识——我们对自己的处境无所不知，但对他人的处境却似乎一无所知。[40]

因此，要对他人进行全面、合理的评价，就必须关注我们的本能性思维——它的天然属性就是服从本能的指挥，不加思考地做出道德考量与判断，而不是首先考虑对方的立场和处境，在综合内外部因素的基础上进行通盘分析。[41]

总之，伯克希尔·哈撒韦公司的副董事长查理·芒格（Charlie Munger）的观点值得借鉴。芒格说："如果我对他人观点的了解不及对方，那么，我绝不会发表意见。"[42]

同理心源于思想而非感觉

这与同理心的传统概念之间存在一个关键的分歧点。我们习惯于把同理心作为理解对方感受的工具。但是在探讨说服这个话题时，更有效的同理心应以对方的思想为基础，而非感受。虽然认同对方情绪有助于加深认识，但如果从心理或认知角度去理解对方，就更有可能把握问题的精髓。

正如丹尼尔·H.平克在《全新销售》一书中所言："在说服他人时，挖掘对方的思维世界比让他们进入我们的内心世界更重要。"[43]

■ ■ ■

亨利·福特曾有过一句名言："如果说成功的秘诀只有一个，那就是理解他人的观点，不仅要从我们的视角去看待事物，还要从对方的角度认识事物。"

虽然这听起来或许很简单，甚至显而易见，但令人费解的是，不能从多个视角看待问题往往会成为妨碍说服成功的最大障碍。假设性问题和假设练习是充分调用同理心的有效方式，因为它可以帮助我们发掘潜意识中的多种假设，并避免我们的感知因这些假设而被扭曲。

说服工具之十四：专业提示

1. 固执往往是陷入"受害者的故事""恶棍的故事"或"无助者的故事"无法自拔的产物。因此，尝试提出假设性问题，让对方反思这些自述以及由此而来的判断。

2. 在与固执己见的人打交道时，不要求助于逻辑或理性，相反，应尽可能地使用假设性问题，比如："是否有可能……?""这个观点真实的可能性有多大呢？""哪些证据会让你改变想法呢？"

3. 要帮助他人从多角度看待问题或环境，积极探索问题的另一面，可以鼓励他们从与问题相关的多种假设出发，思考"第三方故事"或"最善意解释"可能带来的结果。

4. 需要提醒的是，我们生来就容易出现"基本归因错误"。因此，在可能的情况下，我们应警惕双标问题——把他人的行为和选择归咎于个性，但却通过环境和条件判断自己的行为。

5. 同理心通常被视为理解他人感受的练习，但深入了解他人的观点和思维方式同样重要。因此，我们不仅要了解他人的情绪状态，更重要的是学会探索他们的大脑。

说服工具之十五：让经验解释一切

多年来，我一直担任国际扶轮社的亲善大使，因而有幸在全球范围内亲身体验很多振奋人心的人道主义行动。

与扶轮社的第一次接触是在澳大利亚北部城市罗克汉普顿举行的地区性扶轮社员峰会。在我走上演讲台之前，地区负责人已纷纷发言，汇报当时在巴布亚新几内亚各地推广的蚊帐项目。他们提到，每天有无数人感染疟疾及其他蚊子传播的疾病，这些疾病给当地社区造成了巨大破坏。这些信息确实让我感到震惊。

几周后，在加利福尼亚州长滩市举办的一次会议上，比尔·盖茨再次谈到疟疾预防问题。我对他在演说中提到的信息至今记忆犹新。他首先介绍了盖茨基金会在解决疟疾灾祸方面采取的各项措施，但他的观点远超过数字所能解释的内涵。

在演讲中，他漫不经心地走到一张与腰部差不多高的桌子前，"疟疾是由蚊子传播的。我今天带了一些样本。"随后，盖茨拿起摆在桌子上的一个罐子，打开盖子继续说，"看，我选择让它们到处乱飞——我就不相信，只有穷人才会被感染。"此时，听众们已明显流露出不舒服的神态，坐立不安，两脚开始动来动去。过了一会，盖茨告诉大家，蚊子本身并没有携带疟疾病菌。其实，他已经说得很明确了，而且语气非常坚定。[44]

真相往往只能被看到，但很少被听到

与纯粹的辩论相比，如果你能让自己的想法呈现在众人面前，那么，你的想法无疑会更有说服力。17 世纪西班牙作家和哲学家巴尔塔萨·格拉西安（Baltasar Gracian）曾说过："真相往往只能被看到，但很少被听到。"著名神经科学家迈克·加扎尼加（Mike Gazzaniga）也指出，要让一个人改变主意，"就必须进行实质性的干预"。加扎尼加说，当一个人拥有根深蒂固的政治观点或宗教信仰时，要让他转变观点或改变信仰，往往需要依赖于能让他感受到的东西，而不是只能听到或了解到的事物。为此，他建议："没有被干预的感受，人永远不会改变自己的立场。"[45]

当我们看到某个观点的内在证据或感受到其真实性时，它比仅仅听到支持它的论点更难被忽视。说服术与影响力专家罗伯特·西奥迪尼建议："让他人从文字和身体两个方面感受到你的观点，显然比单纯的论证更有力量。"[46]

在《影响力是你的超能力》一书中，耶鲁大学研究员佐伊·查斯提到了一个怪人——来自巴西的亿万富翁奇基尼奥·斯卡帕（Chiquinho Scarpa）。他的故事无疑是解读这个原则的绝佳示例。

斯卡帕宣布，按照法老赐予的天启，他决定把价值 50 万美元的宾利汽车埋入自家后花园，人们的反应是震惊的。查斯回忆说："埋葬当天简直就是一场媒体大表演，四周挤满了记者和摄制组，直升机在头顶盘旋。但就在人们准备把宾利车放进汽车坟墓时，斯卡帕却突然叫停，随后，他邀请大家进入自己的豪宅。

在那里，他发表了事先准备好的声明。"

斯卡帕承认，埋葬这样一辆如此优雅而昂贵的汽车确实非常荒谬，而且是巨大的浪费。他继续指出，在每一天，我们都在埋葬更有价值的东西：这就是我们的人体器官。随后，他恳求巴西人认真考虑捐献器官问题。他的呼吁得到了迅速响应。仅仅在一个月之内，巴西的人体器官捐献数量便增加32%。[47]

置身"敌方领土"

谈到从内心出发理解问题的另一面，踏入"敌方领土"这个故事最能说明问题。这是民主党选民卡琳·博里森科（Karlyn Borysenko）在2020年美国联邦大选前的一次经历。

当时的竞选活动已进入白热化程度，双方难分伯仲。无论是工作场所、社会环境和家庭氛围中，让双方进行理性讨论或交流的可能性几乎不复存在。

在这种背景下，卡琳·博里森科撰写了一篇题为"改变思维的集会"的文章。从文章开头的第一句，就不难看出作者的政治取向。博里森科宣称："我可不想在唐纳德·特朗普的集会上被发现死亡。"但是在2020年2月，人们却看到，在共和党的一次活动中，她居然和11000名特朗普的支持者站在一起。

这是怎么回事呢？"嗯，这一切都是从……编织说起。"博里森科说。她曾连续几个月登录一家在线编织艺术论坛。在这个论坛上，博里森科每天都会看到针对特朗普支持者的侮辱、谩骂和攻击，这让她开始好奇："在这些特朗普的支持者当中，有些人其实就是我的邻居，难道他们真像人们说的那样不可救药吗？我以前也认为答案是肯定的，但我还是要自己找到答案。"

在看到特朗普准备在家乡新罕布什尔州组织集会的新闻时，

出于好奇心，博里森科打算亲自到那里去体验一下。博里森科回忆道："很多朋友劝我不要去。他们为我的安全感到担心。"一位朋友甚至送给博里森科一罐胡椒粉喷雾。

在集会开始前的四个小时，博里森科赶到现场，当时，体育场外已排了 1 英里（1.609 千米）长的队伍。博里森科也加入了队伍，但她没有和任何人交流。毕竟，周围都是不"像她"这样的人，这让博里森科缺少安全感。她确实担心，如果有人知道她是伯尼·桑德斯（Bernie Sanders）的支持者，很可能会给自己带来麻烦。

"但随后，和人们平时排队等候进场时一样，大家开始随便地聊天——先是有说有笑，而后渐入主题，开始探讨一些相对较为严肃的话题。我发现，这些人真的很好啊！尽管意见不一，但没有人骚扰我，也没有人恐吓我，更没有人威胁我。"尽管博里森科大方地承认自己是民主党的支持者，但似乎没有人介意。"他们在交流时始终面带微笑，甚至还有人热情地对我说'欢迎参加我们的活动'。"

除了热情的举止和表示欢迎，特朗普支持者群体的多样性也让博里森科感到惊讶。"这些人来自各行各业，他们正派而勤奋，其中有电气工程师、律师、教师、小企业主、退伍军人。当然，我可能会质疑他们支持的某些政策，但他们丝毫不避讳异议，而且非常乐意和我讨论这些问题。但我显然不能质疑他们的善意或正直。这些人很有头脑，而且没有任何偏见，更没有被洗脑。通过这些交流得到的信息，我认为，他们既没有种族主义、性别歧视，也不存在恐惧症，纯粹是政见不同。"

后来，博里森科在回忆这段经历时说："既然如此，参加特朗普的集会让我改变了吗？嗯，我的价值观依旧如故，但我认识事物的视角确实发生了一点变化。甚至可以说，这段经历让我成为一个更好的人。我意识到，参加这些集会的人也和我一样，因为他们不憎恨任何人。此外，这次活动还提醒我，我们都是一样的人。诚然，我们确实在解决问题的方式上存在严重分歧，但这些反对我们的人显然不是恶魔——这恰恰就是问题所在。这也是导致美国民众被撕裂的罪魁祸首。我不想让分歧进一步加剧。我们不能因为不喜欢他们的投票方式，就去憎恨这些我们根本不认识的人。"[48]

尽管参加共和党集会或许不会说服博里森科改变投票方式，但肯定会让她在其他方面发生改变。现实经历在这方面确实有着不可想象的独特力量。博里森科完全可以通过媒体了解特朗普支持者的特点，甚至还可以看看纪录片。但正因为这次面对面的交流，博里森科的观念才发生了巨大变化。

我们的视野会因为邂逅而扩大

美国国家公共广播电台前首席执行官肯·斯特恩（Ken Stern）也有过类似经历。他在自己的著作中提到这些经历。几年前，斯特恩开始对"保守的美国人"有了更多了解。

在几个月的时间里，他有意地去体验陌生环境，接触陌生人。期间，他"去过福音教堂，在得克萨斯州射杀了一头猪，走进纳斯卡汽车大赛的维修站，在茶党会议上喝得酩酊大醉"。

在回顾这些经历和境遇时，斯特恩表示，这些面对面的互动表明"美国人其实并不像我们想象的那样四分五裂"。即使面对想法和价值观与自己大相径庭的人，斯特恩也总能在互动中"找到更多的共同点，而且这些共性远超我们的想象"。

通过这本书，斯特恩希望表达的主题是，只要有选择性地进行面对面沟通，而不是在线辩论甚至隔空对骂，人们总能找到共同点，即便存在政治分歧也不例外。为验证这段经历的说服力，斯特恩在结束这段公路旅行之后，开始谴责民主党的狂热与偏执，并成为一名独立选民。[49]

阅读斯特恩的这本书，看到这些让他彻底转变思维的经历，不禁让我想起西班牙哲学家兼作家米格尔·德·乌纳穆诺（Miguel de Unamuno）的一句话："以阅读治愈法西斯主义，以旅行治愈种族主义。"在体验了发自内心的经历之后，我们的观点总会有所改变。

在 1956 年的一次演讲中，尼基塔·赫鲁晓夫（Nikita Khrushchev）曾遭到反对者的质问。在演说中，他公开谴责了斯大林的很多做法。突然，会场中有人大声质问："你是斯大林的同事，既然如此，你为什么不阻止他？"一瞬间，整个会场鸦雀无声，仿佛被冰冻住一样。赫鲁晓夫扫视了一下会场，似乎是想在听众中找到这个质问者。"谁说的？"他愤怒地咆哮。所有人一动不动，更不用说举手应答。此时此刻，似乎所有氧气被吸出会场。

过了一会儿，赫鲁晓夫恢复了镇静，用平静的语气说："现在，你知道我为什么没有阻止他了吧。"这是一次非常巧妙的解答。赫鲁晓夫既不想为自己的冷漠寻找借口，也没有解释斯大林周围的人当初曾经承受的恐惧，相反，他只是强迫现场观众去体验他当时体会到的情感。有了这样的体验，争论当然也就没有必要了。[50]

模拟也是体验的方式

利用切身体验培养同理心的方法多种多样，但以模拟技术制造体验的作用往往不为人们所重视。

我至今还清晰记得一次通过模拟技术实现的体验，而这次体验也彻底改变了我对难民困境的看法。几年前，我和家人来到香港，并在当地一家名为 Crossroads 的慈善机构做了几周志愿者。虽然 Crossroads 的主要工作是向全球贫困人口发送必要的援助物资，但它也关注教育和社区事务。

当时，Crossroads 刚刚启动了一个模拟难民困境的项目。通过模拟战争或冲突场景，参与者可以体验全球各地难民的悲惨境遇，感受他们在每天生活中面对的艰辛和恐惧。

在模拟开始之前，我其实早已知道会面对怎样的场景。因为作为志愿者，我们的任务就是参与场景布置，为体验者即将经过的每个房间铺设电线，并绘制场景面板。

但就在第一次现场模拟的那天晚上，我和家人依旧体验到以前从未想到的事情。直到此时，我们才意识到，我们永远都不可能为这样的经历做好准备。组织者把全体志愿者召集起立，并逐一安排姓名、身份和情节要求。然后，房间的灯光突然全部关闭，四周枪声大作。几秒钟后，房门被突然撞打开，"全副武装"的士兵头戴钢盔，手持火炬，说着完全听不懂的外语大喊大叫，冲入房间。

一时间，身边的家人被冲散，我们的恳求甚至贿赂毫无作用，证件和护照被收走，甚至我的手表也被武装人员抢走，食物更是被一扫而空。有些体验者被告知，为武装人员提供性服务可以换取特殊待遇。

当然，这些情节都不是真实的，武装人员是和我们已工作一周的其他 Crossroads 志愿者。但这似乎丝毫没有减少我们的恐惧。几分钟后，我们都被带到了一间黑屋，屋子里已挤满困惑、恐惧和遭到袭击的"难民"。在这里，我们几乎没有选择，更谈不上权力。45 分钟后（感觉更像是四五个小时），灯光重新点亮，武装人员摘下头盔并放下塑料武器。大家回到一起，对演练过程进行复盘。

随后，刚才还在大喊大叫的"武装人员"为大家分发热茶和晚餐，但即便在这个时候，刚才的经历还让我们心有余悸，恐惧和绝望感依旧萦绕在我们的脑海里。这种情绪一直在讨论演练的过程中延续，几乎整整过了 20 分钟，我们的思绪似乎才恢复平静。

多年以后，在香港度过的那个晚上始终在我的脑海中挥之不去，正是这次通过模拟技术获得的体验，彻底改变了我对难民和流亡问题的看法。当然，在难民问题上，这也是对我最有震撼力的一次经历。为什么呢？因为那段经历中的每一个细节，都让我真切地体验到难民的危险处境和凄凉感受。

以科技打造同理心

这种大手笔模拟当然是营造影响力的强大手段，但借助虚拟现实（VR）等沉浸式技术，我们可以在成本效益更高的前提下取得具有相同效果的体验方式。

沉浸式虚拟现实的美妙之处在于，它可以让模拟体验变得更生动、更逼真。任何体验过虚拟现实的人都知道，我们的大脑很快会被彻底蒙蔽，以为我们所看到的或经历的事情就是发生在身边的现实。我们在身体和情绪上做出的反应，绝对不会撒谎，它们与真实状态下的反应没有任何区别。脉搏加快，手心出汗，边缘系统活跃。总之，虚拟现实是打造同理心的最佳工具。

联合国前秘书长潘基文为我们提供了一个生动的案例，借助

VR 技术，他让人们加深了对诸多全球热点问题的认识。2016 年，潘基文邀请 VR 团队陪同前往部分受战争蹂躏或遭受自然灾害严重破坏的国家。此行的目标就是让更多的人了解全球部分弱势群体的生活和境遇。

项目启动后，潘基文曾在接受《时代》杂志采访时表示，他相信，VR 技术拥有一种特殊的力量，"它帮助人们实现相互理解并感受彼此的真实状况，在这个比以往任何时候更需要同理心和同情心的世界里，它无疑会给我们带来更多的希望。"[51]

另一个例子同样可以彰显技术的力量。几年前，英国广播公司的记者团队携手纪录片制片人以及部分有过监禁历史的参与者，利用 VR 技术模拟监狱生活，帮助人们体验在狱中被单独监禁的感受。项目的目标是就让正常人体验之前从未经历过的事情。[52]

让机器成为另一个人

VR 技术无疑是帮助人们增强对全球及社会事务认识的一种强大工具，但它在人际层面同样可以发挥作用。为此，行为艺术家菲利普·贝特兰德（Philippe Bertrand）开发了一款 VR 体验设备，并将其命名为"成为另一个人的机器"（The Machine to Be Another）。它创造的 VR 体验充分展示了现代技术在人际关系领域可以发挥的巨大作用。该项目旨在帮助人们通过完全不同的视角看待世界——通过 VR 技术，我们把自己变成孩子、亲密朋友或残疾人。

用贝特兰德自己的话说，虽然 VR 技术有时也会让我们迷失方向，但"之后，我们就可以用更亲密的方式去认识一个人，帮助你们相识相知，并最终建立联系"。

这项技术最成功的代表作就是 2016 年纽约翠贝卡电影节（Tribeca Film Festival）的参展作品《失明笔记：走入黑暗》（*Notes on Blindness*），这部采用 VR 沉浸式体验制作的纪录片在当时引起轰动。与大多数 VR 应用方式不同，这部作品不使用任何视觉手段，而是完全依靠 3D 声音让观众深度体验完全失明的感觉。[53]

斯坦福大学虚拟人交互实验室主任杰里米·贝伦森（Jeremy Bailenson）表示，这类技术从未像今天这么重要。"我们正在进入一个人类历史上前所未有的时代，在这个时代，你可以改变自己，体验动画师所创造的一切事物。研究表明，它们也会给人类的行为产生深刻影响。"

通过研究，贝伦森本人也一直在利用虚拟现实技术培养他所说的"大规模同理心"。比如说，他在研究中发现，使用虚拟现实技术模拟色盲者，让人们体验色盲的感觉，会促使人们主动帮助他人的概率增加一倍。[54]

后续研究表明，我们可以有理由相信，虚拟现实确实可以为我们提供一种独特而强大的解决方案。在斯坦福大学开展的一项研究中，研究人员进行了所谓的"虚拟鞋"（virtual shoes）实验。在实验中，参与者可以亲身感受因年龄、种族、身体或经济地位而造成的社会偏见，体验这些偏见所造成的社会现实。在完成虚拟沉浸式体验之后，研究人员对实验对象的同理心和偏见水平进行检验，结果令人振奋。在神经科学家的协助下，斯坦福大学研究团队已对所谓的"自我与他人融合"现象进行了成功模拟，这表明，虚拟现实会导致大脑产生有助于减少偏见和心理偏差的物理变化。[55]

不管体验是否是虚拟的，重要的是它能够让人产生深刻的共鸣。当我们不得不从他人的视角看待世界时，原本先入为主的观念就会发生巨大变化。

■ ■ ■

著名博主蒂姆·厄班曾说过："傲慢等于无知加信念。"[56] 在厄班提出的这个思维等式中，无知的本质不仅仅是缺乏同理心，在很多情况下，它往往是距离或脱节所造成的。

与问题、想法或个人的距离越远，我们的判断往往就会越简单。牧师兼作家安迪·斯坦利指出，在这种情况下，近距离接触并进行换位思考是最好的解决方案。"在拉近距离时，我们有机会面对被距离所掩盖的复杂性……让我们不得不体验他人所面对的现实和背景。有了真实而深刻的体验，任何精心设计的台词或是高度简化的方案，都会变得一无是处。"[57]

这些会带来同理心和产生共情的时刻，往往会让我们发出这样的感慨：

天哪，我以前一直认为……
天哪，我以为这些人一直会……
天哪，我从来没有考虑……
天哪，我竟然不知道……[58]

卡尔·萨根（Carl Sagan）敏锐地认识到："距离太远，我们可能会把无知误认为是观点。"因此，在试图说服他人时，我们需要充分利用有现实意义的经历，激发人们产生同理心，在此基础上获得全新认识。

说服工具之十五：专业提示

1. 与纯粹的口头辩论相比，如果能把观点呈现在人们面前，那么，这些观点就会变得更有说服力。因此，要提出有说服力的观点，最便捷、最有效的方法，就是摆脱理论的说教，为人们提供一种身临其境、发自内心的体验。

2. 面对深层的偏见，唯有为人们创造机会，让他们与难以认同或达成一致的人亲密接触。最强大的学习往往发生在"敌方领土"。

3. 模拟技术拥有一种特殊的能力，帮助人们去亲身感受原本需要我们解释的事情。虽然这的确需要强大的创造力、时间和资源，但永远不要低估创造针对性体验的影响力。切记，真相往往只能被看到，但很少被听到。

4. 基于巨大的发展空间及其所带来的种种可能，虚拟现实技术完全可以帮助我们站在他人的视角看待世界。利用这些令人震撼的新型技术，我们得以在更大的范围内打造深度同理心。永远不要忘记，傲慢就是无知和信念的结合。固执己见的人往往不会意识到，与偏见相比，他们的感知和判断本身就不完整，而且高度失真。因此，消除无知的最佳解药就是拉近距离，尝试更有意义的人际互动，拓宽我们的世界，减少偏见和无知的生存空间。

关于同理心的总结语

公元前 375 年，柏拉图在其开创性著作《理想国》（*Republic*）中进行了总结："观点实际上是人类知识的最低层次。它不需要问责，也不需要理解。知识的最高层次是同理心，因为它要求我们走出自我意识的围城，走进他人世界，去体验他人的生活。"

在一个被教条、意识形态和观点所主宰的世界里，其实更需要柏拉图所说的同理心。正因为有了同理心，我们才成为真正的人类。因此，充分利用这种认识他人、联系他人并感受他人的能力，才让我们拥有无比巨大的说服力。

无论是通过使想法或问题人性化和个性化，提供另一种视角，还是创造有现实意义的体验，培养同理心的途径多种多样。但归根到底，参与和体验他人的现实生活和内心世界，永远是引导人们改变思维的基本原则。

后记
逃离战壕

1914 年的圣诞节带给这个世界的，显然不是美好的回忆。在 20 世纪最致命的新技术的怂恿下，就在这一天，爆发了一场"结束一切战争的战争"，也造就了人类历史上最黑暗的一个冬天。然而，在第一次世界大战给世界带来的所有痛苦和灾难中，却有一个感人的故事发生在那个节日。

德国和盟军在佛兰德斯的泥泞中煎熬了四个月，几个月来，战事已陷入焦灼，双方你来我往，但阵地几乎没有丝毫的移动。尽管双方战壕在某些地方相距仅有几百米，但两方军人坚信，自己与敌人之间不共戴天，没有丝毫共同点。

英国和法国媒体不遗余力地利用宣传鼓动敌对情绪，通过宣传野蛮的德国人把无辜者身体做成肥皂的传说，以正义的名义激发对敌人的仇恨。而在德国一方，他们对仇恨的感受更是从儿时便已根深蒂固，因为还是在孩子的时候，他们就已开始学习背诵恩斯特·利索（Ernst Lissauer）的《仇恨之歌》（*Hymn of Hate*）："英格兰，我们永世的敌人；对敌人，我们将永远以永世相加，我们永远不会搁置仇恨；这是来自水的仇恨，这是来自土地的仇恨，这是发自肺腑的仇恨，是我们要用双手回击的仇恨；这是来自领导者的仇恨，也是来自君主的仇恨；这是 7000 万德国人永久的仇恨。德国，是我们最爱的那个人；英格兰，是我们最仇恨的那个人。我们有一个敌人，而且只有一个敌人——英格兰！"

但就在这种没有丝毫妥协空间的敌意背景下，却发生了一件匪夷所思的事情。

而这个神奇的一幕源于一首歌曲。

一名参战的英国士兵回忆说："当时，德国人会唱他们自己的歌曲，然后，我们也开始唱自己的歌曲。但是在我们开始唱《齐来崇拜歌》时，德国人马上加入进来，高声歌唱拉丁语版的《齐来崇拜歌》。我想，这真的太不可思议了：两个正在交战国家的战士，竟然都在唱着同一首颂歌。"[1]

随后，双方轮流用自己的语言歌唱这首熟悉的颂歌。每一场"表演"结束后，表演的一方都会得到对方的掌声和欢呼声，当然，也免不了嘲笑。经过一次次你来我往的"表演"，更令人不可思议的事情出现了：士兵们开始从战壕里爬出来。我也曾想象过，第一个爬出战壕的士兵当时会怎么想，很可能是一次九死一生的冒险。毕竟，就在一个小时之前，一丝微弱的灯光就足以招来狙击手的射杀。

从战壕里爬出来的士兵们开始进入无人区，相互靠近。一名德国人用英语喊道："嗨，我是中尉！先生们，现在，我的命就交给你们了，因为我已经走出战壕，向你们走来。你们可否派一个人过来迎接我？你们千万不要开枪，我们肯定不会开枪。"

尽管怀疑早已成为交战双方士兵的生存本能，但他们还是不断接近，并最终走到一起，开始互动。他们一起吃饭，一起喝酒，一起做饭，甚至还举办了一场足球赛，相互交换照片，甚至帮助对方埋葬牺牲的战士。虽然这一刻确实难以置信，但更不同寻常的是，这并非孤立事件。在2/3的战线上，数以万计的人经历过这样的事情。通过双方士兵的日记足以表明，在当时焦灼的战事条件下，这样的经历无异于超现实一般的存在，很多人将这些经历称为"白日梦"。

虽然这次圣诞休战被后人解读为一个看似自发的偶然性事件，但是在《极度成功》中，丹尼尔·科伊尔发现，这种情况早在圣诞节之前的几周里就已经开始了，双方通过"一系列稳定的互动，已逐渐形成一种安全、互敬和互信的纽带"。因此，双方之间已在思想上达成非正式停战协议，于是，当战士冒险外出收集干草作为床垫时，双方都会自动停火。非正式停火协议的范围也在不断扩大，最终形成不对厕所开火、不对日常供应活动目标开火等一系列潜规则。即便是在激烈的战斗中，双方也愿意提供最基本的尊重，至少是某种表面上的和平思维与人格尊重。此外，双方战士在交流中也逐渐流露出嬉戏的成分。一名英国士兵回忆说，当时的德国军队中有一名被法国人称为"宠物狙击手"的士兵，每晚9点15分，他会准时向天空开出一枪，作为送给英国士兵的"晚安之吻"，然后，他整晚不会再开一枪。直到次日早上，他才会重新投入真枪实弹的战斗。

在一场依赖妖魔化和非人化敌人的战争中，脆弱性和关联性以独特的方式不期而至。对于圣诞休战及其引发的一系列事件，丹尼尔·科伊尔认为，这是交战双方之间传递的一系列信息："我们都是一样的人。我们是安全的。如果你们欢迎，我就会过去。于是，他们就这样做了。"[2]在我们这个思想日趋僵化的时代，意识形态的壕沟和仇恨似乎已成为时代的标志，因此，当下时代比以往任何时候都更需要团结。我们已沉迷于形形色色的部落意识和主观辩论，因此，我们需要的绝不是不顾一切地深挖战壕且诋毁对手，相反，我们需要以探险者的勇气进入无人区，以信任和谦虚与对手开展沟通并求同存异，寻找共同的立足点。虽然我们已习惯于把对手视为唯有压制才能征服的敌人，但富有成果的说服只能来自真诚的对话。要做到这一点，我们首先要改变自己的思维，不要对他人及其想法一概而论，而是视为高度复杂、极端微妙、三维的立体存在。

尽管我们更愿意相信，我们自己豁达开明、理性正义而且心胸开阔，而我们的对手则僵化、固执己见。但不可否认的事实是，成功的沟通源于双向的努力。因此，要建立富有成效的影响力和实现成功的说服，我们应走出自己的舒适区，踏入战壕之外的危险区，把我们自己的脆弱性展示在对手面前，吸引对方参与，进行有意义的接触，暂时放弃原本高不可攀的自我。

在这场没有硝烟的文化战争中，在这个弥漫在阴谋、部落意识和身份政治、分裂和辩论中的时代，我们似乎更有理由怀念1914年那个漆黑的圣诞夜，怀念士兵们唱起的那一首颂歌，这个故事就如同一盏启明灯，为我们步履维艰的前进道路带来光明。就在莫名其妙的某个瞬间，共同的境地和共同的使命最终带来相互认同和相互信任，于是，敌人成为盟友，而后又变成朋友。但最让我们感动的，也是那天晚上最终打动对方的细节，发生在一名德国中尉的身上。他手无寸铁地走到无人区——这也是双方唯一能找到的共有点，以最直白但也是最谦卑的方式，用对方的语言问："你们可否派一个人过来迎接我？"

如果我们每个人都愿意这么做，我们的世界将会是另一番景象。

注释

序言

1. Caldwell, F. 2021, 'Scare campaign over recycled water could be worse than 'Poowoomba': Turnbull', *The Sydney Morning Herald*, 24 August.
2. 2019, *All Options on the Table*, Water Services Association of Australia, p 4.
3. 2019, *All Options on the Table*, Water Services Association of Australia, p 4.
4. 2017, Editorial Board, 'San Diego will drink water recycled from sewage. Cheers.' *The San Diego Union-Tribune*, 11 May.
5. Ross, H. 2008, 'Proven Strategies for Addressing Unconscious Bias in the Workplace,' *CDO Insights*, August.
6. Thaler, R. and Sunstein, C. 2009, *Nudge*, Penguin, New York, pp. 22, 23.
7. Stephens, M. 2021, *The End of Thinking*, Acorn Press, Sydney, p. 11.
8. Berger, J. 2020, *The Catalyst*, Simon and Schuster, London, pp. 5, 6.
9. Pink, D. 2012, *To Sell is Human*, Riverhead Books, New York, pp. 21, 22.
10. Berger, J. 2020, *The Catalyst*, Simon and Schuster, London, pp. 5, 6.
11. Williams, H. 2006, Days that Changed the World, Quercus Publishing, London, p. 163.
12. Burg, B. 2011, The Art of Persuasion, Sound Wisdom Books, Shippensburg, p. 163.
13. Shapiro, B. 2019, *The Right Side of History*, Broadside Books, New York, pp. 108 – 109.
14. Williams, H. 2006, *Days that Changed the World*, Quercus Publishing, London, p. 78.
15. Heath, C. and Heath, D. 2010, *Switch*, Broadway Books, New York, pp. 112 – 113.
16. Grant, A. 2021, *Think Again*, WH Allen, London, p. 143.

315

17. Denning, S. 2005, *The Leader's Guide to Storytelling*, Jossey-Bass, San Francisco, p. 47.

第一部分　思想到底由何而来？

1. Berger, J. 2020, *The Catalyst*, Simon and Schuster, London, p. 221.

第一章　两种思维的故事

1. Heath, C. and Heath, D. 2010, *Switch*, Broadway Books, New York, pp. 6 – 7.

2. Burow, p. et al, *Behavioural Economics for Business*, Peter Burow, Australia, p. 14.

3. Rom 8：6, *The Holy Bible-American Standard Version*, Star Bible Publishers, Hurst, Texas.

4. Burow, p. et al, *Behavioural Economics for Business*, Peter Burow, Australia, p. 2.

5. Burow, p. et al, *Behavioural Economics for Business*, Peter Burow, Australia, pp. 29 – 30.

6. Kahneman, D. 2011, *Thinking, Fast and Slow*, FSG, New York, pp. 20 – 21.

7. Chance, Z. 2022, *Influence Is Your Superpower*, Penguin Random House, London, p. 24.

8. Dooley, R. 2012, *Brainfluence*, Wiley, New Jersey, p. 1.

9. Thaler, R. and Sunstein, C. 2009, *Nudge*, Penguin, New York, pp. 19 – 22.

10. Zak, H. 2020, 'Adults Make More Than 35, 000 Decisions Per Day,' *Inc Australia*, 22 January.

11. Kahneman, D. 2011, *Thinking, Fast and Slow*, FSG, New York, pp. 20 – 21.

12. Kahneman, D. 2011, *Thinking, Fast and Slow*, FSG, New York, p. 105.

13. Weinschenk, S. 2013, *How to Get People to Do Stuff*, Pearson Education, London, p. 126.

14. Milkman, K. 2021, *How to Change*, Penguin, New York, p. 119.

15. Stephens, M. 2021, *The End of Thinking*, Acorn Press, Sydney, p. 12.

16. Thaler, R. and Sunstein, C. 2009, *Nudge*, Penguin, New York, pp. 19 – 22.

17. Taleb, N. 2010, *The Black Swan*, Random House, New York, p. 66.

18. Taleb, N. 2010, *The Black Swan*, Random House, New York, pp. 81 – 82.

19. Kahneman, D. 2011, *Thinking, Fast and Slow*, FSG, New York, p. 105.

20. Ellerton, p. 2014 'What you think is right may actually be wrong – here's why', *The Sydney Morning Herald*, 16 January.

21. Weinschenk, S. 2013, *How to Get People to Do Stuff*, Pearson Education, London, p. 126.

22. Cialdini, R. 2016, *Pre-Suasion*, Random House, London, p. 198.

23. Gladwell, M. 2005, *Blink*, Penguin, London, pp. 13 – 14.

24. 2014, 'Bill Nye to climate change deniers: you can't ignore facts forever,' *Big Think*, 7 August.

25. Harman, G. 2014, 'Your brain on climate change', *The Guardian*, 11 November.

26. Mannix, L. 2021, 'Worried about AstraZeneca? Me too. The way we think about risk might be the problem,' *The Sydney Morning Herald*, 20 July.

27. Dvorsky, G. 2013, 'The 12 cognitive biases that prevent you from being rational,' *io9*, 1 September.

28. Kahneman, D. 2011, *Thinking, Fast and Slow*, FSG, New York, pp. 159 – 160.

29. R. L. Isaacson. 2001, *International Encyclopedia of the Social & Behavioral Sciences*, Pergamon, Oxford.

30. 2022, 'The Limbic System', *Queensland Brain Institute*.

31. Burton, R. 2008, *On Being Certain*, St Martin's Press, New York, p. 158.

32. Hamilton, D. 2015, 'Calming your brain during conflict', *Harvard Business Review*, 22 December.

33. Queenan, J. 2018, 'How your brain is keeping you from changing your mind.' *The Rotarian*, 16 May.

34. Offord, C. 2020, 'How Social Isolation Affects the Brain', *The Scientist*, 13 July.

35. Kahneman, D. 2011, Thinking, Fast and Slow, FSG, New York, pp. 43 – 44.

36. Goldstein, N. et al. 2008, *Yes! 50 Scientifically Proven Ways to be Persuasive*, Simon and Schuster, New York, pp. 197 – 199.

37. Dean, J. 2010, 'Caffeine makes us easier to persuade,' *PsyBlog*, November.

第二章 我们为什么会如此笃定？

1. Burton, R. 2008, *On Being Certain*, St Martin's Press, New York, p. xiii.

2. Fitzsimons, T. 2020, 'Man who died of coronavirus wins election for North Da-

kota state legislature,' *NBC News*, 5 November.

3. Berger, J. 2020, *The Catalyst*, Simon and Schuster, London, pp. 189 – 191.

4. Ramadan, A. et al. 2016, *Play Bigger*, HarperCollins, New York, pp. 31 – 32.

5. Stephens, M. 2021, *The End of Thinking*, Acorn Press, Sydney, p. 22.

6. Dvorsky, G. 2013, 'The 12 cognitive biases that prevent you from being rational,' *io9*, 1 September.

7. Dvorsky, G. 2013, 'The 12 cognitive biases that prevent you from being rational,' *io9*, 1 September.

8. Durkin, p. 2023, '76pc of Aussies refuse to help someone with opposing views', *The Australian Financial Review*, 8 February.

9. Buliga, E. 2020, ' "How do you like them now?" Expected reactions upon discovering that a friend is a political out-group member', *Journal of Social and Personal Relationships*, 14 July.

10. Pinker, S. 2021, *Rationality*, Allen Lane, London, pp. 293 – 294.

11. Pinker, S. 2021, *Rationality*, Allen Lane, London, p. 295.

12. Kolbert, E. 2017, 'Why facts don't change our minds', *The New Yorker*, 27 February.

13. Heinrichs, J. 2013, *Thank You for Arguing*, Three Rivers Press, New York, pp. 318 – 326.

14. Graves, C. 2015, 'Why debunking myths about vaccines hasn't convinced dubious parents,' 20 February.

15. Dickson, J. 2011, 'Art of persuasion not so simple,' *The Sydney Morning Herald*, 9 July.

16. Ecker, U. 2018, 'Political Attitudes and the Processing of Misinformation Corrections,' *Political Psychology Wiley Online Library*, 1 October.

17. Berger, J. 2020, *The Catalyst*, Simon and Schuster, London, pp. 91 – 93.

18. Kruger, A. 2022, 'A climate for mis-and disinformation', *First Draft News*, 25 July.

19. Lukianoff, G. and Haidt, J. 2018, *The Coddling of the American Mind*, Penguin Random House, New York, pp. 58 – 59.

20. Kolbert, E. 2017, 'Why facts don't change our minds', *The New Yorker*, 27 February.

21. Urban, T. 2023, *What's Our Problem? A Self-Help Book for Societies*, Wait But Why, Chapter4.

22. Urban, T. 2023, *What's Our Problem? A Self-Help Book for Societies*, Wait But Why, Chapter7.

23. Bail, C. 2021, Breaking the Social Media Prism, Princeton University Press, New Jersey, pp. 49.

24. Gregory D. and Flanagan, K. 2015, *Selfish, Scared & Stupid*, Wiley, Melbourne, p. 125.

25. Dooley, R. 2012, *Brainfluence*, Wiley, New Jersey, p. 65 – 67.

26. De Bono, E. 1991, *I Am Right You Are Wrong*, Penguin Books, London, pp. 156 – 157.

27. Urban, T. 2019, 'The story of us', *Wait, but Why?*, 26 August.

28. Urban, T. 2019, 'The story of us', *Wait, but Why?*, 26 August.

29. Moore, N. 2015, 'Silence isn't golden when it comes to free speech,' *ABC News*, 7 May.

30. Graham, p. 2009, 'Keep your identity small', *Paul Graham Blog*, February.

31. Urban, T. 2023, *What's Our Problem? A Self-Help Book for Societies*, Wait But Why, Chapter 7.

32. Grant, A. 2021, *Think Again*, WH Allen, London, p. 62.

33. Pariser, E. 2011, *The Filter Bubble*, Penguin, London, p. 77.

34. De Bono, E. 1991, *I Am Right You Are Wrong*, Penguin Books, London, pp. 17 – 18.

35. O' Keeffe, A. 2011, *Hardwired Humans*, Roundtable Press, Sydney, p. 60.

36. Gregory D. and Flanagan, K. 2015, *Selfish, Scared & Stupid*, Wiley, Melbourne, p. 40.

37. De Bono, E. 1991, *I Am Right You Are Wrong*, Penguin Books, London, p. 181.

38. De Bono, E. 1991, *I Am Right You Are Wrong*, Penguin Books, London, p. 215.

39. Grant, A. 2021, *Think Again*, WH Allen, London, p. 25.

40. Lakhani, D. 2005, *Persuasion: The Art of Getting What You Want*, Wiley, New Jersey, p. 83.

41. McRaney, D. 2012, *You Are Not So Smart*, Gotham Books, New York, pp. 168 – 169.

42. McRaney, D. 2012, *You Are Not So Smart*, Gotham Books, New York, p. 30.

43. McRaney, D. 2012, *You Are Not So Smart*, Gotham Books, New York, p. 30.

44. Wyman, B. 2023, 'Hoo boy! Fox News trumpeting conspiracies is worse than we thought,' *The Sydney Morning Herald*, 3 March.

45. Weinberg, G. and McCann, L. 2019, *Super Thinking*, Penguin, London, pp. 27 – 28.

46. Grant, A. 2021, *Think Again*, WH Allen, London, p. 59.

47. Pierre, J. 2019, 'Behind the curve: the science fction of flat earthers,' *Psychology Today*, 26 February.

48. Nyhan, B. 2014, 'Effective messages in vaccine promotion', *Pediatrics*, 3 March.

49. Nyhan B. et al. 2014, 'Does correcting myths about the flu vaccine work,' *Elsevier*, 8 December.

50. Berger, J. 2020, *The Catalyst*, Simon and Schuster, London, p. 91 – 94.

51. Wilson, T. 2011, *Redirect*, Back Bay Books, New York, p. 53.

52. O'Keeffe, A. 2011, *Hardwired Humans*, Roundtable Press, Sydney, p. 173.

53. Grant, A. 2021, *Think Again*, WH Allen, London, p. 4.

54. Jones, M. 2020, *Beliefonomics*, Filtered Media, Sydney, pp. 95 – 101.

55. Kolbert, E. 2017, 'Why facts don't change our minds', *The New Yorker*, 27 February.

56. Burton, R. 2008, *On Being Certain*, St Martin's Press, New York, p. 135.

57. Pierre, J. 2016, 'Does the internet promote delusional thinking?' *Psychology Today*, 25 January.

58. Grant, A. 2021, *Think Again*, WH Allen, London, pp. 67 – 68.

59. Pierre, J. 2016, 'Does the internet promote delusional thinking?' *Psychology Today*, 25 January.

60. Streitfeld, D. 2017. ''The internet is broken,' says Twitter co-founder Evan Williams,' *The Sydney Morning Herald*, 22 May.

61. Drummond, C. 2017, 'Individuals with greater science literacy and education have more polarized beliefs on controversial science topics,' *PNAS*, 21 August.

62. McRaney, D. 2014, *You Are Not So Smart* Podcast: Episode 016, 'Interview with Steven Novella,' 16 January.

63. Aubrey, S. 2020, 'Playing with fre: The curious marriage of QAnon and wellness', *The Sydney Morning Herald*, 27 September.

64. McRaney, D. 2014, *You Are Not So Smart* Podcast: Episode 016, 'Interview with Steven Novella,' 16 January.

65. Kolbert, E. 2017, 'Why facts don't change our minds', *The New Yorker*, 27 February.

66. Funnell, A. 2021, 'Are some of us destined to be dumb and is there anything we can do about it?' *ABC News*, 23 December.

67. Britannica, The Editors of Encyclopaedia. "a priori knowledge". Encyclopedia Britannica, 3 Dec. 2020, https://www. britannica. com/topic/a-priori-knowledge. Accessed 6 October 2021.

68. Burton, R. 2008, *On Being Certain*, St Martin's Press, New York, p. 95.

69. Epstein, Seymour (30 November 2010). "Demystifying Intuition: What It Is, What It Does, and How It Does It". Psychological Inquiry. 21 (4): 295 – 312. doi: 10. 1080/1047840X. 2010. 523875. S2CID 145683932.

70. Burton, R. 2008, *On Being Certain*, St Martin's Press, New York, p. 89.

71. Elejalde-Ruiz, A. 2012, 'Going with your gut', *Chicago Tribune*, 13 June.

72. O'Keeffe, A. 2011, *Hardwired Humans*, Roundtable Press, Sydney, pp. 61 –62.

73. O'Keeffe, A. 2011, *Hardwired Humans*, Roundtable Press, Sydney, pp. 72 –73.

74. Burton, R. 2008, *On Being Certain*, St Martin's Press, New York, p. xiv.

75. Burton, R. 2008, *On Being Certain*, St Martin's Press, New York, p. 138.

76. Goff, B. 2012, *Love Does*, Thomas Nelson, Nashville, Tennessee, p. 138.

77. Lawson, Todd (23 September 2005). Reason and Inspiration in Islam: Theology, Philosophy and Mysticism in Muslim Thought. London: I. B touris co ltd. pp. 210 –225. ISBN 1 –85043 –470 –0. Retrieved 26 December 2014.

78. Burton, R. 2008, *On Being Certain*, St Martin's Press, New York, p. 67.

79. Burton, R. 2008, *On Being Certain*, St Martin's Press, New York, p. 67.

80. Lakoff, G. 1999, 'Philosophy in the flesh-a conversation with George Lakoff,' *Edge*, 8 March.

81. Burton, R. 2008, *On Being Certain*, St Martin's Press, New York, p. 139.

82. Verny, T. 2021, *The Embodied Mind*, Pegasus Books, New York, p. 117.

83. Verny, T. 2021, *The Embodied Mind*, Pegasus Books, New York, p. 118.

84. Verny, T. 2021, *The Embodied Mind*, Pegasus Books, New York, p. 120.

85. Underwood, E. 2018, 'Your gut is directly connected to your brain, by a newly discovered neuron circuit', *Science Magazine*, 20 September.

86. Schemann, M. et al. 2019, 'To learn, to remember, to forget-how smart is the gut?', Acta Physiol (Oxf). 2020 Jan; 228 (1): e13296.

87. Burton, R. 2008, *On Being Certain*, St Martin's Press, New York, pp. 148 – 149.

88. Pierre, J. 2016, 'The death of facts: the emperor's new epistemology,' *Psychology Today*, 4 December.

89. Pierre, J. 2016, 'The death of facts: the emperor's new epistemology,' *Psychology Today*, 4 December.

第二部分　如何说服固执己见的人？

1. Heinrichs, J. 2013, *Thank You for Arguing*, Three Rivers Press, New York, pp. 39 – 40.

2. Mortensen, K. 2004, *Maximum Influence*, HarperCollins Australia, p. 17.

3. Dickson, J. 2011, 'Art of persuasion not so simple,' *The Sydney Morning Herald*, 9 July.

4. Garvey, J. 2016, *The Persuaders*, Icon Books, London, pp. 227 – 228.

5. Jones, M. 2020, *Beliefonomics*, Filtered Media, Sydney, pp. 95 – 101.

6. Ross, H. 2008, 'Proven Strategies for Addressing Unconscious Bias in the Workplace,' *CDO Insights*, August.

7. Cialdini, R. 1984, *Influence*, William Morrow and Company, New York, pp. 222 – 223.

8. Stulp, G. et al. 2015, 'Human Height Is Positively Related to Interpersonal Dominance in Dyadic Interactions,' *PLOS One*, 26 February.

9. Heinrichs, J. 2013, *Thank You for Arguing*, Three Rivers Press, New York, pp. 47 – 49.

10. Pierre, J. 2015, 'The psychology of guns,' *Psychology Today*, 4 October.

11. Ferrier, A. 2014, *The Advertising Effect*, Oxford University Press, South Melbourne, pp. 83 – 84.

12. Queenan, J. 2018, 'How your brain is keeping you from changing your mind.' *The Rotarian*, 16 May.

13. O'Keeffe, A. 2011, *Hardwired Humans*, Roundtable Press, Sydney, p. 54.

14. Dean, J. 2010, 'The battle between thoughts and emotions,' *PsyBlog*, November.

15. Heath, C. and Heath, D. 2010, *Switch*, Broadway Books, New York, p. 105.

16. Ferrier, A. 2014, *The Advertising Effect*, Oxford University Press, South Melbourne, pp. 83 – 84.

17. Kahneman, D. 2011, *Thinking, Fast and Slow*, FSG, New York, p. 302.

18. Heath, C. and Heath, D. 2010, *Switch*, Broadway Books, New York, pp. 121 – 123.

19. Grant, A. 2021, *Think Again*, WH Allen, London, pp. 178 – 181.

20. Grant, A. 2021, *Think Again*, WH Allen, London, pp. 178 – 181.

21. Foley, D. 2014, 'What Are Room Resonances & How Should You Locate Them?', *www. acousticfelds. com*, 28 May.

22. Bhalla, J. 2016, 'What Trump can teach reason-loving smart folks,' *Big Think*, 9 October.

23. De Bono, E. 1991, *I Am Right You Are Wrong*, Penguin Books, London, p. 23.

24. De Bono, E. 1991, *I Am Right You Are Wrong*, Penguin Books, London, p. 23.

25. Weinberg, G. and McCann, L. 2019, *Super Thinking*, Penguin, London, pp. 25 – 26.

26. Gallo, C. 2019, 'The art of persuasion hasn't changed in 2,000 years,' *Harvard Business Review*, 15 July.

第三章　相对性

1. 2015, 'The logic question six-year-olds can answer, but leaves adults bafed,' *The Sydney Morning Herald*, 18 June.

2. Amlen, D. 2017, 'We do not see things as they are,' *The New York Times*, 4 August.

3. Bryson, B. 2019, *The Body: A Guide for Occupants*, Transworld Publishers, London, p. 56.

4. Grant, A. 2021, *Think Again*, WH Allen, London, pp. 128 – 129.

5. Mosher, D. 2020, 'Astronauts often describe a powerful 'overview effect' when gazing at Earth,' *Business Insider Australia*, 4 June.

6. Coulson, J. 2018, 10 *Things Every Parent Needs to Know*, ABC Books, Sydney, p. 76.

7. Desjardins, J. 2018, 'Here are 24 cognitive biases that are warping your perception of reality,' *World Economic Forum*, 6 December.

8. Cialdini, R. 1984, *Influence*, William Morrow and Company, New York, p. 64.

9. Blain, L. 2014, 'Motorcycle lane splitting: Better for riders, better for drivers, and safer than sitting in trafc,' *New Atlas*, 27 October.

10. Kahneman, D. 2011, *Thinking, Fast and Slow*, FSG, New York, p. 88.

11. Kahneman, D. 2011, *Thinking, Fast and Slow*, FSG, New York, pp. 330 – 331.

12. Collister, p. 2017, *How to Use Innovation and Creativity in the Workplace*, Pan Macmillan, London, pp. 146 – 147.

13. Cook, J. and Lewandowsky, S. 2011, The Debunking Handbook. St. Lucia, Australia: University of Queensland, p 5.

14. Stephens, M. 2021, *The End of Thinking*, Acorn Press, Sydney, pp. 13 – 14.

15. Kahneman, D. 2011, *Thinking, Fast and Slow*, FSG, New York, p. 363.

16. Weinberg, G. and McCann, L. 2019, *Super Thinking*, Penguin, London, pp. 13 – 14.

17. Nordgren, L. 2017, 'Four tips to persuade others your idea is a winner,' *Kellogg Northwestern*, 3 February.

18. Ariely, D. 2008, *Predictably Irrational*, HarperCollins, New York, pp. 218 – 219.

19. Brafman, O. and Brafman, R. 2008, *Sway*, Crown Business, New York, pp. 49 – 50.

20. Ariely, D. 2008, *Predictably Irrational*, HarperCollins, New York, pp. 218 – 219.

21. Ariely, D. 2008, *Predictably Irrational*, HarperCollins, New York, pp. 218 – 219.

22. Dooley, R. 2012, *Brainfluence*, Wiley, New Jersey, pp. 17 – 18.

23. Wilson, T. 2011, *Redirect*, Back Bay Books, New York, p. 7.

24. Kahneman, D. 2011, *Thinking, Fast and Slow*, FSG, New York, pp. 123 – 124.

25. Kahneman, D. 2011, *Thinking, Fast and Slow*, FSG, New York, pp. 124 – 125.

26. Kolenda, N. 2013, *Methods of Persuasion*, Kolenda Entertainment, Grand Rapids, p. 22, 23.

27. Kolenda, N. 2013, *Methods of Persuasion*, Kolenda Entertainment, Grand Rapids, p. 27.

28. Cialdini, R. 2016, *Pre-Suasion*, Random House, London, 151.

29. Cialdini, R. 2016, *Pre-Suasion*, Random House, London, p. 5.

30. Thaler, R. and Sunstein, C. 2009, *Nudge*, Penguin, New York, p. 24.

31. Kahneman, D. 2011, *Thinking, Fast and Slow*, FSG, New York, p. 135.

32. Kolenda, N. 2013, *Methods of Persuasion*, Kolenda Entertainment, Grand Rapids, p. 46.

33. Weinschenk, S. 2013, *How to Get People to Do Stuff*, Pearson Education, London, pp. 132 – 133.

34. Goldstein, N. et al. 2017, *Yes! 60 Secrets from the Science of Persuasion*, Profle Book, London, pp. 49 – 51.

35. Weinschenk, S. 2013, *How to Get People to Do Stuff*, Pearson Education, London, pp. 19 – 20.

36. Cialdini, R. 1984, *Influence*, William Morrow and Company, New York, p. 68.

37. Kahneman, D. 2011, *Thinking, Fast and Slow*, FSG, New York, pp. 131 – 132.

38. Burow, p. et al, *Behavioural Economics for Business*, Peter Burow, Australia, p. 27.

39. Goldstein, N. et al. 2008, *Yes! 50 Scientifically Proven Ways to be Persuasive*, Simon and Schuster, New York, p. 69 – 70.

40. Chance, Z. 2022, *Influence Is Your Superpower*, Penguin Random House, London, p. 130.

41. Eyal, N. 2014, *Hooked*, Penguin, New York, p. 88.

42. Hogan, K. 2013, *Invisible Influence*, Wiley, New Jersey, pp. 139 – 140.

43. Garvey, J. 2016, *The Persuaders*, Icon Books, London, p. 232.

44. Tormala, Z. and Rucker, D. 2015, 'How certainty transforms persuasion,' *Harvard Business Review*, September.

45. Kruger, A. 2022, 'A climate for mis-and disinformation', *First Draft News*, 25 July.

46. Tormala, Z. and Rucker, D. 2015, 'How certainty transforms persuasion,' *Harvard Business Review*, September.

47. Roozenbeek, J. and Van der Linden, S. 2019, 'Fake news game confers psychological resistance against online misinformation,' *Humanities and Social Sciences Communications*, 25 June.

48. Van der Linden, S. et al. 2020, 'Inoculating against fake news about COVID – 19,' *Frontiers in Psychology*, 23 October.

49. Cook, J. 2017, 'Inoculation theory-using misinformation to fight misinformation,' *The Conversation*, 15 May.

50. Miller, G. 2021, 'The enduring allure of conspiracy theories,' *Nieman Journalism Lab*, 19 January.

51. Dean, J. 2013, '9 Ways the mind resists persuasion and how to sustain or overcome them,' PsyBlog, May.

52. Van der Linden, S. et al. 2020, 'Inoculating against fake news about COVID – 19,' *Frontiers in Psychology*, 23 October.

53. Grant, A. 2021, *Think Again*, WH Allen, London, pp. 163 – 166.

54. Grant, A. 2021, *Think Again*, WH Allen, London, pp. 163 – 166.

55. Grant, A. 2021, *Think Again*, WH Allen, London, pp. 163 – 166.

56. Kolenda, N. 2013, *Methods of Persuasion*, Kolenda Entertainment, Grand Rapids, pp. 28 – 29.

57. 2020, 'Trust misplaced: A report on the future of trust in media,' *Ipsos Views*, October.

58. Hameiri, B. et al. 2014, 'Paradoxical thinking as a new avenue of intervention to promote peace,' *PNAS*, 18 June.

59. Lakhani, D. 2005, *Persuasion: The Art of Getting What You Want*, Wiley, New Jersey, pp. 230 – 231.

60. Gregory D. and Flanagan, K. 2015, *Selfish, Scared & Stupid*, Wiley, Melbourne, p. 173.

61. Weinschenk, S. 2013, *How to Get People to Do Stuff*, Pearson Education, London, p. 4.

62. Cialdini, R. 2016, *Pre-Suasion*, Random House, London, pp. 168 – 169.

63. Cialdini, R. 2016, *Pre-Suasion*, Random House, London, pp. 168 – 169.

64. Thaler, R. and Sunstein, C. 2009, *Nudge*, Penguin, New York, p. 71.

65. Cialdini, R. 2016, *Pre-Suasion*, Random House, London, pp. 168 – 169.

66. Goldstein, N. et al. 2008, *Yes! 50 Scientifically Proven Ways to be Persuasive*, Simon and Schuster, New York, pp. 73 – 74.

67. Cialdini, R. 2016, *Pre-Suasion*, Random House, London, pp. 168 – 169.

68. Goldstein, N. et al. 2008, *Yes! 50 Scientifically Proven Ways to be Persuasive*, Simon and Schuster, New York, pp. 73 – 74.

69. Milkman, K. 2021, *How to Change*, Penguin, New York, pp. 76 – 79.

70. Goldstein, N. et al. 2008, *Yes! 50 Scientifically Proven Ways to be Persuasive*, Simon and Schuster, New York, pp 80 – 82.

71. Grant, A. 2022, 'You can't say that: How to argue better,' *The Guardian*, 30 July.

72. Grant, A. 2021, *Think Again*, WH Allen, London, p. 252 – 255.

73. Hutson, M. 2020, 'Why you don't really know what you know,' *MIT Technology Review*, 21 October.

74. Kolbert, E. 2017, 'Why facts don't change our minds', *The New Yorker*, 27 February.

75. Singal, J. 2014, 'How to win your next political argument,' *The Cut*, 14 May.

76. Luntz, F. 2007, *Words That Work*, Hachette, New York, pp. 107 – 108.

77. Berger, J. 2020, *The Catalyst*, Simon and Schuster, London, pp. 6 – 11.

78. Gregory D. and Flanagan, K. 2015, *Selfish, Scared & Stupid*, Wiley, Melbourne, p. 61.

79. Garber, M. 2019, 'The myth of the 'Underage Woman,'' *The Atlantic*, 15 August.

80. Jolles, R. 2013, *How to Change Minds*, Berrett-Koehler, Oakland, p. 62.

81. Thaler, R. and Sunstein, C. 2009, *Nudge*, Penguin, New York, pp. 36 – 37.

82. Grant, A. 2021, *Think Again*, WH Allen, London, pp. 173 – 174.

83. Garvey, J. 2016, *The Persuaders*, Icon Books, London, p. 116 – 117.

84. Hogan, N. and Speakman, J. 2006, *Covert Persuasion*, Wiley, New Jersey, pp. 79 – 84.

85. Hogan, K. 2013, *Invisible Influence*, Wiley, New Jersey, pp. 105 – 106.

86. Weinberg, G. and McCann, L. 2019, *Super Thinking*, Penguin, London, pp. 13 – 14.

87. Kolenda, N. 2013, *Methods of Persuasion*, Kolenda Entertainment, Grand Rapids, p. 14.

88. McRaney, D. 2012, *You Are Not So Smart*, Gotham Books, New York, pp. 10 – 11.

89. De Bono, E. 1991, *I Am Right You Are Wrong*, Penguin Books, London, p. 156.

90. Goldstein, N. et al. 2008, *Yes! 50 Scientifically Proven Ways to be Persuasive*, Simon and Schuster, New York, pp. 164 – 165.

91. Kahneman, D. 2011, *Thinking, Fast and Slow*, FSG, New York, pp. 62 – 63.

92. Kawasaki, G. 2011, *Enchantment*, Penguin, New York, pp. 21 – 22

93. Roeder, M. 2011, *The Big Mo*, Virgin Books, London, p. 86.

94. Heinrichs, J. 2013, *Thank You for Arguing*, Three Rivers Press, New York, p. 87.

95. Bowden, M. 2013, *How to Present*, Wiley, Melbourne, p. 207.

96. Mortensen, K. 2004, *Maximum Influence*, HarperCollins Australia, p. 61.

97. Mortensen, K. 2004, *Maximum Influence*, HarperCollins Australia, p. 61.

98. Cialdini, R. 2016, *Pre-Suasion*, Random House, London, p. 102.

99. Kozicki, S. 1993, *The Creative Negotiator*, Gower Publishing, St Ives, p. 173.

第四章　亲和力

1. Coyle, D. 2018, *The Culture Code*, Bantam Books, New York, pp. 22 – 23.

2. Heinrichs, J. 2013, *Thank You for Arguing*, Three Rivers Press, New York, p. 284.

3. Bernstein, E. 2020, 'Worried about a difficult conversation? Here's advice from a hostage negotiator,' *The Wall Street Journal*, 14 June.

4. Ward, A. 2020, 'Joe Biden in victory speech: Let this grim era of demonization in America begin to end,' *Vox*, 7 November.

5. Stanley, A. 2022, *Not in It to Win It*, Zondervan, Grand Rapids, Michigan, p. 3.

6. Garvey, J. 2016, *The Persuaders*, Icon Books, London, pp. 217 – 225.

7. Garvey, J. 2016, *The Persuaders*, Icon Books, London, pp. 217 – 225.

8. Heinrichs, J. 2013, *Thank You for Arguing*, Three Rivers Press, New York, p. 19.

9. De Bono, E. 1991, *I Am Right You Are Wrong*, Penguin Books, London, pp. 4 – 7.

10. De Bono, E. 1991, *I Am Right You Are Wrong*, Penguin Books, London, pp. 4 – 7.

11. Garvey, J. 2016, *The Persuaders*, Icon Books, London, pp. 241 – 243.

12. Pink, D. 2012, *To Sell is Human*, Riverhead Books, New York, p. 205 – 206.

13. Stephens, M. 2020, ' Ever wondered how someone could possibly believe their own words?' *The Canberra Times*, 23 May.

14. Grant, A. 2021, *Think Again*, WH Allen, London, p. 114.

15. McRaney, D. 2012, *You Are Not So Smart*, Gotham Books, New York, pp. 103 – 104.

16. Graham, p. 2008, ' How to disagree,' *Paul Graham Blog*, March.

17. Lakoff, J. and Johnson, M. 2003, *Metaphors We Live By*, University of Chicago Press, Chicago.

18. Lakoff, J. and Johnson, M. 2003, *Metaphors We Live By*, University of Chicago Press, Chicago.

19. Grant, A. 2021, *Think Again*, WH Allen, London, pp. 104 – 106.

20. Grant, A. 2021, *Think Again*, WH Allen, London, p 107.

21. Grant, A. 2021, *Think Again*, WH Allen, London, pp. 104 – 106.

22. Grant, A. 2021, *Think Again*, WH Allen, London, pp. 112 – 113.

23. Pink, D. 2012, *To Sell is Human*, Riverhead Books, New York, p. 198.

24. Grant, A. 2021, *Think Again*, WH Allen, London, p. 97.

25. Grant, A. 2021, *Think Again*, WH Allen, London, pp. 252 – 255.

26. Graham, p. 2009, ' Keep your identity small', *Paul Graham Blog*, February.

27. Pink, D. 2012, *To Sell is Human*, Riverhead Books, New York, p. 198.

28. Spence, G. 1995, *How to Argue and Win Every Time*, St Martin's Press, New York, p. 22 – 25.

29. Snow, S. 2017, ' Why Major Institutions Lost Public Trust, And How They Can Get It Back Again', *The Content Strategist*, 15 December.

30. Coyle, D. 2018, *The Culture Code*, Bantam Books, New York, pp. 76 – 77.

31. Cialdini, R. 2016, *Pre-Suasion*, Random House, London, pp. 165 – 166.

32. Heinrichs, J. 2013, *Thank You for Arguing*, Three Rivers Press, New York, pp. 77 – 78.

33. Heinrichs, J. 2013, Thank You for Arguing, Three Rivers Press, New York, pp. 77 – 78.

34. Cialdini, R. 2016, *Pre-Suasion*, Random House, London, pp. 165 – 166.

35. Grant, A. 2021, *Think Again*, WH Allen, London, pp. 117 – 119.

36. Kolenda, N. 2013, *Methods of Persuasion*, Kolenda Entertainment, Grand Rapids, p. 145.

37. Goldstein, N. et al. 2008, *Yes! 50 Scientifically Proven Ways to be Persuasive*, Simon and Schuster, New York, pp. 112 – 114.

38. Bail, C. 2021, Breaking the Social Media Prism, Princeton University Press, New Jersey, p. 112.

39. Goldstein, N. et al. 2008, *Yes! 50 Scientifically Proven Ways to be Persuasive*, Simon and Schuster, New York, p. 115.

40. Dean, J. 2010, 'Balanced arguments are more persuasive,' *PsyBlog*, November.

41. Cialdini, R. 2016, *Pre-Suasion*, Random House, London, pp. 165 – 166.

42. Grant, A. 2021, *Think Again*, WH Allen, London, pp 173 – 174.

43. Cialdini, R. 2016, *Pre-Suasion*, Random House, London, pp. 165 – 166.

44. Goldstein, N. et al. 2008, *Yes! 50 Scientifically Proven Ways to be Persuasive*, Simon and Schuster, New York, pp. 112 – 114.

45. Goldstein, N. et al. 2008, *Yes! 50 Scientifically Proven Ways to be Persuasive*, Simon and Schuster, New York, pp. 112 – 114.

46. Cialdini, R. 2016, *Pre-Suasion*, Random House, London, pp. 201 – 202.

47. Harris, J. 2019, *The Soulful Art of Persuasion*, Penguin Random House, New York, p. 199.

48. Selinger-Morris, S. 2021, 'One of the greatest predictors of divorce: How to argue better,' *The Sydney Morning Herald*, 16 July.

49. Selinger-Morris, S. 2021, 'One of the greatest predictors of divorce: How to argue better,' *The Sydney Morning Herald*, 16 July.

50. Lakhani, D. 2005, *Persuasion: The Art of Getting What You Want*, Wiley, New Jersey, pp. 88 – 89.

51. Heinrichs, J. 2013, *Thank You for Arguing*, Three Rivers Press, New York, pp. 107 – 108.

52. Grant, A. 2021, *Think Again*, WH Allen, London, pp. 128 – 129.

53. Chance, Z. 2022, *Influence Is Your Superpower*, Penguin Random House, London, p. 143.

54. Bail, C. 2021, Breaking the Social Media Prism, Princeton University Press, New Jersey, pp. 73.

55. Stanley, A. 2022, *Not in It to Win It*, Zondervan, Grand Rapids, Michigan, p. 19.

56. Chance, Z. 2022, *Influence Is Your Superpower*, Penguin Random House, London, p. 143.

57. Gregory D. and Flanagan, K. 2015, *Selfish, Scared & Stupid*, Wiley, Melbourne, pp. 114 – 115.

58. Lakhani, D. 2005, *Persuasion: The Art of Getting What You Want*, Wiley, New Jersey, p. 95.

59. Lukianoff, G. and Haidt, J. 2018, *The Coddling of the American Mind*, Penguin Random House, New York, p. 60.

60. Weinschenk, S. 2013, *How to Get People to Do Stuff*, Pearson Education, London, pp. 25 – 26.

61. Cialdini, R. 2016, *Pre-Suasion*, Random House, London, pp. 194 – 195.

62. Thaler, R. and Sunstein, C. 2009, *Nudge*, Penguin, New York, p. 54.

63. Weinschenk, S. 2013, *How to Get People to Do Stuff*, Pearson Education, London, p. 22.

64. Pink, D. 2012, *To Sell is Human*, Riverhead Books, New York, pp. 76 – 77.

65. Cialdini, R. 2016, *Pre-Suasion*, Random House, London, pp. 110 – 111.

66. Weinschenk, S. 2013, *How to Get People to Do Stuff*, Pearson Education, London, p. 10.

67. Weinschenk, S. 2013, *How to Get People to Do Stuff*, Pearson Education, London, p. 10.

68. Cialdini, R. 2016, *Pre-Suasion*, Random House, London, pp. 110 – 111.

69. Cialdini, R. 2016, *Pre-Suasion*, Random House, London, pp. 110 – 111.

70. Cialdini, R. 2016, *Pre-Suasion*, Random House, London, pp. 110 – 111.

71. Weinschenk, S. 2013, *How to Get People to Do Stuff*, Pearson Education, London, p. 10.

72. Kolenda, N. 2013, *Methods of Persuasion*, Kolenda Entertainment, Grand Rapids, pp. 94 – 95.

73. Cialdini, R. 2016, *Pre-Suasion*, Random House, London, pp. 110 – 111.

74. Hogan, N. and Speakman, J. 2006, *Covert Persuasion*, Wiley, New Jersey, p. 69.

75. Botsman, R. 2018, *Who Can You Trust?*, Penguin Business, London, p. 1.

第五章 尊严

1. Cialdini, R. 2016, *Pre-Suasion*, Random House, London, p. 72.

2. Dooley, R. 2012, *Brainfluence*, Wiley, New Jersey, pp. 127 – 128.

3. Cialdini, R. 2016, *Pre-Suasion*, Random House, London, p. 159.

4. Cialdini, R. 2016, *Pre-Suasion*, Random House, London, p. 159.

5. Greene, R. 1998, *The 48 Laws of Power*, Penguin, New York, p. 71.

6. Psalm 25 : 15, *The Holy Bible – The Passion Translation*, Broadstreet Publishing, Minnesota.

7. Maley, J. 2022, 'He's worked with Greta and Malala, and now Ed Coper has some bad news to share,' *The Sydney Morning Herald*, 10 March.

8. Levinovitz, A. 2017, 'Trump supporters refuse to believe their own eyes,' *Slate*, 27 January.

9. Kolenda, N. 2013, *Methods of Persuasion*, Kolenda Entertainment, Grand Rapids, pp. 64 – 66.

10. Burton, R. 2008, *On Being Certain*, St Martin's Press, New York, pp. 12 – 13.

11. Kolenda, N. 2013, *Methods of Persuasion*, Kolenda Entertainment, Grand Rapids, pp. 64 – 66.

12. Burton, R. 2008, *On Being Certain*, St Martin's Press, New York, pp. 12 – 13.

13. Miller, G. 2021, 'The enduring allure of conspiracy theories,' *Nieman Journalism Lab*, 19 January.

14. Yosufzai, R. 2021, 'QAnon followers realise their baseless conspiracy was "all a lie" as President Joe Biden takes office,' *SBS News*, 21 January.

15. Bryant, N. 2022, 'Trump for 2024? It's all about justice,' *The Sydney Morning Herald*, 25 October.

16. Cialdini, R. 1984, *Influence*, William Morrow and Company, New York, pp. 57 – 58.

17. Ramadan, A. et al. 2016, *Play Bigger*, HarperCollins, New York, p. 31.

18. Brafman, O. and Brafman, R. 2008, *Sway*, Crown Business, New York, pp. 38 – 39.

19. Stephens, M. 2021, *The End of Thinking*, Acorn Press, Sydney, p. 43.

20. O'Keeffe, A. 2011, *Hardwired Humans*, Roundtable Press, Sydney, pp. 92 – 93.

21. Pinker, S. 2021, *Rationality*, Allen Lane, London, pp. 289 – 290.

22. Thaler, R. 2015, *Misbehaving*, Penguin, New York, pp. 20 – 21.

23. Kahneman, D. 2011, *Thinking, Fast and Slow*, FSG, New York, p. 305.

24. Acts 26: 28, *The Holy Bible – The Passion Translation*, Broadstreet Publishing, Minnesota.

25. Hogan, N. and Speakman, J. 2006, *Covert Persuasion*, Wiley, New Jersey, p. 90.

26. Oppong, T. 2019, 'Active listening lessons from FBI negotiators that will get you what you want,' *The Ladders*, 14 October.

27. Jolles, R. 2013, *How to Change Minds*, Berrett-Koehler, Oakland, p. 137.

28. Jakes, TD. 2021, 'Prayer and science led me to the vaccine,' *The Wall Street Journal*, 25 February.

29. Weinberg, G. and McCann, L. 2019, *Super Thinking*, Penguin, London, pp. 23 – 24.

30. Weinberg, G. and McCann, L. 2019, *Super Thinking*, Penguin, London, pp. 23 – 24.

31. Greene, R. 1998, *The 48 Laws of Power*, Penguin, New York, p. 398.

32. Greene, R. 1998, *The 48 Laws of Power*, Penguin, New York, p. 392.

33. Burg, B. 2011, *The Art of Persuasion*, Sound Wisdom Books, Shippensburg, pp. 164 – 165.

34. Dvorsky, G. 2013, 'The 12 cognitive biases that prevent you from being rational,' *io9*, 1 September.

35. Garvey, J. 2016, *The Persuaders*, Icon Books, London, pp. 88 – 89.

36. Berger, J. 2020, *The Catalyst*, Simon and Schuster, London, pp. 208 – 213.

37. Duhigg, C. 2014, *The Power of Habit*, Random House, New York, pp. 204 – 206.

38. Berger, J. 2020, *The Catalyst*, Simon and Schuster, London, pp. 208 – 213.

39. Duhigg, C. 2014, *The Power of Habit*, Random House, New York, pp. 204 – 206.

40. Berger, J. 2020, *The Catalyst*, Simon and Schuster, London, pp. 208 – 213.

- **2**:

41. Duhigg, C. 2014, *The Power of Habit*, Random House, New York, pp. 204 – 206.

42. Grant, A. 2021, 'Persuading the unpersuadable,' *Harvard Business Review*, March-April.

43. Hogan, N. and Speakman, J. 2006, *Covert Persuasion*, Wiley, New Jersey, pp. 107 – 108.

44. Keller, G. 2013, *The One Thing*, John Murray Publishers, London, p. 104.

45. Mortensen, K. 2004, *Maximum Influence*, HarperCollins Australia, p. 144.

46. Luntz, F. 2007, *Words That Work*, Hachette, New York, pp. 223 – 224.

47. Grant, A. 2021, *Think Again*, WH Allen, London, p. 18.

48. Burg, B. 2011, *The Art of Persuasion*, Sound Wisdom Books, Shippensburg, p. 184.

49. Hogan, N. and Speakman, J. 2006, *Covert Persuasion*, Wiley, New Jersey, pp. 174 – 176.

50. Weinschenk, S. 2013, *How to Get People to Do Stuff*, Pearson Education, London, p. 150.

51. Grant, A. 2021, *Think Again*, WH Allen, London, pp. 146 – 150.

52. Grenny, J. et al. 2013, *Influencer*, McGraw Hill, New York, pp. 86 – 88.

53. Grant, A. 2021, *Think Again*, WH Allen, London, pp. 146 – 150.

54. Grant, A. 2021, *Think Again*, WH Allen, London, pp. 146 – 150.

55. Grant, A. 2021, *Think Again*, WH Allen, London, pp. 146 – 150.

56. Pink, D. 2012, *To Sell is Human*, Riverhead Books, New York, pp. 145 – 146.

57. Pink, D. 2012, *To Sell is Human*, Riverhead Books, New York, pp. 145 – 146.

58. Pantalon, M. 2011, *Instant Influence*, Hachette, New York, p. 85.

59. Pantalon, M. 2011, *Instant Influence*, Hachette, New York, pp. 90 – 91.

60. Pantalon, M. 2011, *Instant Influence*, Hachette, New York, pp. 154 – 155.

61. Jolles, R. 2013, *How to Change Minds*, Berrett-Koehler, Oakland, p. 45.

62. Pantalon, M. 2011, *Instant Influence*, Hachette, New York, p. 78.

63. Pantalon, M. 2011, *Instant Influence*, Hachette, New York, pp. 90 – 91.

64. Pantalon, M. 2011, *Instant Influence*, Hachette, New York, pp. 186 – 190.

65. Pantalon, M. 2011, *Instant Influence*, Hachette, New York, pp. 25 – 30.

66. Grant, A. 2021, *Think Again*, WH Allen, London, p. 156.

67. Stephens, M. 2021, *The End of Thinking*, Acorn Press, Sydney, pp. 61 – 62.

68. Herring, J. 2012, *How to Argue*, FT Press, New Jersey, p. 87.

69. Keller, G. 2013, *The One Thing*, John Murray Publishers, London, p. 104.

70. Grenny, J. et al. 2013, *Influencer*, McGraw Hill, New York, p. 84.

71. Grenny, J. et al. 2013, *Influencer*, McGraw Hill, New York, p. 84.

72. Aly, W. 2021, 'Has solidarity succumbed to the rise of rage?' *The Sydney Morning Herald*, 24 September.

73. Aly, W. 2021, 'Has solidarity succumbed to the rise of rage?' *The Sydney Morning Herald*, 24 September.

74. Grenny, J. et al. 2013, *Influencer*, McGraw Hill, New York, pp. 86 – 88.

75. Weinschenk, S. 2013, *How to Get People to Do Stuff*, Pearson Education, London, pp. 103 – 104.

76. Chance, Z. 2022, *Influence Is Your Superpower*, Penguin Random House, London, p. 135.

77. Weinschenk, S. 2013, *How to Get People to Do Stuff*, Pearson Education, London, pp. 103 – 104.

78. Berger, J. 2020, *The Catalyst*, Simon and Schuster, London, pp. 30 – 32.

79. Berger, J. 2020, *The Catalyst*, Simon and Schuster, London, pp. 30 – 32.

80. Burg, B. 2011, *The Art of Persuasion*, Sound Wisdom Books, Shippensburg, p. 131.

81. 81 Pantalon, M. 2011, *Instant Influence*, Hachette, New York, pp. 46 – 54.

82. Dean, J. 2013, 'The one (really easy) persuasion technique everyone should know,' *PsyBlog*, February.

83. Dean, J. 2010, '20 simple steps to the perfect persuasive message,' *PsyBlog*, 20 December.

84. Dean, J. 2010, 'The influence of positive framing,' *PsyBlog*, December.

85. O'Keefe, D. 2008, 'Do loss-framed persuasive messages engender greater message processing than do gain-framed messages? A meta-analytic review,' *Communication Studies Journal-Volume* 59, 11 March.

86. Glenister, S. 2019, 'Why we need to harness brain science to get environmental messages to stick,' *LinkedIn Article*, 9 April.

87. Glenister, S. 2019, 'Why we need to harness brain science to get environmental messages to stick,' *LinkedIn Article*, 9 April.

88. Ferrier, A. 2014, *The Advertising Effect*, Oxford University Press, South Melbourne, pp. 105 – 106.

89. Cialdini, R. 2016, *Pre-Suasion*, Random House, London, pp. 204 – 206.

90. Ferrier, A. 2014, *The Advertising Effect*, Oxford University Press, South Melbourne, pp. 37 – 38.

91. Luntz, F. 2007, *Words That Work*, Hachette, New York, p. xiv.

第六章 一致性

1. Garvey, J. 2016, *The Persuaders*, Icon Books, London, pp. 40 – 41.

2. Garvey, J. 2016, *The Persuaders*, Icon Books, London, pp. 40 – 41.

3. 2019, 'Social experiment: Information cascade,' *Cornell University*, 4 December.

4. Coyle, D. 2018, *The Culture Code*, Bantam Books, New York, pp. 23 – 26.

5. Coyle, D. 2018, *The Culture Code*, Bantam Books, New York, pp. 23 – 26.

6. Kolenda, N. 2013, *Methods of Persuasion*, Kolenda Entertainment, Grand Rapids, pp. 96 – 97.

7. Kolenda, N. 2013, *Methods of Persuasion*, Kolenda Entertainment, Grand Rapids, pp. 96 – 97.

8. Garvey, J. 2016, *The Persuaders*, Icon Books, London, pp. 74 – 75.

9. Goldstein, N. et al. 2008, *Yes! 50 Scientifically Proven Ways to be Persuasive*, Simon and Schuster, New York, pp. 12 – 13.

10. Ferrier, A. 2014, *The Advertising Effect*, Oxford University Press, South Melbourne, p. 91 – 94.

11. Kolenda, N. 2013, *Methods of Persuasion*, Kolenda Entertainment, Grand Rapids, pp. 85 – 86.

12. Cialdini, R. 2016, *Pre-Suasion*, Random House, London, pp. 161 – 164.

13. Thaler, R. and Sunstein, C. 2009, *Nudge*, Penguin, New York, pp. 64 – 65.

14. Garvey, J. 2016, *The Persuaders*, Icon Books, London, p. 126.

15. Heath, C. and Heath, D. 2010, *Switch*, Broadway Books, New York, pp. 233 – 234.

16. Goldstein, N. et al. 2008, *Yes! 50 Scientifically Proven Ways to be Persuasive*, Simon and Schuster, New York, pp. 10 – 11.

17. Surowiecki, J. 2004, *The Wisdom of Crowds*, Anchor Books, New York, p. 43.

18. Thaler, R. and Sunstein, C. 2009, *Nudge*, Penguin, New York, p. 67.

19. Berger, P. 2019, ' How can New York get subway riders to pay up? Praise them,' *The Wall Street Journal*, 29 October.

20. Kolenda, N. 2013, *Methods of Persuasion*, Kolenda Entertainment, Grand Rapids, pp. 85, 86.

21. Goldstein, N. et al. 2008, *Yes! 50 Scientifically Proven Ways to be Persuasive*, Simon and Schuster, New York, pp. 26 – 29.

22. Goldstein, N. et al. 2008, *Yes! 50 Scientifically Proven Ways to be Persuasive*, Simon and Schuster, New York, pp. 9 – 10.

23. Kolenda, N. 2013, *Methods of Persuasion*, Kolenda Entertainment, Grand Rapids, p. 184.

24. Ferrier, A. 2014, *The Advertising Effect*, Oxford University Press, South Melbourne, p. 91 – 94.

25. Thaler, R. and Sunstein, C. 2009, *Nudge*, Penguin, New York, p. 59.

26. Ferrier, A. 2014, *The Advertising Effect*, Oxford University Press, South Melbourne, pp. 91 – 94.

27. Thaler, R. and Sunstein, C. 2009, *Nudge*, Penguin, New York, p. 56.

28. Thaler, R. and Sunstein, C. 2009, *Nudge*, Penguin, New York, p. 56.

29. Ferrier, A. 2014, *The Advertising Effect*, Oxford University Press, South Melbourne, p. 91 – 94.

30. Roeder, M. 2011, *The Big Mo*, Virgin Books, London, p. 156.

31. Brafman, O. and Brafman, R. 2008, *Sway*, Crown Business, New York, pp. 153 – 155.

32. Dean, J. 2010, ' 20 simple steps to the perfect persuasive message,' *PsyBlog*, 20 December.

33. Ferrier, A. 2014, *The Advertising Effect*, Oxford University Press, South Melbourne, p 93.

34. Urban, T. 2023, *What's Our Problem? A Self-Help Book for Societies*, Wait But Why, Chapter 1.

35. Burow, P. et al, *Behavioural Economics for Business*, Peter Burow, Australia,

pp. 11 – 12.

36. Roeder, M. 2011, *The Big Mo*, Virgin Books, London, pp. 81, 82.

37. Heinrichs, J. 2013, *Thank You for Arguing*, Three Rivers Press, New York, pp. 262 – 263, 269.

38. Heinrichs, J. 2013, *Thank You for Arguing*, Three Rivers Press, New York, pp. 262 – 263, 269.

39. Brafman, O. and Brafman, R. 2008, *Sway*, Crown Business, New York, pp. 132 – 144.

40. Brafman, O. and Brafman, R. 2008, *Sway*, Crown Business, New York, pp. 132 – 144.

41. Brafman, O. and Brafman, R. 2008, *Sway*, Crown Business, New York, pp. 132 – 144.

42. Pink, D. 2009, *Drive*, Riverhead Books, New York, pp. 50 – 51.

43. Weinberg, G. and McCann, L. 2019, *Super Thinking*, Penguin, London, pp. 222 – 223.

44. Weinberg, G. and McCann, L. 2019, *Super Thinking*, Penguin, London, pp. 222 – 223.

45. Pink, D. 2009, *Drive*, Riverhead Books, New York, pp. 45 – 47.

46. Heinrichs, J. 2013, *Thank You for Arguing*, Three Rivers Press, New York, pp. 243 – 245.

47. Ernest-Jones, M. et al. 2010, 'Effects of eye images on everyday cooperative behavior: a feld experiment,' *School of Psychology-Newcastle University*, 23 October.

48. Ernest-Jones, M. et al. 2010, 'Effects of eye images on everyday cooperative behavior: a feld experiment,' *School of Psychology-Newcastle University*, 23 October.

49. Cialdini, R. 2016, *Pre-Suasion*, Random House, London, pp. 197 – 198.

50. Cialdini, R. 2016, *Pre-Suasion*, Random House, London, pp. 198 – 199.

51. Weinschenk, S. 2013, *How to Get People to Do Stuff*, Pearson Education, London, p. 188.

52. Cialdini, R. 1984, *Influence*, William Morrow and Company, New York, p. 18.

53. Mortensen, K. 2004, *Maximum Influence*, HarperCollins Australia, p. 45.

54. Mortensen, K. 2004, *Maximum Influence*, HarperCollins Australia, p. 44.

55. Cialdini, R. 2016, *Pre-Suasion*, Random House, London, pp. 153 – 154.

56. Cialdini, R. 2016, *Pre-Suasion*, Random House, London, pp. 153 – 154.

57. Goldstein, N. et al. 2008, *Yes! 50 Scientifically Proven Ways to be Persuasive*, Simon and Schuster, New York, pp. 53 – 55.

58. Goldstein, N. et al. 2008, *Yes! 50 Scientifically Proven Ways to be Persuasive*, Simon and Schuster, New York, pp. 60 – 62.

59. Mortensen, K. 2004, *Maximum Influence*, HarperCollins Australia, p. 53.

60. Dooley, R. 2012, *Brainfluence*, Wiley, New Jersey, p. 110.

61. Dooley, R. 2012, *Brainfluence*, Wiley, New Jersey, p. 110.

62. Weinschenk, S. 2013, *How to Get People to Do Stuff*, Pearson Education, London, p. 28.

63. Ferrier, A. 2014, *The Advertising Effect*, Oxford University Press, South Melbourne, p. 39.

64. Goldstein, N. et al. 2017, *Yes! 60 Secrets from the Science of Persuasion*, Profle Book, London, pp. 69 – 70.

65. Ferrier, A. 2014, *The Advertising Effect*, Oxford University Press, South Melbourne, p. 39.

第七章 同理心

1. Diniejko, A. 2020, 'Charles Dickens as social commentator and critic,' *The Victorian Web*, 4 December.

2. Shields, B. 2021, 'A Hollywood flm and a cunning plan: how Britain got its vaccine rollout right,' *The Sydney Morning Herald*, 13 February.

3. Roeder, M. 2011, *The Big Mo*, Virgin Books, London.

4. Kawasaki, G. 2011, *Enchantment*, Penguin, New York, p. 1.

5. Burg, B. 2011, *The Art of Persuasion*, Sound Wisdom Books, Shippensburg, p. 142.

6. Harris, J. 2019, *The Soulful Art of Persuasion*, Penguin Random House, New York, pp. 168 – 169.

7. Grant, A. 2021, *Think Again*, WH Allen, London, pp. 178 – 181.

8. Bail, C. 2018, 'Twitter's flawed solution to political polarization,' *The New York Times*, 8 September.

9. Urban, T. 2019, 'The story of us', *Wait, but Why?*, 26 August.

10. Grant, A. 2021, *Think Again*, WH Allen, London, p. 158.

11. Moore, N. 2015, 'Silence isn't golden when it comes to free speech,' *ABC News*, 7 May.

12. Luntz, F. 2007, *Words That Work*, Hachette, New York, p. xi.

13. Boertje, O. et al. 2015, 'Fashion: The 2 Euro T-shirt—A social experiment,' *Geographically Sane*, 3 November.

14. Gregory D. and Flanagan, K. 2015, *Selfish, Scared & Stupid*, Wiley, Melbourne, pp. 56 – 57.

15. Enzinna, W. 2018, 'Renouncing Hate: What happens when a white nationalist repents,' *The New York Times*, 10 September.

16. Heath, C. and Heath, D. 2007, *Made to Stick*, Random House, New York, p. 165.

17. Taleb, N. 2010, *The Black Swan*, Random House, New York, p. 80.

18. Dooley, R. 2012, *Brainfluence*, Wiley, New Jersey, p. 149.

19. Heath, C. and Heath, D. 2007, *Made to Stick*, Random House, New York, pp. 165 – 167.

20. Graves, C. 2015, 'Why debunking myths about vaccines hasn't convinced dubious parents,' 20 February.

21. Irvine, J. 2015, 'How climate change could ruin your sex life,' *The Sydney Morning Herald*, 5 November.

22. Srinivasan, A. 2020, 'What have we done to the whale?' *The New Yorker*, 17 August.

23. 2021, 'This radio station plays songs made by trees as they grow,' *Fast Company*, 3 August.

24. Pink, D. 2012, *To Sell is Human*, Riverhead Books, New York, pp. 133 – 134.

25. 2014, 'Share the road,' *NZ Transport Agency*, 11 February.

26. Grant, A. 2021, *Think Again*, WH Allen, London, p. 139.

27. Mortensen, K. 2004, *Maximum Influence*, HarperCollins Australia, p. 65.

28. Hornik, J. 1991, 'Shoppingtime and purchasing behavior as a result of in-store tactile stimulation,' *Perceptual and Motor Skills*.

29. Hornik, J. 1991, 'Shoppingtime and purchasing behavior as a result of in-store tactile stimulation,' *Perceptual and Motor Skills*.

30. Carroll, P & Mui, C. 2008, *Billion Dollar Lessons*, Penguin, New York, p. 232.

31. Hogan, K. 2013, *Invisible Influence*, Wiley, New Jersey, p. 138.

32. Patterson, K. 2002, *Crucial Conversations*, McGraw Hill, New York, pp. 106 – 114.

33. Patterson, K. 2002, *Crucial Conversations*, McGraw Hill, New York, pp. 106 – 114.

34. Herring, J. 2012, *How to Argue*, FT Press, New Jersey, p. 18.

35. Chance, Z. 2022, *Influence Is Your Superpower*, Penguin Random House, London, p. 152.

36. Ferrier, A. 2014, *The Advertising Effect*, Oxford University Press, South Melbourne, p. 111.

37. Weinberg, G. and McCann, L. 2019, *Super Thinking*, Penguin, London, p. 19.

38. Weinberg, G. and McCann, L. 2019, *Super Thinking*, Penguin, London, pp. 19 – 20.

39. Weinberg, G. and McCann, L. 2019, *Super Thinking*, Penguin, London, pp. 20 – 21.

40. Desjardins, J. 2018, 'Here are 24 cognitive biases that are warping your perception of reality,' *World Economic Forum*, 6 December.

41. Desjardins, J. 2018, 'Here are 24 cognitive biases that are warping your perception of reality,' *World Economic Forum*, 6 December.

42. Weinberg, G. and McCann, L. 2019, *Super Thinking*, Penguin, London, p. 30.

43. Pink, D. 2012, *To Sell is Human*, Riverhead Books, New York, pp. 73 – 74.

44. Gardner, D. 2009, 'There's no reason only poor people should get malaria,' *Daily Mail Australia*, 6 February.

45. Queenan, J. 2018, 'How your brain is keeping you from changing your mind.' *The Rotarian*, 16 May.

46. Cialdini, R. 2016, *Pre-Suasion*, Random House, London, p. 73.

47. Chance, Z. 2022, *Influence Is Your Superpower*, Penguin Random House, London, pp. 94 – 95.

48. Borysenko, K. 2020, 'Transcript: The rally that changed my mind,' *PragerU*.

49. Pierre, J. 2018, 'Why has America become so divided?' *Psychology Today*, 5 September.

50. Cialdini, R. 2016, *Pre-Suasion*, Random House, London, p. 73.

51. Rogers, S. 2017 'How could virtual reality change politics?' *LBB Online*, 4 April.

52. Rogers, S. 2017 'How could virtual reality change politics?' *LBB Online*, 4 April.

53. Byrne, W. and Knauss, D. 2017, 'VR builds empathy-it can build more inclusive business too,' *Fast Company*, 30 January.

54. Alsever, J. 2015, 'Is virtual reality the ultimate empathy machine?' *Wired*, November.

55. Byrne, W. and Knauss, D. 2017, 'VR builds empathy-it can build more inclusive business too,' *Fast Company*, 30 January.

56. Grant, A. 2021, *Think Again*, WH Allen, London, p. 45.

57. Stanley, A. 2022, *Not in It to Win It*, Zondervan, Grand Rapids, Michigan, pp. 213 – 214.

58. Stanley, A. 2022, *Not in It to Win It*, Zondervan, Grand Rapids, Michigan, pp. 213 – 214.

后记　逃离战壕

1. Harris, J. 2019, *The Soulful Art of Persuasion*, Penguin Random House, New York, pp. 203 – 204.

2. Coyle, D. 2018, *The Culture Code*, Bantam Books, New York, pp. 27 – 36.

致谢

我的妻子当然最愿意证明，写一本关于改变思维、放弃固执的书确实非常合适我——因为我就是最好的反面证据。无论是天生秉性，还是后天习得的特质，我始终喜欢具有确定性的东西，而且我的思维也习惯于一成不变的规律，但正是这种对确定性的执拗，或许会成为阻碍我接受新事物的绊脚石。因此，在创作这本书的过程中，确实有很多事情也在提醒我自己：始终要保持一颗好奇的心。

因此，我首先要感谢很多曾给予我支持和启发的人，是他们帮助我归集了本书的观点和研究，反过来，他们也塑造了我。当然，需要感谢的太多，以至于无法一一列出，而且某些对我影响最大的人还有偶然的路人、飞机上坐在我身边的乘客或会议午休闲聊时让我对某个事情恍然大悟的某个人。

但必须承认的是，有些人确实对本书及其创作和出版过程具有特殊的影响。在这里，我尤其感谢 Dan Gregory、Kieran Flanagan、Berni Dymet、Phil Slade、Josh Linkner 和 Mark Hutchison 等几位教授。此外，我衷心感谢 Naren、Myles 和 Amplified 出版集团的工作人员对本书的信任，并最终让它出现在广大读者面前。

此外，我还要感谢很多在这一过程中给予我支持和鼓励的人。感谢我的妈妈安妮，还有 Ros、Nessie、Toby、Kirryn、Adrian、Claire、Dave、Amber、Gus、Jo、Sam、Kristyn、Luke、

Liz、Richard 和 Cathie。一并感谢 Ode 管理咨询公司的团队，没有你们的支持和鼓励，就没有本书的面世，尤其感谢你们的 Leanne、Steve、Arnold 和 Anita。

实际上，很多重要人物对您拿在手中的这本书投入巨大，包括我最早的编辑 Deborah Agar、Julie Masters 以及围绕选题定位提供指导和建议的诸位专家。在这里，我尤其要提一下 Amy Galliford，感谢你凭借敏锐的思维和超人的智慧，再加上你对语言的热爱以及对这个项目的坚定信念，你让这本书大放光彩，恐怕你自己都没有意识到这本书因你而变得与众不同。

虽然我固执的秉性有时或许是个缺点，但创作这本书的过程也表明，它有时也是老天赐予我的天赋。考虑到项目整整延续了 9 年时间，在此期间，我阅读了数百本专著和几千篇学术论文，这样的投入在常人看来或许难以忍受。当然，这些代价并非全部由我一个人承担。因此，我在这里尤其要感谢我的妻子海莉和儿子马克斯，我要向他们致以最深切和最热烈的感谢，他们的耐心、支持和鼓励是我始终以来的最大动力，也是造就项目成功的关键。你们真的非常优秀，我对你们的爱发自肺腑。